电力电子技术及应用项目教程
（第 2 版）

主　编　曲昀卿
主　审　智海素　张　雨

北京理工大学出版社
BEIJING INSTITUTE OF TECHNOLOGY PRESS

图书在版编目（CIP）数据

电力电子技术及应用项目教程/曲昀卿主编 . --2
版 . --北京：北京理工大学出版社，2023.9
ISBN 978 - 7 - 5763 - 0953 - 9

Ⅰ.①电… Ⅱ.①曲… Ⅲ.①电力电子技术-高等职
业教育-教材　Ⅳ.①TM76

中国版本图书馆 CIP 数据核字（2022）第 027625 号

责任编辑：张鑫星　　**文案编辑**：张鑫星
责任校对：周瑞红　　**责任印制**：施胜娟

出版发行／北京理工大学出版社有限责任公司
社　　址／北京市丰台区四合庄路 6 号
邮　　编／100070
电　　话／（010）68914026（教材售后服务热线）
　　　　　　（010）68944437（课件资源服务热线）
网　　址／http：//www.bitpress.com.cn

版 印 次／2023 年 9 月第 2 版第 1 次印刷
印　　刷／三河市天利华印刷装订有限公司
开　　本／787 mm×1092 mm　1/16
印　　张／13.5
字　　数／334 千字
定　　价／68.00 元

前　言

　　电力电子技术是电气类、电子信息类和机电类专业的一门重要的专业基础课。本书根据高职高专院校培养高素质复合型技术技能人才的目标，结合课程的教学改革，本着工学结合、项目引导、"教学做"一体化的原则编写而成。

　　本书由行业的专家、企业的技术骨干和高校的一线教师编写，彻底打破了学科的课程体系，打破了理论与实践教学的界线，将企业的真实产品和工作流程转化为教学内容，更适用于"教学做"一体化的教学。与传统的同类教材相比，本书在教学内容选材、设计、组织上都做了较大的改革与尝试，主要有以下三点：

　　（1）从教学内容选材看，教学内容源自企业，全书6个项目均以企业的真实产品为载体，项目即为产品，项目下又分任务，每个任务都配有任务工单，通过完成任务工单的形式，让学生掌握专业知识，达到训练其职业能力的目的。

　　（2）从教学内容设计看，全书6个项目由浅入深、由易到难，由单一到复杂，层层递进，符合学生的认知规律，能使学生训练获得职业能力与企业工作岗位紧密接轨。

　　（3）从教学组织形式看，教材编写形式更适合"教学做"一体化的教学模式，有助于拉近教学与市场、教学与企业的距离。

　　全书设有6个项目，项目一为单相交流电动机调速器；项目二为调光灯的安装与调试；项目三为车载逆变器；项目四为电风扇无级调速器；项目五为开关电源；项目六为变频器。6个项目基本覆盖了电力电子技术AC/DC、DC/AC、DC/DC和AC/AC四个方面的电能转换电路及应用，涉及的电力电子器件有普通晶闸管、双向晶闸管、电力晶体管、功率场效应晶体管和绝缘栅双极型晶体管。各项目内容相对独立，各院校在教学过程中可根据所处地域及当地行业和企业的特点进行适当的选择和组合。

　　本书由石家庄职业技术学院曲昀卿任主编并负责审核、统稿，石家庄职业技术学院李英辉、张艳琴任副主编，石家庄职业技术学院张晓静、刘凤梅、张培蕾、张增雷、许彪及唐山海运职业学院侯新玉参编。全书由中国电子科技集团公司第五十四研究所张雨、石家庄职业技术学院智海素教授主审。企业提供了本书的部分图稿，并给予了技术支持，在此表示感谢。

　　本书的编者参阅了许多同行专家的教材和资料，获得不少启发，在此向这些教材和资料的作者也一并表示感谢。

　　由于编者水平有限，书中难免有疏漏和不妥之处，恳请广大读者批评指正。

编　者

目录

项目一

单相交流电动机调速器

⊙ 学习目标

1. 会用万用表检测电力二极管和晶闸管的引脚。
2. 了解电力二极管的导通关断原理。
3. 了解晶闸管的工作原理。
4. 会分析单相半波整流电路。

⊙ 项目描述

简易单相交流电动机调速器在我们的日常生活中经常用到，如图1-1所示。当电扇、台灯、手电钻等需要调速时，都离不开电动机调速器。之前，我们学过的调速器都是用可调的电位器进行调速的，是有级调速，受挡位限制。单相交流电动机调速器是无级调速，现在它已广泛地应用在日常生活中。

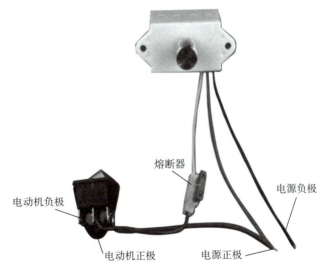

熔断器
电源负极
电动机负极
电动机正极
电源正极

图1-1 简易单相交流电动机调速器

⊙ 项目分析

单相交流电动机调速器的电路如图1-2所示。若使电动机通电并能调速，需给电路加220 V的正弦交流电。当220 V正弦交流电为正半波时，经过整流桥电路、可变电阻为电容充电，充电电压经电阻 R_3、R_4 分压，R_4 两端的电压满足晶闸管的触发电压后晶闸管导通，电动机通电转动；当220 V正弦交流电过零点时，晶闸管两端电压因小于导通维持电压而关断，电动机停转，此时电容放电，一个周期结束。通过调节可变电阻，可改变晶闸管触发导通的时刻，从而对电动机进行调速。

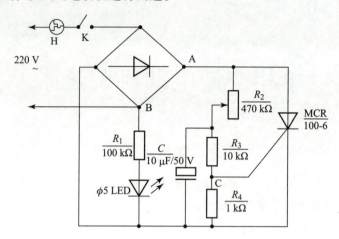

图1-2　单相交流电动机调速器的电路

📎 知识链接

任务一　认识电力二极管

电力二极管（Power Diode）又称为功率二极管或半导体整流器，如图1-3所示，其在20世纪50年代初期就获得应用。电力二极管由于结构简单、工作可靠，因此主要用于高电压、大功率及不需要调压的整流场合。

一、电力二极管的结构

电力二极管的基本结构和工作原理与信息电子技术中的二极管一样，它们都是以半导体PN结为基础，通过扩散工艺制作的，但是电力二极管功耗较大。电力二极管由一个面积较大的PN结和两端引线封装组成。从PN结的P型端引出的电极称为阳极A，从PN结的N型端引出的电极称为阴极K。电力二极管的外形、结构和电气图形符号如图1-4所示。从外形上看，电力二极管主要有塑封型、螺栓型和平板型三种封装形式。

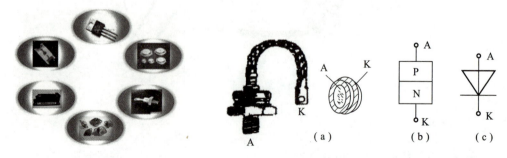

图1-3　电力二极管　　　　图1-4　电力二极管的外形、结构和电气图形符号

（a）外形；（b）结构；（c）电气图形符号

二、电力二极管的工作原理

当外加电压使电力二极管阳极 A 的电位高于阴极 K 的电位时，此时的电压称为正向电压，电力二极管处于正向偏置状态（简称正偏），PN 结导通。PN 结导通后，PN 结表现为低阻态，可以流过较大的电流，电力二极管的这种状态称为正向导通状态。

当外加电压使电力二极管阳极 A 的电位低于阴极 K 的电位时，此时的电压称为反向电压，电力二极管处于反向偏置状态（简称反偏），PN 结截止。PN 结截止时，PN 结表现为高阻态，几乎没有电流流过，电力二极管的这种状态称为反向截止状态。电力二极管就是利用单向导电性工作的。

三、电力二极管的伏安特性

电力二极管的阳极和阴极间的电压与流过二极管的电流之间的关系称为伏安特性，其曲线如图 1-5 所示。

正向特性：当外加电压大于门槛电压时，正向电流开始迅速增加；当正向电压大于 1 V 时，二极管开始导通。

反向特性：当电力二极管加上反向电压时，起始段的反向漏电流很小，随着反向电压的增加，反向漏电流略有增大，但当反向电压增加到雪崩击穿电压 U_B 时，PN 结内产生雪崩击穿，反向电流急剧增大，这可导致电力二极管击穿损坏。

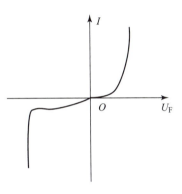

图 1-5　电力二极管的伏安特性曲线

四、电力二极管的主要参数和选用

1. 电力二极管的主要参数

器件参数是定量描述器件性能和安全工作范围的重要数据，是合理选择和正确使用器件的依据。参数一般从产品手册中查到，也可以通过直接测量得到。

（1）额定电流 I_{Dn}。指电力二极管长期运行时，在规定的管壳温度和散热条件下，其允许流过的最大工频半波电流的平均值，这也是电力二极管的标称额定电流。在该电流下管子的正向压降造成管子损耗，结温升高不超过最高允许结温。该值是按电流的发热效应定义的，因此，在计算时按有效值相等来选取二极管的电流定额，并留有 1.5～2 倍的裕量。其计算公式如下：

$$I_{Dn} = (1.5 \sim 2)\frac{I_{Dm}}{1.57}$$

式中　I_{Dm}——流过电力二极管的最大有效值电流。

（2）额定电压 U_{Dn}。指电力二极管在规定温度下，流过某一稳态正向电流时对应的正向压降。有时其参数表中也给出在指定温度下流过某一瞬态正向大电流时功率二极管的最大瞬时正向压降。

（3）反向重复峰值电压 U_{RRM}。指对电力二极管所能重复施加的反向最高峰值电压，通常是其雪崩电压的2/3。使用时，往往按照电路中功率二极管可能承受的反向峰值电压的两倍来选定此参数。

（4）管压降 U_D。指二极管在指定温度下，流过某一指定的稳态正向电流时对应的正向压降。有时参数表中也给出在指定温度下流过某一瞬态正向大电流时器件的最大瞬时正向压降。

（5）反向恢复时间 t_{rr}。指电力二极管从所施加的反向偏置电流降至零起到恢复反向阻断能力为止的时间。

（6）浪涌电流 I_{FSM}。指电力二极管所能承受的最大的连续一个或几个工频周期的过载电流。

2. 电力二极管的选用

（1）电力二极管的额定电流 I_{Dn} 应满足：

$$I_{Dn} \geq (1.5 \sim 2)\frac{I_{Dm}}{1.57}$$

式中　$1.5 \sim 2$——安全裕量系数；

　　　I_{Dm}——流过电力二极管的最大有效值电流，选用时取相应标准系列值。

（2）电力二极管的反向重复峰值电压应满足：

$$U_{RRM} = (2 \sim 3)U_{Dm}$$

式中　U_{Dm}——电力二极管可能承受的最大反向电压，选用时取相应标准系列值。

3. 电力二极管的测试

电力二极管的内部结构为 PN 结，因此通过数字万用表的二极管挡就可以判断出电力二极管引脚及其好坏。用红表笔接假设的阳极 A，用黑表笔接假设的阴极 K，若数字显示屏上显示 0.7 V 左右，则表示此接法正确。

4. 电力二极管使用时的注意事项

使用电力二极管时，必须保证规定的冷却条件；若不能满足规定的冷却条件，必须降低容量使用。若规定风冷的器件使用在自冷条件下，则只允许用到额定电流的 1/3 左右。

五、电力二极管的主要类型

电力二极管在转换器电路中常作为整流器件或电路中的续流器件使用，有时还可作为电压隔离或保护器件。使用中根据实际需要，可选择不同的电力二极管。电力二极管的主要类型有以下几种：

1. 普通二极管

普通二极管又称为整流二极管，多用于开关频率不高（1 kHz 以下）的整流电路中。其反向恢复时间较长，一般在 5 s 以上，这在开关频率不高时并不重要，在参数表中甚至不用列出，但其正向电流定额和反向电压定额可以达到很高，分别可达数千安和数千伏以上。

2. 快速恢复二极管

恢复过程很短，特别是反向恢复过程很短（5 μs 以下）的二极管被称为快速恢复二极管，简称为快速二极管。其在制造工艺上多采用掺金措施，在结构上有的采用 PN 结构类型，也有的采用对此加以改进的 PIN 结构。它可广泛用于开关电源、脉宽调制器（PWM）、不间断电源（UPS）、交流电动机变频调速（VVVF）、高频加热等装置中，作为高频、大电流的续流二极管或整流管，是极有发展前途的电力电子半导体器件。

3. 肖特基二极管

以金属和半导体接触形成的势垒为基础的二极管称为肖特基势垒二极管（Schottky Barrier Diode，SBD），简称为肖特基二极管。其优点是：反向恢复时间很短（10～40 ns），正向恢复过程中不会有明显的电压过冲；在反向耐压较低的情况下其正向压降也很小，明显低于快速二极管。因此，其开关损耗和正向导通损耗都比快速二极管小，效率高。其缺点是：当所承受的反向耐压提高时，其正向压降也有较大幅度的提高，因此多用于 200 V 以下和要求较低的正向管压降的变流器电路中。

任务二　认识晶闸管

晶闸管（Thyristor）是硅晶体闸流管的简称，又称为可控硅（Silicon Controlled Rectifier，SCR）。晶闸管是一种能够通过控制信号来控制其导通，但不能控制其截止的半控型器件。其由于导通时刻可控，可满足调压要求，具有体积小、质量轻、工作迅速、维护简单、操作方便和寿命长等特点，因而自问世以来在实际生产中获得了广泛应用，发展非常迅速。自 20 世纪 80 年代以来，晶闸管的地位逐渐被各种性能更好的全控型器件所代替，但由于其能够承受的电压和电流仍是目前电力电子器件中最高的，而且工作可靠，因此仍被广泛应用于相控整流、逆变、交流调压、直流变换等领域，成为特大功率低频（200 Hz 以下）装置中的主要器件。

一、晶闸管的外形及符号

晶闸管是一种大功率 PNPN 四层半导体器件，其外形结构有塑封型、螺栓型和平板型，常用的是螺栓型和平板型。晶闸管的外形、结构和电气图形符号如图 1－6 所示。晶闸管有 3 个 PN 结和 3 个引出极，即阳极 A、阴极 K 和门极（控制极）G。

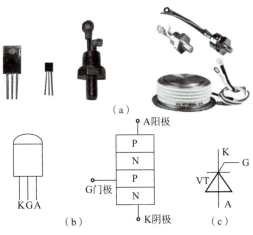

图 1－6　晶闸管的外形、结构和电气图形符号
(a) 外形；(b) 结构；(c) 电气图形符号

螺栓型晶闸管的螺栓是阳极 A、粗辫子线是阴极 K、细辫子线是门极 G，螺栓型晶闸管的阳极紧拴在铝制散热器上，其特点是安装和更换方便，但由于依靠阳极散热器自然冷却散热，散热效果较差，一般只适用于额定电流小于 200 A 的晶闸管。

平板型晶闸管的两个平面分别是阳极 A 和阴极 K，细辫子线是门极 G，距离门极较近的一面是阴极 K，距离门极较远的一面是阳极 A，使用时两个互相绝缘的散热器把晶闸管紧紧地夹在一起，依靠冷风冷却。其特点是散热效果好，但更换麻烦，一般适用于额定电流大于 200 A 的晶闸管。

二、晶闸管的工作原理

1. 晶闸管的导通关断条件

为了说明晶闸管的工作原理，先做一个实验，实验电路如图 1－7 所示。阳极电源 E_a 连接负载（白炽灯）接到晶闸管的阳极 A 与阴极 K，组成晶闸管的主电路。流过晶闸管阳极的电流称为阳极电流 I_a，晶闸管阳极和阴极两端的电压称为阳极电压 U_a。门极电源 E_g 连接晶闸管的门极 G 与阴极 K，组成控制电路（也称触发电路）。流过门极的电流称为门极电流 I_g，门极与阴极之间的电压称为门极电压 U_g。用灯泡来观察晶闸管的通断情况，该实验分 9 个步骤进行。

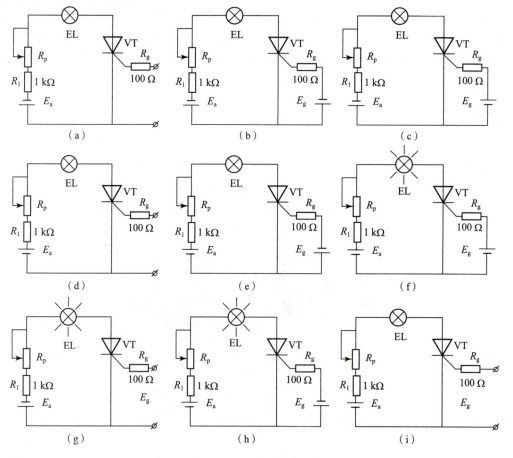

图 1－7　晶闸管导通关断条件实验电路

第一步：按图 1 - 7（a）接线，阳极和阴极之间加反向电压，门极和阴极之间不加电压，指示灯不亮，晶闸管不导通。

第二步：按图 1 - 7（b）接线，阳极和阴极之间加反向电压，门极和阴极之间加反向电压，指示灯不亮，晶闸管不导通。

第三步：按图 1 - 7（c）接线，阳极和阴极之间加反向电压，门极和阴极之间加正向电压，指示灯不亮，晶闸管不导通。

第四步：按图 1 - 7（d）接线，阳极和阴极之间加正向电压，门极和阴极之间不加电压，指示灯不亮，晶闸管不导通。

第五步：按图 1 - 7（e）接线，阳极和阴极之间加正向电压，门极和阴极之间加反向电压，指示灯不亮，晶闸管不导通。

第六步：按图 1 - 7（f）接线，阳极和阴极之间加正向电压，门极和阴极之间也加正向电压，指示灯亮，晶闸管导通。

第七步：按图 1 - 7（g）接线，去掉触发电压，指示灯亮，晶闸管仍导通。

第八步：按图 1 - 7（h）接线，门极和阴极之间加反向电压，指示灯亮，晶闸管仍导通。

第九步：按图 1 - 7（i）接线，去掉触发电压，将电位器阻值加大，晶闸管阳极电流减小，当电流减小到一定值时，指示灯熄灭，晶闸管关断。

晶闸管导通和关断实验现象与结论见表 1 - 1。

表 1 - 1　晶闸管导通和关断实验现象与结论

实验顺序		实验前灯的情况	实验时晶闸管条件		实验后灯的情况	结论
			阳极电压 U_a	门极电压 U_g		
导通实验	1	暗	反向	零	暗	晶闸管在反向阳极电压的作用下，不论门极为何种电压，它都处于关断状态
	2	暗	反向	反向	暗	
	3	暗	反向	正向	暗	
	4	暗	正向	零	暗	晶闸管同时在正向阳极电压与正向门极电压的作用下才能导通
	5	暗	正向	反向	暗	
	6	暗	正向	正向	亮	
关断实验	7	亮	正向	正向	亮	已导通的晶闸管在正向阳极的作用下，门极失去控制作用
	8	亮	反向	零	亮	
	9	亮	正向	反向	亮	
	10	亮	正向（逐渐减小到接近于零）	任意	暗	晶闸管在导通状态时，当阳极电压减小到接近零时，晶闸管关断

实验说明：

（1）当晶闸管承受反向阳极电压时，无论门极是否有正向触发电压或承受反向电压，晶闸管均不导通，只有很小的反向漏电流流过管子，这种状态称为反向阻断状态。这说明晶闸管像整流二极管一样，具有单向导电性。

（2）当晶闸管承受正向阳极电压时，无论门极加上反向电压还是不加电压，晶闸管均不导通，这种状态称为正向阻断状态。这是二极管所不具备的。

（3）当晶闸管承受正向阳极电压时，门极加上正向触发电压，晶闸管导通，这种状态称为正向导通状态。这就是晶闸管的闸流特性，即可控特性。

（4）晶闸管一旦导通后即维持阳极电压不变，将触发电压撤除管子依然处于导通状态，即门极对管子不再具有控制作用。

结论：

（1）晶闸管导通条件：加适当的正向阳极电压和正向门极电压。

（2）晶闸管关断条件：流过晶闸管的阳极电流小于维持电流。

2. 晶闸管的导通关断原理

由晶闸管的内部结构可知，它是四层（$P_1N_1P_2N_2$）三端（A、K、G）结构，有三个 PN 结，即 J_1、J_2、J_3，因此可用三个串联的二极管或两个不同类型（一个 PNP 型三极管和一个 NPN 型三极管）的三极管来等效，如图 1-8 所示。当阳极 A 和阴极 K 两端加正向电压时，J_2 处于反偏状态，$P_1N_1P_2N_2$ 结构处于阻断状态，只能通过很小的正向漏电流；当阳极 A 和阴极 K 两端加反向电压时，J_1 和 J_3 处于反偏状态，$P_1N_1P_2N_2$ 结构处于阻断状态，只能通过很小的反向漏电流，所以晶闸管具有正反向阻断特性。晶闸管的导通关断原理可以通过等效电路来分析。

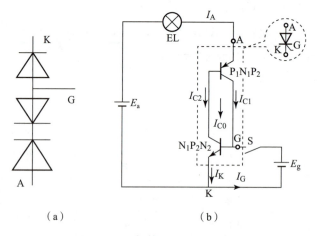

图 1-8　晶闸管工作原理的等效

（a）以互补三极管等效；（b）晶闸管工作原理的等效电路

当晶闸管加上正向阳极电压，门极也加上足够的门极电压时，有电流 I_G 从门极流入 $N_1P_2N_2$ 管的基极，经 $N_1P_2N_2$ 管放大后的集电极电流 I_{C2} 又是 $P_1N_1P_2$ 管的基极电流，再经 $P_1N_1P_2$ 管放大，其集电极电流 I_{C1} 又流入 $N_1P_2N_2$ 管的基极，如此循环，产生强烈的正反馈过程，使两个三极管快速饱和导通，从而使晶闸管由阻断迅速地变为导通。导通后，晶闸管两端的压降很小，一般为 1.5 V 左右，流过晶闸管的电流将取决于外加电源电压和主回路的阻抗。正反馈过程如下：

$$I_G \uparrow \longrightarrow I_{B2} \uparrow \longrightarrow I_{C2}(=\beta_2 I_{B2}) \uparrow = I_{B1} \uparrow \longrightarrow I_{C1}(=\beta_1 I_{B1}) \uparrow$$

晶闸管一旦导通，即使 $I_G = 0$，因 I_{C1} 的电流在内部直接流入 $N_1P_2N_2$ 管的基极，晶闸管也仍将继续保持导通状态。

在晶闸管导通之后，它的导通状态完全依靠管子本身的正反馈作用来维持，此时，即使控制极电流消失，其仍足够大，晶闸管仍将处于导通状态。因此，控制极的作用仅是触发晶闸管使其导通，导通之后，控制极就失去了控制作用。若要晶闸管关断，只有降低阳极电压到零或对晶闸管加上反向阳极电压，使 I_{C1} 的电流减小至 $N_1P_2N_2$ 管接近截止状态时的大小，即流过晶闸管的阳极电流小于维持电流。可采用的方法有：减小阳极电压；将阳极电源断开；改变晶闸管的阳极电压的方向，即在阳极和阴极间加反向电压。

综上所述，晶闸管的工作特点如下：晶闸管电路由阳 - 阴极主电路和门 - 阴极控制电路两部分组成；阳 - 阴极之间具有可控的单向导电特性；门极仅起触发导通作用，不能控制截止；晶闸管的导通与截止两个状态相当于开关的作用，这样的开关称为无触点开关。

三、晶闸管的特性与主要参数

1. 晶闸管的阳极伏安特性

晶闸管的阳极与阴极间的电压和阳极电流之间的关系，称为阳极伏安特性，其曲线如图 1 - 9 所示。

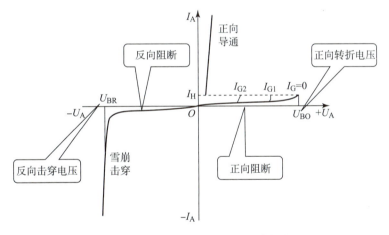

图 1 - 9   晶闸管的阳极伏安特性曲线

图 1 - 9 中第 Ⅰ 象限为正向特性，当 $I_G = 0$ 时，如果在晶闸管两端所加的正向电压 U_A 未增至正向转折电压 U_{BO}，晶闸管都处于正向阻断状态，且只有很小的正向漏电流。当 U_A 增至 U_{BO} 时，漏电流急剧增大，晶闸管导通，正向电压降低，其特性和二极管的正向伏安特性相似，称为正向转折或"硬开通"。多次"硬开通"会损坏管子，通常不允许晶闸管这样工作。一般采用对晶闸管的门极加足够大的触发电流使其导通，门极触发电流越大，正向转折电压越低。

晶闸管的反向伏安特性如图 1 - 9 中第 Ⅲ 象限所示，它与整流二极管的反向伏安特性相似。处于反向阻断状态时，只有很小的反向漏电流，当反向电压超过反向击穿电压 U_{BR} 时，反向漏电流急剧增大，造成晶闸管反向击穿而损坏。

2. 晶闸管的主要参数

在实际使用的过程中，往往要根据实际的工作条件进行管子的合理选择，以达到令人满意的技术经济效果。正确地选择管子主要包括两个方面：一是要根据实际情况确定所需晶闸管的额定值；二是根据额定值确定晶闸管的型号。

晶闸管的各项额定参数在晶闸管生产后，由厂家经过严格测试而确定，使用者只需能够正确地选择管子即可。晶闸管的主要参数见表1-2。

表1-2　晶闸管的主要参数

型号	通态平均电流 /A	通态平均电压 /V	断态正反向重复峰值电流 /mA	断态正反向重复峰值电压 /V	门极触发电流 /mA	门极触发电压 /V	断态电压临界上升率 /(V·μs⁻¹)	推荐用散热器	安装力 /kN	冷却方式
KP5	5	≤2.2	≤8	100~2 000	<60	<3		SZ14		自然冷却
KP10	10	≤2.2	≤10	100~2 000	<100	<3	250~800	SZ15		自然冷却
KP20	20	≤2.2	≤10	100~2 000	<150	<3		SZ16		自然冷却
KP30	30	≤2.4	≤20	100~2 400	<200	<3	50~1 000	SZ16		强迫风冷、水冷
KP50	50	≤2.4	≤20	100~2 400	<250	<3		SZ17		强迫风冷、水冷
KP100	100	≤2.6	≤40	100~3 000	<250	<3.5		SZ17		强迫风冷、水冷
KP200	200	≤2.4	≤0	100~3 000	<350	<3.5		L18	11	强迫风冷、水冷
KP300	300	≤2.6	≤50	100~3 000	<350	<3.5		L18B	15	强迫风冷、水冷
KP500	500	≤2.6	≤60	100~3 000	<350	<4	100~1 000	SF15	19	强迫风冷、水冷
KP800	800	≤2.6	≤80	100~3 000	<350	<4		SF16	24	强迫风冷、水冷
KP1000	1 000			100~3 000				SS13		
KP1500	1 000	≤2.6	≤80	100~3 000	<350	<4		SF16	24	强迫风冷、水冷

1）晶闸管的电压定额

（1）断态重复峰值电压 U_{DRM}。在图1-9晶闸管的阳极伏安特性曲线中，规定当门极断开，晶闸管处在额定结温时，允许重复加在管子上的正向峰值电压为晶闸管的断态重复峰值电压，用 U_{DRM} 表示。它是由伏安特性中的正向转折电压 U_{BO} 减去一定裕量，成为晶闸管的断态不重复峰值电压 U_{DSM}，然后再乘以90%而得到的。至于断态不重复峰值电压 U_{DSM} 与正向转折电压 U_{BO} 的差值，则由生产厂家自定。这里需要说明的是，晶闸管正向工作时有两种工作状态：阻断状态（简称"断态"）和导通状态（简称"通态"）。参数中提到的断态和通态一定是正向的，因此，"正向"两字可以省去。

（2）反向重复峰值电压 U_{RRM}。相似的，规定当门极断开，晶闸管处在额定结温时，允许重复加在管子上的反向峰值电压为晶闸管的反向重复峰值电压，用 U_{RRM} 表示。它是由伏安特性中的反向击穿电压 U_{BR} 减去一定裕量，成为晶闸管的反向不重复峰值电压 U_{RSM}，然后再乘以90%而得到的。至于反向不重复峰值电压 U_{RSM} 与反向转折电压 U_{BR} 的差值，则由生产厂家自定。一般晶闸管若承受反向电压，它一定是阻断的，因此参数中"阻断"两字可省去。

（3）额定电压 U_{Tn}。将 U_{DRM} 和 U_{RRM} 中的较小者按百位数取整后作为该晶闸管的额定值。例如，一晶闸管实测 $U_{DRM} = 812$ V，$U_{RRM} = 756$ V，将两者中较小的 756 V 按表 1 – 3 取整得 700 V，则该晶闸管的额定电压即 700 V。

在晶闸管的铭牌上，额定电压是以电压等级的形式给出的，通常标准电压等级规定为：电压在 1 000 V 以下，每 100 V 为一级；电压在 1 000 ~ 3 000 V，每 200 V 为一级，用百位数或千位数表示级数。晶闸管标准电压等级见表 1 – 3。

表 1 – 3　晶闸管标准电压等级

级别	正反向重复峰值电压/V	级别	正反向重复峰值电压/V	级别	正反向重复峰值电压/V
1	100	8	800	20	2 000
2	200	9	900	22	2 200
3	300	10	1 000	24	2 400
4	400	12	1 200	26	2 600
5	500	14	1 400	28	2 800
6	600	16	1 600	30	3 000
7	700	18	1 800		

在使用过程中，环境温度的变化、散热条件以及出现的各种过电压都会对晶闸管产生影响，因此在选择管子时，应使晶闸管的额定电压为实际工作时可能承受的最大电压的 2 ~ 3 倍，即

$$U_{Tn} \geqslant (2 \sim 3) U_{Tm}$$

（4）通态平均电压 $U_{T(AV)}$。在规定环境温度、标准散热条件下，元件通以额定电流时，阳极和阴极间电压降的平均值，称为通态平均电压（一般称为管压降），其数值按表 1 – 4 分组。从减小损耗和元件发热来看，应选择 $U_{T(AV)}$ 较小的管子。实际上，当晶闸管流过较大的恒定直流电流时，其通态平均电压比元件出厂时定义的值（表 1 – 4）要大，约为 1.5 V。

表 1 – 4　晶闸管通态平均电压分组

组别	A	B	C	D	E
通态平均电压/V	$U_T \leqslant 0.4$	$0.4 < U_T \leqslant 0.5$	$0.5 < U_T \leqslant 0.6$	$0.6 < U_T \leqslant 0.7$	$0.7 < U_T \leqslant 0.8$
组别	F	G	H	I	
通态平均电压/V	$0.8 < U_T \leqslant 0.9$	$0.9 < U_T \leqslant 1.0$	$1.0 < U_T \leqslant 1.1$	$1.1 < U_T \leqslant 1.2$	

2）晶闸管的电流定额

（1）额定电流 I_{Tn}。由于整流设备的输出端所接负载常用平均电流来表示，晶闸管额定电流的标定与其他电气设备不同，采用的是平均值，而不是有效值，其又称为通态平均电流。所谓通态平均电流，是指在环境温度为 40 ℃ 和规定的冷却条件下，晶闸管在导通角不小于 170° 的电阻性负载电路中，当不超过额定结温且稳定时，所允许通过的工频正弦半波电流的平均值。将该电流按晶闸管标准电流系列取值（表 1 – 2），称为晶闸管的额定电流。

但是决定晶闸管结温的是管子损耗的发热效应，表征热效应的电流是以有效值表示的，两者的关系如下：

$$I_{\mathrm{Tn}} = 1.57 I_{\mathrm{T(AV)}}$$

如额定电流为 100 A 的晶闸管，其允许通过的电流有效值为 157 A。

由于电路不同、负载不同、导通角不同、流过晶闸管的电流波形不同，从而它的电流平均值和有效值的关系也不同，在实际选择晶闸管时，其额定电流的确定一般按以下原则：管子在额定电流时的电流有效值大于其所在电路中可能流过的最大电流的有效值，同时取 1.5 ~ 2 倍的余量，即

$$1.57 I_{\mathrm{T(AV)}} = I_{\mathrm{Tn}} \geqslant (1.5 \sim 2) I_{\mathrm{Tm}}$$

亦即

$$I_{\mathrm{Tn}} \geqslant (1.5 \sim 2) \frac{I_{\mathrm{Tm}}}{1.57}$$

【例1-1】 一晶闸管接在 220 V 交流电路中，通过晶闸管电流的有效值为 50 A，问应选择什么型号的普通晶闸管？

解 晶闸管的额定电压为

$$U_{\mathrm{Tn}} \geqslant (2 \sim 3) U_{\mathrm{Tm}} = (2 \sim 3) \sqrt{2} \times 220 = 622 \sim 933 \ (\mathrm{V})$$

按晶闸管额定电压等级取 700 V，即 7 级。

晶闸管的额定电流为

$$I_{\mathrm{Tn}} \geqslant (1.5 \sim 2) \frac{I_{\mathrm{Tm}}}{1.57} = (1.5 \sim 2) \times \frac{50}{1.57} = 48 \sim 64 (\mathrm{A})$$

按晶闸管参数系列取 50 A，所以晶闸管型号应选择为 KP50-7。

（2）维持电流 I_{H}。在室温下门极断开时，元件从较大的通态电流降到刚好能保持导通的最小阳极电流，该电流称为维持电流 I_{H}。维持电流与元件容量、结温等因素有关，额定电流大的管子，维持电流也大，同一管子结温低时维持电流增大，维持电流大的管子容易关断。同一型号的管子其维持电流也各不相同。

（3）擎住电流 I_{L}。在晶闸管加上触发电压，当元件从阻断状态刚转为导通状态就去除触发电压，此时要保持元件持续导通所需要的最小阳极电流，该电流称为擎住电流 I_{L}。对于同一个晶闸管来说，通常擎住电流比维持电流大 2 ~ 4 倍。欲使晶闸管触发导通，必须使触发脉冲保持到阳极电流上升到擎住电流以上，否则会造成晶闸管重新恢复阻断状态，因此触发脉冲必须具有一定的宽度。

（4）断态重复峰值电流 I_{DRM} 和反向重复峰值电流 I_{RRM}。

I_{DRM} 和 I_{RRM} 分别是对应于晶闸管承受断态重复峰值电压 U_{DRM} 和反向重复峰值电压 U_{RRM} 时的峰值电流。它们都应不大于表 1-2 中所规定的数值。

（5）浪涌电流 I_{TSM}。I_{TSM} 是一种由电路异常情况（如故障）引起的并使结温超过额定结温的不重复性最大正向过载电流，用峰值表示。浪涌电流有上、下两级，这些不重复电流定额用来设计保护电路。

3）门极参数

（1）门极触发电流 I_{gt}。在室温下，在晶闸管的阳-阴极加上 6 V 的正向阳极电压，管子由断态转为通态所必需的最小门极电流，称为门极触发电流 I_{gt}。

（2）门极触发电压 U_{gt}。产生门极触发电流 I_{gt} 所必需的最小门极电压，称为门极触发电压 U_{gt}。为了保证晶闸管的可靠导通，常常令实际的触发电流比规定的触发电流大。

4）晶闸管的型号

根据国家的有关规定，普通晶闸管的型号及含义如下：

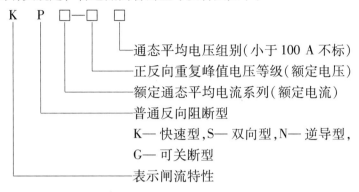

【例1-2】 220 V 交流输入单相半波可控整流调光电路带 40 W 白炽灯，试确定晶闸管的型号。

解 第一步：单相半波可控整流调光电路晶闸管可能承受的最大电压为

$$U_{Tm} = \sqrt{2}U = \sqrt{2} \times 220 = 311 \text{（V）}$$

第二步：考虑 2～3 倍的余量，即

$$(2～3)U_{Tm} = (2～3) \times 311 = 622～933 \text{（V）}$$

第三步：确定所需晶闸管的额定电压等级。

因为电路中无储能元件，因此选择电压等级为 7 级的晶闸管就可以满足正常工作的需要。

第四步：根据白炽灯的额定值计算出其阻值的大小，即

$$R_d = \frac{220^2}{40} = 1\ 210 \text{（}\Omega\text{）}$$

第五步：确定流过晶闸管电流的有效值。

在单相半波可控整流调光电路中，当 $\alpha = 0°$ 时，流过晶闸管的电流最大，且电流的有效值是平均值的 1.57 倍。由前面的分析可以得到流过晶闸管的平均电流为

$$I_d = 0.45 \frac{U}{R_d}$$

$$= 0.45 \times \frac{220}{1\ 210}$$

$$\approx 0.08 \text{（A）}$$

由此可得，当 $\alpha = 0°$ 时流过晶闸管电流的最大有效值为

$$I_{Tm} = 1.57 I_d = 1.57 \times 0.08 = 0.126 \text{（A）}$$

第六步：考虑 1.5～2 倍的余量，即

$$(1.5～2)I_{Tm} = (1.5～2) \times 0.126 = 0.189～0.252 \text{（A）}$$

第七步：确定晶闸管的额定电流 I_{Tn}，即

$$I_{Tn} \geq 0.12～0.16 \text{ A}$$

因为电路中无储能元件，因此选择额定电流为 1 A 的晶闸管就可以满足正常工作的需要。

由以上分析可以确定晶闸管应选用的型号为 KP1-7。

任务工单

课程名称		专业班级		日期	
上课地点		参考学时	2 学时	指导教师	
任务名称		晶闸管导通和关断测试			

小组基本资料

小组台号	关系		姓名		学号
	成员				

学习目标	【知识目标】 （1）懂晶闸管的结构，认识晶闸管的符号； （2）会分析晶闸管导通原理及可控特性； （3）会用数字万用表判断晶闸管的管脚和检测晶闸管的好坏。 【能力目标】 （1）具有较好的识图能力； （2）会用数字万用表检测二极管、电阻等元器件； （3）会用数字万用表判别晶闸管的引脚和可控性。 【素养目标】 （1）团队协作与沟通能力； （2）分析和解决问题能力
知识链接	晶闸管的内部结构、符号、型号、晶闸管导通和关断的原理
仪器器材	数字万用表、直流稳压电源、晶闸管、电阻、灯泡、面包板、导线
技能训练	1. 晶闸管引脚判别及好坏检测。 （1）画出 MCR100-6 晶闸管符号并标注引脚。 （2）简述用数字万用表判断晶闸管引脚及好坏的方法。

技能
训练

2. 晶闸管导通和关断条件。

（1）晶闸管导通和关断实验。

①加 12 V 反向阳极电压，门极开路，观察灯泡是否亮，判断晶闸管是否导通；

②加 12 V 反向阳极电压，门极接 -5 V 电压，观察灯泡是否亮，判断晶闸管是否导通；

③加 12 V 反向阳极电压，门极接 +5 V 电压，观察灯泡是否亮，判断晶闸管是否导通；

④加 12 V 正向阳极电压，门极开路，观察灯泡是否亮，判断晶闸管是否导通；

⑤加 12 V 正向阳极电压，门极接 -5 V 电压，观察灯泡是否亮，判断晶闸管是否导通；

⑥加 12 V 正向阳极电压，门极接 +5 V 电压，观察灯泡是否亮，判断晶闸管是否导通；

⑦灯亮后去掉控制极电压，看灯泡是否还亮；

⑧灯亮后，控制极加 -5 V 反向门极电压，看灯泡是否还继续亮；

⑨增大 R_P，看灯泡是否还继续亮，判断晶闸管是否导通。

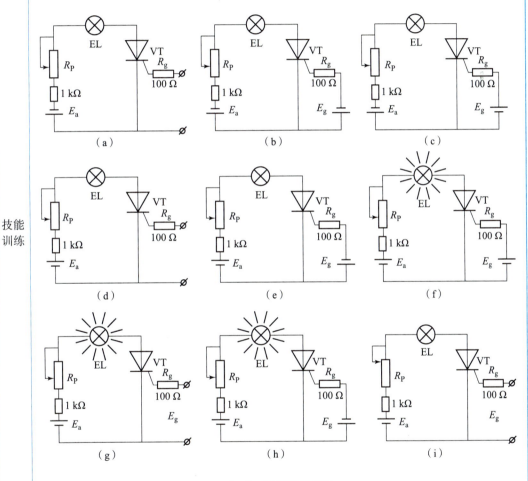

1-1　元器件清单表

序号	器件名称	规格型号	标称值	实测值	数量	结论

表 1－2　晶闸管导通条件表

	序号	阳极 A	阴极 K	门极 G	灯泡状态	晶闸管状态
技能训练	1	反	正	开路		
	2	反	正	－5 V 电压		
	3	反	正	5 V 电压		
	4	正	负	开路		
	5	正	负	－5 V 电压		
	6	正	负	＋5 V 电压		
	7	正	负	去掉门极电压		
	8	正	负	－5 V 电压		
	9	增大 R_P		无		

（2）写出晶闸管导通条件，说明控制极作用。

（3）写出晶闸管关断条件。

（4）总结关断晶闸管的方法。

教师评价	教师评语	成绩

任务三　调速器主电路设计——单相半波可控整流电路

一、电阻性负载

单相半波可控整流调光灯主电路实际上就是负载为阻性的单相半波可控整流电路，对电路的输出电压 u_d 波形和晶闸管两端电压 u_T 波形的分析在调试及维修过程中是非常重要的。这些分析是在假设主电路和触发电路均正常工作的前提条件下进行的。

图 1－10 所示为单相半波可控整流电路，整流变压器起变换电压和隔离作用，其一次和二次电压瞬时值分别用 u_1 和 u_2 表示，二次电压 u_2 为 50 Hz 正弦波，其有效值为 U_2。当接通电源后，便可在负载两端得到脉动的直流电压，其输出电压的波形可以用示波器进行测量。

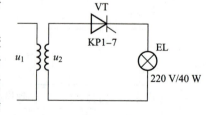

图 1－10　单相半波可控整流电路

1. 工作原理

在分析电路工作原理之前，先介绍几个术语和概念。

自然换相点：是指在单相半波电路中，交流电压由负过零的时刻。

控制角 α：也叫触发角或触发延迟角，是指晶闸管从承受正向电压开始到触发脉冲出现之间的电角度。

导通角 θ：是指晶闸管在一周期内处于导通的电角度。

移相：是指改变触发脉冲出现的时刻，即改变控制角 α 的大小。

移相范围：是指一个周期内触发脉冲的移动范围，它决定了输出电压的变化范围。

1）$\alpha=0°$ 时的波形分析

图 1-11 所示为 $\alpha=0°$ 时实际电路中输出电压和晶闸管两端电压的理论波形。

从图 1-11 可以分析出，在电源电压 u_2 正半周区间内，在电源电压的过零点，即 $\alpha=0°$ 时刻加入触发脉冲触发晶闸管 VT 导通，负载上得到输出电压 u_d 的波形是与电源电压 u_2 相同形状的波形；当电源电压 u_2 过零时，晶闸管也同时关断，负载上得到的输出电压 u_d 为零；在电源电压 u_2 的负半周内，晶闸管承受反向电压，不能导通，直到第二周期 $\alpha=0°$ 触发电路再次施加触发脉冲时，晶闸管方可再次导通。

在晶闸管导通期间，忽略晶闸管的管压降，$u_T=0$，在晶闸管截止期间，管子将承受全部反向电压。

2）$\alpha=30°$ 时的波形分析

改变晶闸管的触发时刻，即控制角 α 的大小即可改变输出电压的波形，图 1-12（a）所示为 $\alpha=30°$ 的输出电压的理论波形。在 $\alpha=30°$ 时，晶闸管承受正向电压，此时加入触发脉冲晶闸管导通，负载上得到输出电压 u_d 的波形是与电源电压 u_2 相同形状的波形；同样的，当电源电压 u_2 过零时，晶闸管也同时关断，负载上得到的输出电压 u_d 为零；在电源电压过零点到 $\alpha=30°$ 之间的区间上，虽然晶闸管已经承受正向电压，但由于没有触发脉冲，晶闸管依然处于截止状态。

图 1-12（b）所示为 $\alpha=30°$ 时晶闸管两端电压的理论波形，其原理与 $\alpha=0°$ 时相同。

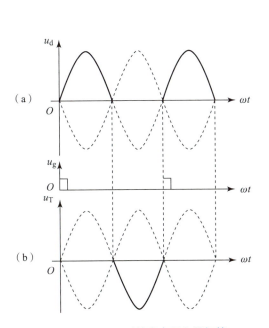

图 1-11　$\alpha=0°$ 时输出电压和晶闸管两端电压的理论波形
（a）输出电压的理论波形；
（b）晶闸管两端电压的理论波形

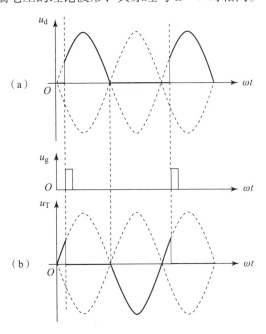

图 1-12　$\alpha=30°$ 时输出电压和晶闸管两端电压的理论波形
（a）输出电压的理论波形；
（b）晶闸管两端电压的理论波形

17

图 1-13 所示为 $\alpha = 30°$ 时实际电路中用示波器测得的输出电压和晶闸管两端电压的实测波形，可将其与理论波形对照进行比较。

将示波器探头的测试端和接地端接于白炽灯两端，调节旋钮 "t/div" 和 "v/div"，使示波器稳定显示至少一个周期的完整波形，并且使每个周期的宽度在示波器上显示为 6 个方格（即每个方格对应的电角度均为 60°），调节电路，使示波器显示的输出电压的波形对应于控制角 α 的角度为 30°，如图 1-13（a）所示，可将其与理论波形对照进行比较。

将 Y_1 探头接于晶闸管两端，测试晶闸管在控制角 α 的角度为 30° 时两端电压的波形如图 1-13（b）所示，可将其与理论波形对照进行比较。

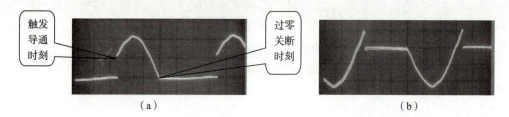

图 1-13 $\alpha = 30°$ 时输出电压和晶闸管两端电压的实测波形
（a）输出电压的实测波形；（b）晶闸管两端电压的实测波形

3）其他角度时的波形分析

继续改变触发脉冲的加入时刻，可以分别得到控制角 α 为 60°、90°、120° 时输出电压和管子两端的波形，图 1-14 ~ 图 1-19 分别所示为理论波形和实测波形，其原理请自行分析。

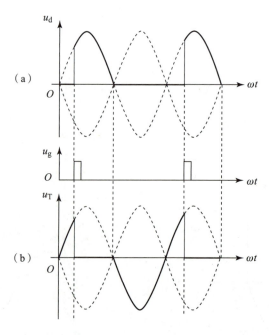

图 1-14 $\alpha = 60°$ 时输出电压和晶闸管两端电压的理论波形
（a）输出电压的理论波形；（b）晶闸管两端电压的理论波形

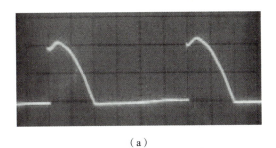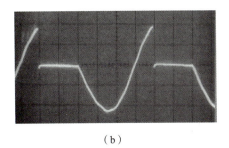

（a）　　　　　　　　　　　　（b）

图 1-15　$\alpha=60°$时输出电压和晶闸管两端电压的实测波形

（a）输出电压的实测波形；（b）晶闸管两端电压的实测波形

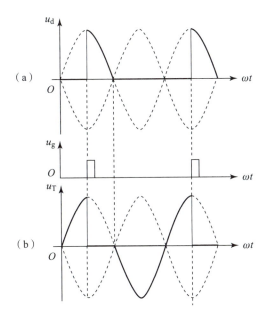

图 1-16　$\alpha=90°$时输出电压和晶闸管两端电压的理论波形

（a）输出电压的理论波形；（b）晶闸管两端电压的理论波形

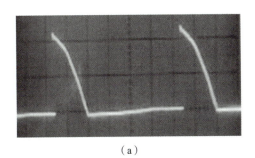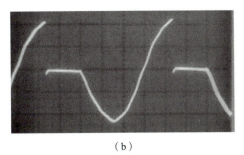

（a）　　　　　　　　　　　　（b）

图 1-17　$\alpha=90°$时输出电压和晶闸管两端电压的实测波形

（a）输出电压的实测波形；（b）晶闸管两端电压的实测波形

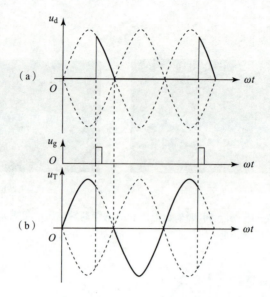

图 1 - 18 $\alpha = 120°$ 时输出电压和晶闸管两端电压的理论波形

（a）输出电压的理论波形；（b）晶闸管两端电压的理论波形

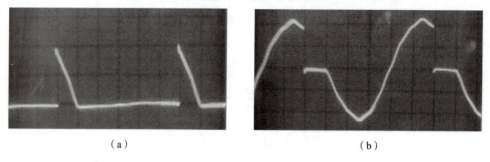

（a）   （b）

图 1 - 19 $\alpha = 120°$ 时输出电压和晶闸管两端电压的实测波形

（a）输出电压的实测波形；（b）晶闸管两端电压的实测波形

由以上的分析和测试可以得出：

（1）在单相整流电路中，把晶闸管从承受正向阳极电压起到加入触发脉冲而导通之间的电角度 α 称为控制角，也称为触发延迟角或移相角。晶闸管在一个周期内导通时间对应的电角度用 θ 表示，称为导通角，且 $\theta = \pi - \alpha$。

（2）在单相半波整流电路中，改变 α 的大小，即改变触发脉冲在每周期内出现的时刻，则 u_d 和 i_d 的波形也随之改变，但是直流输出电压瞬时值 u_d 的极性不变，其波形只在 u_2 的正半周出现，这种通过对触发脉冲的控制来实现控制直流输出电压大小的控制方式称为相位控制方式，简称相控方式。

（3）理论上移相范围为 0° ~ 180°。在本任务中若要使移相范围达到 0° ~ 180°，则需要改进触发电路以扩大移相范围。

2. 波形分析

由波形可知，当交流电压 u_2 的每一个周期都以相同的 α 加上触发脉冲时，在负载 R_d 上就能得到稳定的缺角半波的脉动直流电压及电流波形；如果改变晶闸管控制角 α 的大小，输出直流电压平均值 U_d 极性不变但幅值会随之改变，且波形只在电源的正半周出现，所以该电路称为单相半波可控整流电路。

3. 基本的物理量计算

（1）输出电压平均值与平均电流。

$$U_d = \frac{1}{2\pi} \int_\alpha^\pi \sqrt{2} U_2 \sin \omega t \, d(\omega t) = 0.45 U_2 \frac{1 + \cos \alpha}{2}$$

$$I_d = \frac{U_d}{R_d} = 0.45 \frac{U_2}{R_d} \cdot \frac{1 + \cos \alpha}{2}$$

由此可见，输出直流电压平均值 U_d 与整流变压器二次侧交流电压 U_2 和控制角 α 有关。当 U_2 给定后，U_d 仅与 α 有关，当 $\alpha = 0°$ 时，$U_d = 0.45 U_2$ 为最大输出直流平均电压；当 $\alpha = \pi$ 时，$U_d = 0$。只要控制触发脉冲送出的时刻，U_d 就可以在 $0 \sim 0.45 U_2$ 之间连续可调。

（2）负载上电压有效值与电流有效值。根据有效值的定义，U 应是 u_d 波形的均方根值，即

$$U = \sqrt{\frac{1}{2\pi} \int_\alpha^\pi (\sqrt{2} U_2 \sin \omega t)^2 d(\omega t)} = U_2 \sqrt{\frac{\pi - \alpha}{2\pi} + \frac{\sin 2\alpha}{4\pi}}$$

负载电流有效值为

$$I = \frac{U_2}{R_d} \sqrt{\frac{\pi - \alpha}{2\pi} + \frac{\sin 2\alpha}{4\pi}}$$

（3）晶闸管电流有效值 I_T 与管子两端可能承受的最大电压。在单相半波可控整流电路中，晶闸管与负载串联，所以负载电流的有效值也就是流过晶闸管电流的有效值，其关系为

$$I_T = I_2 = I = \frac{U_2}{R_d} \sqrt{\frac{\pi - \alpha}{2\pi} + \frac{\sin 2\alpha}{4\pi}}$$

由图 1 - 18 中的 u_T 波形可知，晶闸管可能承受的正反向峰值电压为

$$U_{Tm} = \sqrt{2} U_2$$

（4）电源供给的有功功率 P、视在功率 S 和功率因数 $\cos \varphi$。

$$P = I^2 R_d = UI$$

$$S = U_2 I$$

$$\cos \varphi = \frac{P}{S} = \frac{UI}{U_2 I} = \sqrt{\frac{\pi - \alpha}{2\pi} + \frac{\sin 2\alpha}{4\pi}}$$

由上式可知，功率因数 $\cos \varphi$ 是 α 的函数。当 $\alpha = 0°$ 时，功率因数最大为 0.707，可见单相半波可控整流电路尽管是电阻性负载，但由于谐波电流的存在，变压器的最大利用率也仅有 70%，且 α 越大，$\cos\varphi$ 越小，说明设备的利用率越差。

【例 1 - 3】　在单相半波可控整流电路中，电阻性负载 $R_d = 5\ \Omega$，由 220 V 交流电源直接供电，要求输出平均直流电压 50 V，求晶闸管的控制角 α、导通角 θ、视在功率 S 及功率因数 $\cos \varphi$，并选用晶闸管的型号。

解（1）由 $U_d = 0.45 U_2 \dfrac{1 + \cos \alpha}{2}$ 得

$$\cos \alpha = \frac{2U_d}{0.45 U_2} - 1 = \frac{2 \times 50}{0.45 \times 220} - 1 = 0.01$$

故

$$\alpha = 89°$$

（2）$\theta = \pi - \alpha = 180° - 89° = 91°$

（3）$I_{\mathrm{T}} = \dfrac{U}{R_{\mathrm{d}}} = \dfrac{U_2 \sqrt{\dfrac{\pi - \alpha}{2\pi} + \dfrac{\sin 2\alpha}{4\pi}}}{R_{\mathrm{d}}} = 22\ \mathrm{A}$

$$S = U_2 I = 220 \times 22 = 4\ 840\,(\mathrm{V \cdot A})$$

（4）$\cos \varphi = \dfrac{P}{S} = \dfrac{UI}{U_2 I} = \sqrt{\dfrac{\pi - \alpha}{2\pi} + \dfrac{\sin 2\alpha}{4\pi}} = 0.499$

（5）元件承受的最大电压 $U_{\mathrm{Tm}} = \sqrt{2}U_2 = \sqrt{2} \times 220 = 311\,(\mathrm{V})$。

$$U_{\mathrm{Tn}} = (2 \sim 3)U_{\mathrm{Tm}} = (2 \sim 3) \times 311 = 622 \sim 933\,(\mathrm{V})，取 700\ \mathrm{V}。$$

$$I_{\mathrm{Tn}} = (1.5 \sim 2)\dfrac{I_{\mathrm{T}}}{1.57} = (1.5 \sim 2) \times \dfrac{22}{1.57} = 21 \sim 28\,(\mathrm{A})，取 30\ \mathrm{A}。$$

故晶闸管的型号为 KP30 -7。

【例 1-4】 有一电阻性负载要求 0 ~ 24 V 连续可调的直流电压，其最大负载电流 $I_{\mathrm{d}} = 30$ A，若由交流电网 0 ~ 24 V 供电与用整流变压器降至 220 V 供电，都采用单相半波可控整流电路。问其是否都能满足要求？两种方案所选晶闸管的导通角、额定电压、额定电流值，以及电源和变压器二次侧的功率因数和对电源的容量的要求有何不同？两种方案哪种更合理（考虑 2 倍裕量）？

解 （1）采用 0 ~ 24 V 电源直接供电，当 $\alpha = 0°$ 时

$$U_{\mathrm{d}} = 0.45 U_2 = 99\ \mathrm{V}$$

采用整流变压器降至 60 V 供电，当 $\alpha = 0°$ 时

$$U_{\mathrm{d}} = 0.45 U_2 = 27\ \mathrm{V}$$

所以只要适当调节 α 角，上述两种方案均能满足输出 0 ~ 24 V 直流电压的要求。

（2）采用 220 V 电源直接供电，因为 $U_{\mathrm{d}} = 0.45 U_2 \dfrac{1 + \cos \alpha}{2}$，其中在输出最大时，$U_2 = 220$ V，$U_{\mathrm{d}} = 24$ V，则计算得 $\alpha \approx 121°$，$\theta = 180° - 121° = 59°$。

晶闸管承受的最大电压 $U_{\mathrm{Tm}} = \sqrt{2}U_2 = 311$ V。

考虑 2 倍裕量，晶闸管额定电压 $U_{\mathrm{Tn}} = 2U_{\mathrm{Tm}} = 622$ V。

流过晶闸管的电流有效值为

$$I_{\mathrm{T}} = \dfrac{U_2}{R_{\mathrm{d}}} \sqrt{\dfrac{\pi - \alpha}{2\pi} + \dfrac{\sin 2\alpha}{4\pi}} = \dfrac{220}{0.8} \sqrt{\dfrac{180° - 121°}{360°} + \dfrac{\sin(2 \times 121°)}{4\pi}} \approx 84\,(\mathrm{A})$$

考虑 2 倍裕量，则晶闸管额定电流应为

$$I_{\mathrm{Tn}} = \dfrac{I_{\mathrm{T}}}{1.57} = \dfrac{84 \times 2}{1.57} \approx 107\,(\mathrm{A})$$

因此，所选晶闸管的额定电压要大于 622 V，额定电流要大于 107 A。

电源提供的有功功率为

$$P = I^2 R_{\mathrm{d}} = 84^2 \times 0.8 = 5\ 644.8\,(\mathrm{W})$$

电源的视在功率为

$$S = U_2 I_2 = U_2 I = 220 \times 84 = 18.48\,(\mathrm{kV \cdot A})$$

电源侧的功率因数为

$$\cos \varphi = \dfrac{P}{S} = 0.305$$

（3）采用整流变压器降至 60 V 供电，已知 $U_2 = 60$ V，$U_{\mathrm{d}} = 24$ V，由 $U_{\mathrm{d}} = 0.45 U_2 \dfrac{1 + \cos \alpha}{2}$

得

$$\cos \alpha = \frac{2U_d}{0.45U_2} - 1$$

故 $\alpha \approx 39°$，$\theta = 180° - 39° = 141°$。

晶闸管承受的最大电压 $U_{Tm} = \sqrt{2}U_2 = 84.9$ V。

考虑 2 倍裕量，晶闸管额定电压 $U_{Tn} = 2U_{Tm} = 169.8$ V。

流过晶闸管的电流有效值为

$$I_T = \frac{U_2}{R_d}\sqrt{\frac{\pi - \alpha}{2\pi} + \frac{\sin 2\alpha}{4\pi}} = \frac{60}{0.8}\sqrt{\frac{180° - 39°}{360°} + \frac{\sin(2 \times 39°)}{4\pi}} \approx 51.4(A)$$

考虑 2 倍裕量，晶闸管的额定电流应为

$$I_{Tn} = \frac{2I_T}{1.57} = \frac{51.4 \times 2}{1.57} \approx 65.5(A)$$

因此，所选晶闸管的额定电压要大于 169.8 V，额定电流要大于 65.5 A。

电源提供的有功功率 $P = I^2 R_d = 51.4^2 \times 0.8 = 2\ 113.6$（W）。

电源的视在功率 $S = U_2 I = 60 \times 51.4 = 3.08(kV \cdot A)$。

变压器侧的功率因数 $\cos \varphi = \dfrac{P}{S} \approx 0.685$。

由上述计算可以看出，增加变压器后，整流电路的控制角减小，所选的晶闸管的额定电压、额定电流都降低，而且对电源容量的要求降低，功率因数提高。因此采用整流变压器降压的方案更合理。

二、电感性负载

直流负载的感抗 ωL_d 和电阻 R_d 的大小相比不可忽略时，这种负载称为电感性负载，如工业上电动机的励磁线圈、输出串接电抗器的负载等均属于此类负载。电感性负载与电阻性负载有很大不同。为便于分析，通常在电路中把电感 L_d 与电阻 R_d 分开，如图 1-20 所示。

电感线圈是储能元件，当电流 i_d 流过线圈时，该线圈就储存磁场能量，i_d 越大，线圈储存的磁场能量也越大；当 i_d 减小时，电感线圈就会将所储存的磁场能量释放出来，试图维持原有电流的方向和大小，而电感本身是不消耗能量的。众所周知，能量的存放是不能突变的，可见当流过电感线圈的电流增大时，L_d 两端就会产生感应电动势，即 $u_L = L_d \dfrac{di_d}{dt}$，其方向应阻止 i_d 的增大，如图 1-20（a）所示。反之，i_d 减小时，L_d 两端感应的电动势方向应阻碍的 i_d 减小，如图 1-20（b）所示。

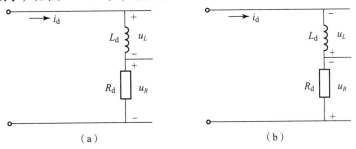

图 1-20　电感线圈对电流变化的阻碍作用

（a）电流 i_d 增大时 L_d 两端感应电动势的方向；（b）电流 i_d 减小时 L_d 两端感应电动势的方向

1. 无续流二极管

1）电路结构

图1-21（a）所示为带电感性负载的单相半波可控整流电路，它由整流变压器 T、晶闸管 VT、平波电抗器 L_d 及电阻 R_d 组成。图1-21（b）所示为整流电路各电量波形图。

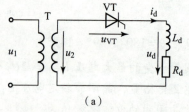

2）工作原理

在 $0 \sim \omega t_1$ 区间，电源电压 u_2 虽然为正，使晶闸管承受正向的阳极电压，但因没有触发脉冲，故晶闸管不会导通。负载上电压 u_d 和流过负载的电流 i_d 的值均为零，晶闸管承受电源电压 u_2。

在 $\omega t_1 \sim \pi$ 区间，在 ωt_1 时刻，即在控制角 α 处，由于触发脉冲的到来，晶闸管被触发导通，电源电压 u_2 经晶闸管可突加在负载上，但由于电感性负载电流不可能突变，故 i_d 只能从零开始逐步增大。同时由于电流的增大，在电感两端产生了阻碍电流增大的自感电动势 e_L，方向为上正下负。此时，交流电源的能量一方面供给电阻 R_d 消耗掉，另一方面供给电感 L_d 作为磁场能储存起来。

在 $\pi \sim \omega t_2$ 区间，电源电压 u_2 过零变负时，电流 i_d 已处于减小的过程中，但还没有降低为零，在电感两端产生的自感电动势 e_L 是阻碍电流减小的，方向为上负下正。只要 e_L 比 u_2 大，晶闸管就仍受正压而处于导通状态，因此 u_2 在负

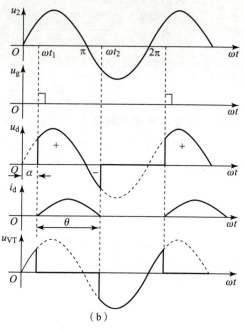

图1-21 带电感性负载单相半波可控整流电路及波形图
（a）电路图；（b）整流电路各电量波形图

半波的一段时间内，晶闸管仍继续保持导通。此时，电感将释放原先吸收的能量，其中一部分供给电阻消耗，而另一部分供给电源即变压器二次侧绕组吸收。

在 ωt_2 时，电感中的磁场能量释放完毕，电流 i_d 降为零，晶闸管关断且立即承受反向的电源电压。

结论：由于电感的存在，晶闸管的导通角增大，在电源电压由正到负过零点时也不会关断，这使负载电压波形出现部分负值，其结果使输出电压平均值 U_d 减小。电感越大，维持导电时间越长，输出电压负值部分占的比例越大，U_d 减少越多。当电感 L_d 非常大时（满足 $\omega L_d \gg R_d$，通常 $\omega L_d > 10R_d$ 即可），对于不同的控制角 α，导通角 θ 将接近（$2\pi - 2\alpha$），这时负载上得到的电压波形正负面积接近相等，平均电压 $U_d \approx 0$。可见，不管如何调节控制角 α，U_d 值总是很小，电流平均值 I_d 也很小，没有实用价值。

实际的单相半波可控整流电路在带有电感性负载时，都在负载两端反并联续流二极管。在晶闸管关断时，该管能为负载提供续流回路，故称为续流二极管，其作用是使负载不出现负电压，增大整流输出电压。

2. 接续流二极管

1）电路结构

为使电源电压过零变负时能及时地关断晶闸管，使 u_d 波形不出现负值，又能给电感线圈 L_d 提供续流的旁路，可以在整流输出端反并联一个二极管，如图 1–22 所示。由于该二极管是为电感负载在晶闸管关断时提供续流回路，故称为续流二极管。

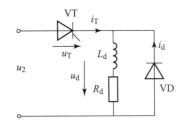

图 1–22　电感性负载接续流二极管的电路

2）工作原理

图 1–23 所示为电感性负载接续流二极管 $\alpha = 60°$ 时输出电压及电流的波形。

从波形图 1–23 上可以看出：

（1）在电源电压正半周（0～π 区间），晶闸管承受正向电压，触发脉冲在 α 时刻触发晶闸管导通，负载上有输出电压和电流。在此期间续流二极管 VD 承受反向电压而关断。

（2）在电源电压负半周（π～2π 区间），电感的感应电压使续流二极管 VD 承受正向电压导通续流，此时电源电压 $u_2 < 0$，u_2 通过续流二极管使晶闸管承受反向电压而关断，负载两端的输出电压仅为续流二极管的管压降。如果电感足够大，续流二极管一直导通到下一周期晶闸管导通，使电流 i_d 连续，且 i_d 波形近似一条直线。

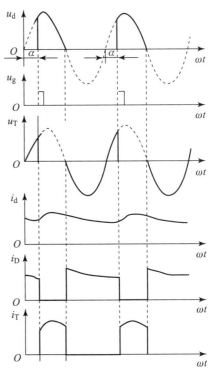

图 1–23　电感性负载接续流二极管 $\alpha = 60°$ 时输出电压及电流的波形

结论：电阻负载接续流二极管后，输出电压波形与电阻性负载波形相同，可见续流二极管的作用是提高输出电压。负载电流波形连续且近似一条直线，如果电感无穷大，则负载电流为一直线。流过晶闸管和续流二极管的电流波形是矩形波。

3）基本的物理量计算

（1）输出电压平均值 U_d 与输出电流平均值 I_d。

$$U_d = 0.45 U_2 \frac{1 + \cos \alpha}{2}$$

$$I_d = \frac{U_d}{R_d} = 0.45 \frac{U_2}{R_d} \cdot \frac{1 + \cos \alpha}{2}$$

（2）流过晶闸管电流的平均值 I_{dT} 和有效值 I_T。

$$I_{dT} = \frac{1}{2\pi} \int_{\alpha}^{\pi} i_T d(\omega t) = \frac{\pi - \alpha}{2\pi} I_d$$

$$I_T = \sqrt{\frac{1}{2\pi} \int_{\alpha}^{\pi} i_T^2 d(\omega t)} = \sqrt{\frac{\pi - \alpha}{2\pi}} I_d$$

（3）流过续流二极管电流的平均值 I_{dD} 和有效值 I_D。

$$I_{dD} = \frac{1}{2\pi} \int_{\pi}^{2\pi + \alpha} i_d d(\omega t) = \frac{\pi + \alpha}{2\pi} I_d$$

$$I_D = \sqrt{\frac{\pi + \alpha}{2\pi}} I_d$$

$$U_d = \frac{1}{2\pi} \int_\alpha^\pi \sqrt{2} U_2 \sin \omega t \, d(\omega t) = 0.45 U_2 \frac{1 + \cos \alpha}{2}$$

（4）晶闸管和续流二极管承受的最大正反向电压。晶闸管和续流二极管承受的最大正反向电压都为电源电压的峰值，即

$$U_{Tm} = U_{Dm} = \sqrt{2} U_2$$

单相半波可控整流电路具有电路简单、调整方便等优点，但由于它是半波整流，故输出的直流电压、电流脉动大，变压器利用率低且二次侧通过含直流分量的电流，使变压器存在直流磁化现象。为使变压器铁芯不饱和，就需要增大铁芯面积，这样就增大了设备的容量。在生产实际中其只用于一些对输出波形要求不高的小容量场合。在中小容量、负载要求较高的晶闸管可控整流装置中，较常用的是单相全控桥式整流电路。

【例1-5】 中小型发电机采用的是单相半波自激稳压可控整流电路。当发电机满负载运行时，相电压为220 V，要求的励磁电压为40 V。已知：励磁线圈的电阻为2 Ω，电感量为0.1 H。试求：晶闸管与续流管的电流平均值和有效值各是多少？它们可能承受的最大电压各是多少？请选择晶闸管与续流管的型号。

解 先求控制角 α。由 $U_d = 0.45 U_2 \frac{1 + \cos \alpha}{2}$，得

$$\cos \alpha = \frac{2U_d}{0.45 U_2} - 1 = \frac{2 \times 40}{0.45 \times 220} - 1 \approx -0.192$$

故 $\alpha \approx 101°$，则

$$\theta_T = \pi - \alpha = 180° - 101° = 79°$$
$$\theta_D = \pi + \alpha = 180° + 101° = 281°$$

因为 $\omega L_d = 2\pi f L_d = 2 \times 3.14 \times 50 \times 0.1 = 31.4(\Omega) \gg R_d = 2\,\Omega$，所以为大电感负载，各电量分别计算如下：

$$I_d = \frac{U_d}{R_d} = \frac{40}{2} = 20 \ (A)$$

$$I_{dT} = \frac{\pi - \alpha}{2\pi} I_d = \frac{180° - 101°}{360°} \times 20 = 4.4(A)$$

$$I_T = \sqrt{\frac{\pi - \alpha}{2\pi}} I_d = \sqrt{\frac{180° - 101°}{360°}} \times 20 = 9.4(A)$$

$$I_{dD} = \frac{\pi + \alpha}{2\pi} I_d = \frac{180° + 101°}{360°} \times 20 = 15.6(A)$$

$$I_D = \sqrt{\frac{180° + \alpha}{360°}} I_d = \sqrt{\frac{180° + 101°}{360°}} \times 20 = 17.6 \ (A)$$

$$U_{Tm} = \sqrt{2} U_2 \approx 311 \ V$$
$$U_{Dm} = \sqrt{2} U_2 \approx 311 \ V$$

根据以上计算选择晶闸管及续流管型号考虑如下：

$$U_{Tn} = (2 \sim 3) \times 311 = 622 \sim 933 \ (V)，取 700 \ V；$$

$$I_{Tn} = (1.5 \sim 2) \frac{I_T}{1.57} = (1.5 \sim 2) \frac{9.4}{1.57} = 9 \sim 12(A)，取 10 \ A，$$

故选择晶闸管型号为 KP10-7。

$$U_{Dn} = (2 \sim 3) U_{DM} = (2 \sim 3) \times 311 = 622 \sim 933 (V) \qquad 取 700 V$$

$$I_{Dn} = (1.5 \sim 2) \frac{I_D}{1.57} = (1.5 \sim 2) \frac{17.6}{1.57} = 16.8 \sim 22 (A) \quad 取 20 A, 故选择续流管的$$

型号为 ZP20 - 7。

任务工单

课程名称			专业班级		日期	
上课地点			参考学时	2 学时	指导教师	
任务名称			单相半波整流电路测试			
小组基本资料						
小组台号	关系	姓名	学号		姓名	学号
	成员					

学习目标	【知识目标】 (1) 懂单相半波可控整流电路的工作原理及元件的作用; (2) 会分析单相半波可控整流电路电阻负载和电阻电感负载工作原理; (3) 通过波形观察阻性、感性负载控制角的可调范围。 【能力目标】 (1) 会用示波器测试阻性和感性负载波形,并能绘制负载直流输出电压、电流及晶闸管两端的波形; (2) 会万用表测试单相半波整流电路各点电压。 【素养目标】 (1) 团队协作与沟通能力; (2) 分析和解决问题能力
知识链接	普源示波器用来观察和测量正弦波信号、直流信号的电压和波形。数字万用表用来测各点的电压值。电流表用来测流过负载回路的电流
仪器器材	电力电子实验台、普源示波器、数字万用表
技能训练	1. 画出单相半波整流电路接线。

2. 合上主电源，调节脉冲移相电位器 R_P，分别用示波器观察 $\alpha = 60°$、$90°$、$120°$时负载电压 U_d、晶闸管 VT 的阳极、阴极电压波形 U_T，并测定 U_d 及电源电压 U_2，验证

$$U_d = 0.45U_2 \frac{1 + \cos\alpha}{2}$$

U_2，U_d ＼ α	60°	90°	120°
U_2（测量值）			
U_d（测量值）			
U_d（计算值）			

3. 画出电阻性负载，$\alpha = 90°$时，$U_d = f(t)$，$U_T = f(t)$，$i_d = f(t)$ 的波形。

教师评语		成绩

技能训练

教师评价

任务四　调速器触发电路设计

一、触发电路的任务

电力电子器件的驱动电路是电力电子主电路与控制电路之间的接口，是电力电子装置的重要环节，对整个装置的性能有很大的影响。采用性能良好的驱动电路，可使电力电子器件工作在较理想的开关状态，缩短开关时间，减小开关损耗，对装置的运行效率、可靠性和安全性都有重要的意义。另外，对电力电子器件或整个装置的一些保护措施也往往就近设置在驱动电路中，或者通过驱动电路来实现，这使得驱动电路的设计更重要。

简单地说，驱动电路的基本任务就是将信息电子电路传送的信号按照其控制目标的要求，转换为加在电力电子器件控制端和公共端之间、可以使其开通或关断的信号。对半控型器件只需提供开通控制信号，对全控型器件则既要提供开通控制信号，又要提供关断控制信号，以保证器件按要求可靠地导通或关断。

二、对触发电路的要求

晶闸管的触发信号可以用交流正半周的一部分，也可用直流，还可用短暂的正脉冲。为了减少门极损耗，确保触发时刻的准确性，触发信号常采用脉冲形式。晶闸管触发电路的作用就是产生符合要求的门极触发脉冲，触发脉冲的宽度要能维持到晶闸管彻底导通后才能撤掉。晶闸管对触发脉冲的幅值要求：在门极上施加的触发电压或触发电流应大于产品目录提出的数据，但也不能太大，以防止损坏其控制极。在有晶闸管串、并联的场合，触发脉冲的前沿越陡，越有利于晶闸管的同时触发导通。为保证晶闸管在需要的时刻由阻断转为导通，晶闸管触发电路应满足下列要求：

（1）触发信号要有足够的功率。

为使晶闸管可靠触发，触发电路提供的触发电压和触发电流必须大于晶闸管产品参数提供的门极触发电压与触发电流值，即必须保证具有足够的触发功率。例如，$KP50$ 要求触发电压不小于 $3.5\ V$，触发电流不小于 $100\ mA$；$KP200$ 要求触发电压不小于 $4\ V$，触发电流不小于 $200\ mA$。但触发信号不允许超过规定的门极最大允许峰值电压与峰值电流，以防止损坏晶闸管的门极。在触发信号为脉冲形式时，只要触发功率不超过规定值，允许触发电压或触发电流的幅值在短时间内大大超过铭牌的规定值。

（2）触发脉冲必须与主回路电源电压保持同步。

为保证电路的品质及可靠性，要求晶闸管每个周期都在相同的相位上触发。因此，晶闸管的触发电压必须与其主回路的电源电压保持某种固定的相位关系，即实现同步。实现同步的办法通常是选择触发电路的同步电压，使其与晶闸管主电压之间满足一定的相位关系。

（3）触发脉冲要有一定的宽度，前沿要陡。

为使被触发的晶闸管能保持导通状态，晶闸管阳极电流在触发脉冲消失前必须达到擎住电流，因此，要求触发脉冲应具有一定的宽度，不能过窄。特别是当负载为电感性负载时，因其中电流不能突变，需要较宽的触发脉冲，才可使元件可靠导通。例如，单相整流电路，带电阻性负载时脉冲宽度应大于 $10\ \mu s$，带电感性负载时脉冲宽度则应大于 $100\ \mu s$；三相全控桥中，采用单脉冲触发时脉冲宽度应大于 $60°$，而采用双脉冲触发时，脉冲宽度为 $10°$左右即可。此外，很多晶闸管电路还要求触发脉冲具有陡的前沿，以实现精确的触发导通控制。

（4）触发脉冲的移相范围应能满足主电路的要求。

触发脉冲的移相范围与主电路的形式、负载性质及变流装置的用途有关。例如，单相全控桥式整流电路带电阻负载要求触发脉冲移相范围为 $180°$，而电感性不接续流管的电路要求移相范围为 $90°$。三相半波整流电路带电阻负载时要求移相范围为 $150°$，而三相全控桥式整流电路带电阻负载时要求移相范围为 $120°$。

三、触发电路的类型

当负载功率较小，控制精度要求不高时，常采用简易触发电路。这类电路仅由几个电阻、电容、二极管及光耦合器组成，一般不用同步变压器，因而结构简单、调试方便，应用比较广泛。

1. 简单移相触发电路

图 1-24 所示为由可变电阻引入本相电压作为门极触发电压的一种简单移相触发电路及其有关波形。在图 1-24（a）中，晶闸管 VT 与负载 R_d 构成主电路，电阻 R、电位器 R_P 及二极管 VD 构成触发电路。当交流电源电压 u_2 上正下负时，VT 承受正向电压，电源电压通过门极电阻 R_P 产生门极电流 i_g，当 i_g 上升到晶闸管触发电流 I_G 时，晶闸管触发导通。由于导通的晶闸管阳极、阴极间电压几乎为零，因而全部电源电压几乎都加到负载电阻 R_d 上。改变可变电阻 R_P 的阻值，便可改变门极电流上升至 I_G 所需的时间，即改变晶闸管在一个周期中开始导通的时刻，从而改变了负载 R_d 上的电压值。二极管 VD 在电路中的作用是防止门极承受反向电压。由图 1-24（b）所示波形图可知，此电路的移相范围小于 90°。

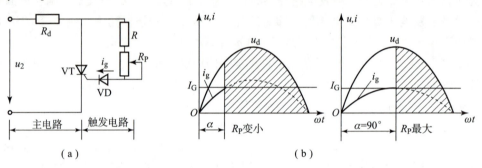

图 1-24 本相电压为门极触发信号的触发电路及其波形

（a）触发电路；（b）波形

2. 阻容移相触发电路

图 1-25 所示为阻容移相触发电路及其有关波形，R_d、VT 构成主电路，R_P、C、VD_1、VD_2 构成触发电路，它是利用电容 C 充电延时触发来实现移相的。交流电源电压 u_2 经负载 R_d 加在晶闸管阳极、阴极之间。当晶闸管承受反压时，u_2 经二极管 VD_2 对电容 C 充电，极性为上负下正，此时充电时间常数很小，故电容两端电压 u_C 的波形与 u_2 的波形近似。当 u_2 过了负的最大值后，C 经 R_P、R_d 和 u_2 放电，随后被 u_2 反充电，极性为上正下

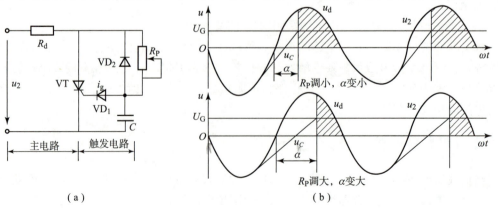

图 1-25 阻容移相触发电路及其波形

（a）触发电路；（b）波形

负。此时充电时间常数较大，导致 u_C 的增加滞后于 u_2。当 u_C 上升到晶闸管触发电压 U_G 时，晶闸管被触发导通，改变 R_P 的阻值即可改变反充电的时间常数，从而改变 u_C 上升到 U_G 的时间，实现移相触发。

3. 数字集成块触发电路

目前，应用较多的 TTL、CMOS 等数字集成电路，因其输出电流较小，难以直接触发普通晶闸管，但可以直接触发高灵敏度的晶闸管。图 1 - 26 所示为数字集成块触发电路。其中图 1 - 26（a）所示为数字集成电路输出高电平直接触发高灵敏度晶闸管 VT 的电路。为防止误触发，集成块 IC 不触发时输出的低电平必须小于 0.2 V，考虑到有些集成电路输出的低电平大于 0.2 V，故在门极之间接入 4.7 kΩ 电阻，用以避免低电平引起的误触发。图 1 - 26（b）所示为数字集成电路输出低电平经晶体管 V_1 触发晶闸管导通的电路，这里晶体管 V_1 起着驱动的作用。当数字集成电路输出低电平时，V_1 导通，为晶闸管 VT 提供足够的门极触发电流，足以触发普通晶闸管导通。

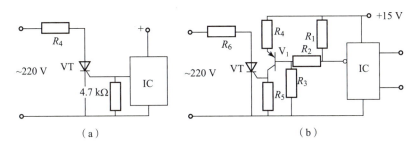

图 1 - 26 数字集成块触发电路
（a）数字集成电路输出高电平；（b）数字集成电路输出低电平

四、电力电子器件的保护措施

电力电子器件承受过电压、过电流的能力较差，能承受的电压、电流上升率不高。在实际应用时，由于各种原因，可能会发生过电压、过电流甚至短路等现象，若无保护措施，势必会损坏电力电子器件或者损坏电路。因此，为了避免器件及线路出现损坏，除元件的选择必须合理外，还需要采取必要的保护措施。

1. 过电压保护

过电压是指超过了晶闸管正常工作时允许承受的最大电压，晶闸管对过电压很敏感。当正向电压超过其正向转折电压 U_{BO} 一定值时，就会使晶闸管导通，造成电路工作失常，严重时甚至会损坏器件；当外加反向电压超过其反向击穿电压时，晶闸管会受反向击穿而损坏。因此必须研究产生过电压的原因和抑制过电压的办法。

电力电子装置中可能发生的过电压分为外因过电压和内因过电压两种类型。外因过电压主要来自电网剧烈波动、雷击及干扰等外部原因；内因过电压主要来自电力电子装置内部器件的开关过程。产生过电压的根源不可能完全消除，而只能设法将过电压的幅度抑制到安全限度之内，这是过电压保护的基本思想。

1）晶闸管关断过电压及其保护

在晶闸管承受反向电压而关断的过程中，当正向电流下降到零时，管子内部各结层残存的载流子在反向电压的作用下形成瞬间反向电流，这一反向电流的消失速度很大，会在电路的等效电感中产生很大的感应电动势，该电动势与外电压串联，反向加在正恢复阻断的晶闸管两端，形成瞬间过电压，如图1-27所示，其峰值可达工作电压峰值的5~6倍。

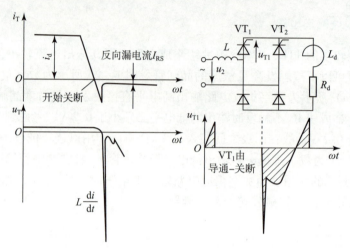

图1-27 晶闸管关断时尖峰过电压波形

针对这种尖峰状瞬时过电压，最常用的方法是在晶闸管两端并联电容，利用电容两端电压不能突变的特性来吸收尖峰电压。为了限制晶闸管的开通损耗和电流上升率，并防止电路产生振荡，还要在电容上串接电阻R。由于C与R的作用是吸收或消耗过电压的能量，因此这种电路称为阻容吸收电路，如图1-28所示。阻容吸收电路要尽量靠近晶闸管，引线要尽量短。

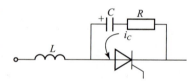

图1-28 晶闸管阻容吸收电路

2）交流侧过电压及其保护

交流侧过电压是指在接通或断开晶闸管整流电路的交流侧相关电路时所产生的过电压，也称为交流侧操作过电压。这种过电压常发生于下列几种情况：

（1）高压电源供电的整流变压器，由于一次、二次绕组间存在分布电容，在一次侧合闸瞬间，一次侧的高压可通过分布电容耦合到二次侧，使二次侧出现过电压。

（2）对于低压整流变压器，一次侧合闸时，变压器的漏电感和分布电容可能发生谐振而在二次侧产生过电压；整流变压器空载或负载阻抗较高时，若断开一次侧开关，由于电流突变，一次侧会产生很大的感应电动势，二次侧也会感应出很高的瞬时过电压。

（3）若这种断开操作发生在励磁电流峰值时刻，则过电压最高；与晶闸管设备共享一台供电变压器的其他用电设备分断时，变压器漏感和线路分布电感也将释放储能而形成过电压，与电源电压叠加施加于晶闸管设备上。

交流侧操作过电压都是瞬时的尖峰电压，一般来说，抑制这种过电压最有效的方法是并联阻容吸收电路，如图1-29所示。其中图1-29（d）所示为整流式阻容吸收电路，与其他三相电路相比，这种电路只用了一个电容，而且电容只承受直流电压，故可采用体积小得多的电解电容。在晶闸管导通时，电容的放电电流也不流过晶闸管。

因雷击或从电网侵入高电压干扰引起的过电压称为浪涌过电压，上述阻容吸收电路抑制浪涌过电压的效果较差；因此，一般可采用阀型避雷器或具有稳压特性的非特性电阻器件来抑制浪涌过电压。图1-30所示为压敏电阻的几种接法。

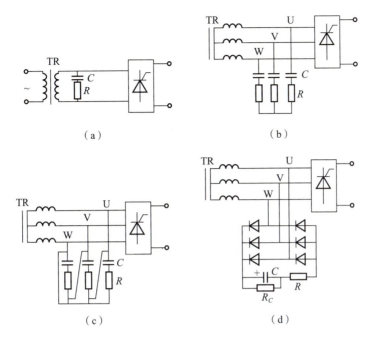

图 1-29 交流侧阻容吸收电路
（a）单相连接；（b）三相星形连接；（c）三相三角形连接；（d）三相整流连接

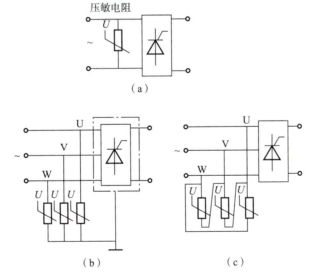

图 1-30 压敏电阻的几种接法
（a）接法一；（b）接法二；（c）接法三

2. 过电流保护

当线路发生超载或短路等情况时，晶闸管的工作电流会超过允许值形成过电流。此时，由于流过管内 PN 结的电流过大，热量来不及散发，结温会迅速升高，最后烧毁结层，造成晶闸管永久损坏。产生过电流的原因有以下几个方面：

（1）电网电压波动过大，使流过晶闸管的电流随电压增加而超过额定值。

（2）内部管子损坏或触发电路故障，造成相邻桥臂上的晶闸管导通，引起两相电源短路。

（3）整流电路直流输出侧短路、逆变电路因换流失败而引起逆变失败，均可引起很大的短路电流。

（4）可逆传动环流过大、控制系统故障，可使晶闸管过电流。

过电流保护就是要在出现过电流但尚未造成晶闸管损坏之前，快速切断相应电路，消除过电流或对电流加以限制。晶闸管装置的过电流保护措施如图1-31所示。

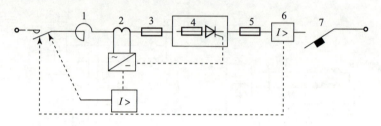

图1-31 晶闸管装置的过电流保护措施

1—进线电抗限流；2—电流检测和过流继电器；
3，4，5—快速熔断器；6—过电流继电器；7—直流快速开关

这些措施是：

1）快速熔断器保护

快速熔断器简称快熔，使用快熔是最简单有效的过电流保护措施。快熔的熔体是一定形状的银质熔丝，埋于石英砂中。快熔具有快速熔断的特性，且所通过的电流越大，其熔断时间越短。当通以短路电流时，其熔断时间可小于10 ms，因此，可在晶闸管损坏之前快速切断短路故障。

快熔一般有三种接法，如图1-32所示。图1-32（a）所示为快熔串接于桥臂，其保护效果最好，但使用的熔断器较多。图1-32（b）所示为快熔接在交流一侧，图1-32（c）所示为快熔接在直流一侧，它们均比图1-32（a）所示接法使用快熔的个数少，但保护效果较差。快熔一旦熔断，则需更换，造价较高，因此，在多种过电流保护措施同时使用的大容量电力变流系统中，快熔一般都作为最后一道保护来使用。

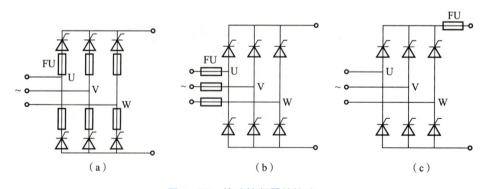

图1-32 快速熔断器的接法

（a）快熔串接于桥臂；（b）快熔接在交流一侧；（c）快熔接在直流一侧

2）电子线路控制保护

利用电子线路组成电路所实施的过电流保护称为电子线路控制保护。这种保护电路一般由检测、比较和执行等环节组成。其执行保护的途径可以是继电控制保护，也可以是脉冲移相保护。图1-33所示为电子线路控制的过流保护电路。

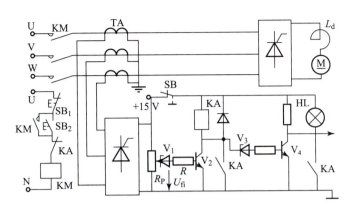

图 1-33　电子线路控制的过流保护电路

当主电路过流时，电流互感器 TA 检测到过流信号，电流反馈电压 U_{fi} 增大，稳压管 V_1 被击穿，使 V_2 导通。此后有两个控制途径：一是 V_2 导通使灵敏继电器 KA 得电并自锁，同时断开主电路接触器 KM，切断交流电源实现过流保护；二是 V_2 导通导致 V_4 截止，V_4 集电极输出高电平控制晶闸管触发电路，使触发脉冲迅速往增大方向移动，使主电路输出电压迅速下降，负载电流迅速减小，达到限流保护的目的。当过流故障严重时，上述限流控制来不及发挥作用，为了尽快消除故障电流，此时可控制晶闸管触发脉冲快速移至整流状态的移相范围之外，即进入逆变状态，使输出端瞬时出现负电压，迫使故障电流迅速下降至零，此方法也称为拉逆变保护。HL 为过流指示灯，调节电位器 R_P 可改变被限制电流的大小。SB 为恢复按钮，故障排除后，按下 SB 按钮，系统恢复等待状态。

3）直流快速开关保护

这是一种开关动作时间只有 2 ms、全部断弧时间只有 25～30 ms 的开关器件。它可先于快熔而起保护作用，可用于功率大、短路可能性大的系统。但其价格昂贵、结构复杂，因而使用较少。

4）进线电抗限制保护

此方法是在交流侧串接交流进线电抗器，或采用漏感较大的整流变压器来限制短路电流。此法具有限流作用，但大负载时交流压降大，为此，一般以额定电压 3% 的压降来设计进线电抗值。

任务五　单相交流电动机调速器的装配与调试

一、单相交流电动机调速器的安装

1. 绘制 PCB 图并制作印制电路板

根据图 1-2 所示单相交流电动机调速器电路原理图，绘制 PCB 图并制作印制电路板，其印制电路板如图 1-34 所示。

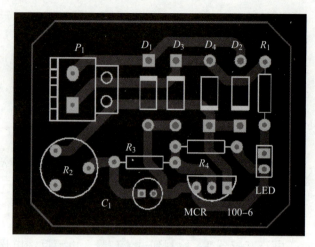

图 1 – 34　单相交流电动机调速器印制电路板

2. 元件测试

根据图 1 – 34 所示单相交流电动机调速器印制电路板可得元件清单，见表 1 – 5。

表 1 – 5　单相交流电动机调速器元件清单

序号	器件名称	型号	数量	测试结果

3. 焊接前的准备工作

将元件按布置图在电路底板焊接位置上做引脚成形。弯引脚时，切忌从元件根部直接弯曲，应留有 5 ~ 10 mm 的长度，以免断裂。引脚端在去除氧化层后涂上助焊剂，上锡备用。

4. 元件焊接安装

根据电路板焊接电路。

二、单相交流电动机调速器的调试

1. 通电前检查

对已焊接安装完毕的印制电路板，根据图 1 – 2 所示电路进行详细检查。重点检查二

极管、晶闸管等元件的引脚，输入、输出端有无短路现象。

2. 通电调试

经检查，在确定电路无误后，进行电路调试。调试过程中电路带电，一定要注意安全。

三、单相交流电动机调速器故障分析及处理

单相交流电动机调速器在安装、调试及运行中，由于元件老化及焊接等原因产生故障，可根据故障现象用数字万用表、示波器等仪器进行检查测量并根据电路原理进行分析，找出故障原因并进行处理。

任务工单

课程名称		专业班级		日期	
上课地点		参考学时	2 学时	指导教师	
项目名称		单相交流电动机调速器安装与调试			
小组基本资料					
小组台号	关系	姓名	学号	联系方式	
	成员				
学习目标	1. 学会晶闸管的识别与检测。 2. 会分析单相交流电动机调速电路				
知识链接	晶闸管的内部结构、符号、型号、晶闸管导通和关断的原理；单相半波整流电路工作分析；普源示波器用来观察和测量正弦波信号、直流信号的电压和波形。数字万用表用来测各点的电压值。电流表用来测流过负载回路的电流				
仪器器材	函数信号发生器、普源示波器、数字万用表、晶闸管、电阻、二极管、电解电容等				
技能训练	1. 电路选择与确定，画出电路设计原理图。				

续表

2. 填写元器件清单表。

序号	器件名称	规格型号	标称值	实测值	数量	结论

3. 元器件检测

（1）检测晶闸管引脚及好坏并填写上表。

（2）测试电阻、电位器阻值并填写上表。

（3）检测电解电容器并填写上表。

（4）检测普通二极管和发光二极管。

4. 单相交流电动机调速器电路的测试。

（1）电源、整流、指示灯电路的测试。

接通工频电源，用数字万用表依次测试电源电压、整流电压和指示电路中的电压，记录电压幅值，将结果填入表中。

电源电压 U_2	整流电路两端电压 U_A	指示灯电路两端的电压 U_B

（2）主电路测试。

接入单相交流电动机后再接通工频电源，调节电位器，使电动机转速由慢变到中等速度，再到高速，用数字万用表测量可变电阻的阻值及控制电压并记入表中。

单相交流电动机调速器不同速度时的电压及波形

项目	慢	较快	最快
可变电阻 R_P			
触发电压 U_g			

5. 单相交流电动机调速器故障分析。

（1）电动机转速不可调。

续表

技能训练	（2）电动机不转。	
教师评价	教师评语	成绩

项目小结

本项目通过电力电子产品单相交流电动机调速器的制作，介绍了电力电子器件，它分为不可控型、半控型和全控型，其中重点介绍了半控型器件——普通晶闸管，介绍了普通晶闸管的结构、导通关断条件、工作原理、伏安特性及正确选择和使用器件的方法。

电力二极管由 PN 结组成，加正向电压导通，加反向电压截止，是一个不可控的单向导通器件。普通晶闸管内部为 PNPN 四层结构，向外引出阳极 A、阴极 K 和门极 G 三个电极，因此，将其称为三端四层结构。普通晶闸管的导通条件是：对晶闸管的阳极和阴极两端加适当的正向电压，同时在它的门极和阴极两端也加适当的正向电压；普通晶闸管的关断条件是：使流过晶闸管的阳极电流小于维持电流。常采用的方法是使晶闸管承受反向阳极电压或增加回路阻抗。

单相半波可控整流电路所带的负载有电阻性负载、电感性负载和反电动势负载，或者这几种负载的组合。电路所带负载性质不同，电路的工作情况也不同。

自我检测

一、填空题

1. 电力电子技术是利用电力电子器件对电能进行_____、_____和_____的技术。

2. 电力电子技术中的主要功能有：_____、_____、_____和_____。

3. 器件按照其开关控制性能可分为三类：半控型器件、_____和_____。

4. 电力二极管的工作特性可概括为_____。

5. 电力二极管的主要类型有_____、_____和_____。

6. 晶闸管是_____的简称，又称为_____，简写为_____。它是一种_____

器件，其外形结构有塑封型、_____和_____等。它有 3 个引出极，分别是_____、_____和门极 G。

7. 有一晶闸管的型号为 KP5 – 20，请说明"KP"表示_____；"5"表示_____，"20"表示_____。

8. 由波形系数可知，晶闸管在额定情况下的有效值电流为 I_{Tn}，等于_____倍的 $I_{T(AV)}$，如果 $I_{T(AV)} = 100$ A，则它允许的有效电流为_____A。通常在选择晶闸管时还要留出_____倍的裕量。

9. 晶闸管在触发开通过程中，当阳极电流小于_____电流之前，如去掉_____脉冲，晶闸管又会关断。

10. 对同一晶闸管，维持电流与擎住电流在数值大小上有_____。

11. 当温度降低时，晶闸管的触发电流会_____，正反向漏电流会_____；当温度升高时，晶闸管的触发电流会_____，正反向漏电流会_____。

12. 从晶闸管承受正压起到触发导通之间的电角度称为_____。

13. 按负载的性质不同，晶闸管可控整流电路的负载可分为_____性负载、_____性负载和_____负载三大类。

14. 整流电路按其结构形式可分为_____、_____和_____整流电路。

15. 电阻性负载的特点是_____，在单相半波可控整流电阻性负载电路中，晶闸管触发延迟角 α 的最大移相范围是_____。

16. 增大晶闸管可控整流的触发延迟角 α，负载上得到的直流电压平均值会_____。

二、选择题

1. 晶闸管内部有（　　）个 PN 结。

A. 1　　　　　　　　B. 2　　　　　　　　C. 3　　　　　　　　D. 4

2. 普通晶闸管的额定电流是用电流的（　　）表示的。

A. 有效值　　　　　B. 瞬时值　　　　　C. 平均值　　　　　D. 最大值

3. 型号 KP10 – 12G 中，数字"10"表示（　　）。

A. 额定电压 10 V　　　　　　　　　　B. 额定电流 10 A

C. 额定电压 1 000 V　　　　　　　　D. 额定电流 1 000 A

4. 当晶闸管承受反向阳极电压时，不论门极加何种极性的触发电压，管子都将工作在（　　）。

A. 导通状态　　　　B. 关断状态　　　　C. 饱和状态　　　　D. 不确定

5. 已经导通的晶闸管可被关断的条件是流过晶闸管的电流（　　）。

A. 减小至维持电流以下　　　　　　　B. 减小至擎住电流以下

C. 减小至门极触发电流以下　　　　　D. 减小至 5 A 以下

6. 若某晶闸管的正向阻断重复峰值电压为 745 V，反向重复峰值电压为 825 V，则该晶闸管的额定电压应为（　　）。

A. 700 V　　　　　　B. 750 V　　　　　　C. 800 V　　　　　　D. 850 V

7. 单相半波可控整流电路中，晶闸管可能承受的反向峰值电压为（　　）。

A. U_2　　　　　　　B. $\sqrt{2}U_2$　　　　　C. $2\sqrt{2}U_2$　　　　D. $\sqrt{6}U_2$

8. 单相半波可控整流电阻性负载电路中，控制角的最大移相范围是（　　）。

A. 0° ~ 90°　　　　　B. 0° ~ 120°　　　　C. 0° ~ 150°　　　　D. 0° ~ 180°

三、判断题

（　　）1. 给晶闸管加上正向阳极电压时它就会导通。

（　　）2. 只要让加在晶闸管两端的电压减小为零，晶闸管就会关断。

（　　）3. 增大晶闸管整流装置的控制角 α，输出直流电压的平均值会增大。

（　　）4. 晶闸管在使用中必须加散热器。

（　　）5. 普通晶闸管为全控型器件。

（　　）6. 晶闸管导通后，如在其门极上加上触发脉冲，可使晶闸管关断。

（　　）7. 普通晶闸管额定电流的定义与其他电气元件一样，是用有效值来定义的。

（　　）8. 单相半波可控整流电路，电阻性负载必须要接续流二极管。

（　　）9. 单相半波可控整流电路，大电感负载必须要接续流二极管。

思考与练习

1－1　晶闸管导通的条件是什么？导通后流过晶闸管的电流由哪些因素决定？

1－2　维持晶闸管导通的条件是什么？如何使晶闸管由导通变为关断？

1－3　如何用数字万用表判别晶闸管的引脚及其好坏？

1－4　型号为 KP100－3、维持电流 $I_H = 3$ mA 的晶闸管，使用在图 1－35 所示的三个电路中是否合理？为什么（不考虑电压、电流裕量）？

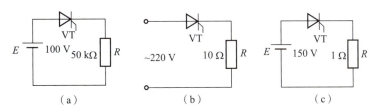

图 1－35　晶闸管电路图

1－5　说明晶闸管型号 KP100－8E 所代表的意义。

1－6　晶闸管的额定电流和其他电气设备的额定电流有什么不同？

1－7　某晶闸管元件测得 $U_{DRM} = 840$ V，$U_{RRM} = 980$ V，问此晶闸管的额定电压是多少？属于哪个电压等级？

1－8　有些晶闸管触发导通后，触发脉冲结束时它又关断是什么原因？

1－9　一个电热装置（电阻性负载），要求直流平均电压为 60 V，负载电流为 20 A，采用单相半波可控整流电路直接从 220 V 交流电网供电。试计算晶闸管的控制角 α、导通角 θ、电源容量 S 及功率因数 $\cos\varphi$，并选择晶闸管型号。

1－10　接有续流二极管的单相半波可控整流电路，带大电感负载，$R_d = 7.5$ Ω，变压器二次侧电压 $U_2 = 220$ V。试计算当触发角 α 分别为 30° 和 60° 时，流过晶闸管和续流二极管中电流的平均值和有效值，并分析何种情况下续流二极管的电流平均值大于晶闸管的电流平均值。

1－11　单相半波可控整流电路带大电感负载时，为什么必须在负载两端反并联续流二极管，电路才能正常工作？

1－12　单相半波可控整流电路如图 1－36（a）所示，图 1－36（b）所示为晶闸管内部短路，图1-36（c）所示为晶闸管内部开路，在下面的坐标中画出其直流输出电压 U_d 和晶闸管两端电压 U_T 的波形。

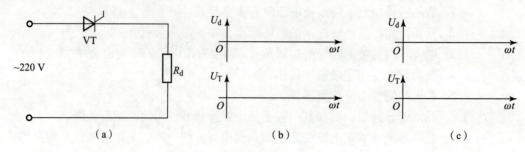

图1-36 单相半波可控整流电路

（a）单相半波可控整流电路；（b）晶闸管内部短路；（c）晶闸管内部开路

项目二

调光灯的安装与调试

学习目标

1. 会检测晶闸管和单结晶体管的引脚及好坏。
2. 了解单结晶体管的导通和关断原理。
3. 会分析单相半控、全控桥式整流电路。
4. 会分析单结晶体管、锯齿波触发电路。
5. 能够完成调光灯产品的装配和调试。

项目描述

调光灯在日常生活中的应用非常广泛，其种类也很多，旋动调光钮便可以调节灯泡的亮度。同时，调光灯电路也是维修电工职业资格证书考核中技能考核部分经常考核的项目。下面要完成的就是调光灯的安装与调试。调光灯及电路原理如图 2-1 所示。

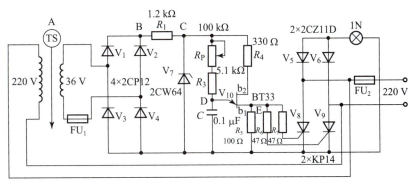

（a）　　　　　　　　　　　　（b）

图 2-1　调光灯及电路原理
（a）实物图；（b）电路原理

项目分析

调光灯电路主要由主电路和控制电路两部分组成，为了实现主电路和控制电路的同步，可以使用同一正弦交流电源。二极管 $V_5 \sim V_9$ 组成了单相半控桥式整流主电路，单结晶体管 BT33、稳压二极管 2CW64、二极管 $V_1 \sim V_4$ 和电阻构成了单结晶体管触发电路。调节电阻 R_P 可以改变电容 C 的充放电时间，也就改变了单结晶体管导通的时间，从而改变了给晶闸管加触发电压的时间，进而调节了灯泡的亮度，这就是调光灯调光的原理。

43

知识链接

任务一　认识单结晶体管

一、单结晶体管的结构

单结晶体管的结构、等效电路及电气图形符号如图 2-2 所示。由图 2-2 可见，在一块高电阻率的 N 型硅片上，引出两个电极：第一基极 b_1 和第二基极 b_2，这两个基极之间的电阻就是硅片本身的电阻，一般为 2~12 kΩ。在两个基极之间靠近 b_1 的地方，采用合金法或扩散法掺入 P 型杂质铝并引出电极（称为发射极 e）。它是一种特殊的半导体器件，有三个电极，只有一个 PN 结，因此称为单结晶体管，又因为管子有两个基极，所以又称为双极二极管。

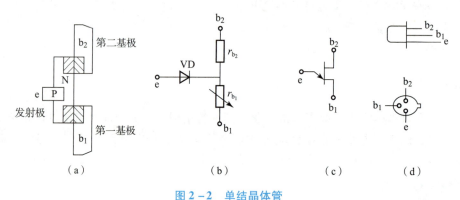

图 2-2　单结晶体管

（a）结构；（b）等效电路；（c）图形符号；（d）外形与管脚排列

单结晶体管的等效电路如图 2-2（b）所示，两个基极之间的电阻 $r_{bb} = r_{b_1} + r_{b_2}$，在正常工作时，$r_{b_1}$ 随发射极电流的大小变化，相当于一个可变电阻。PN 结可等效为二极管 VD，它的正向导通压降常为 0.7 V。单结晶体管的图形符号如图 2-2（c）所示。触发电路常用的国产单结晶体管的型号主要有 BT31、BT33、BT35，其外形与管脚排列如图 2-2（d）所示。其实物及管脚如图 2-3 所示。

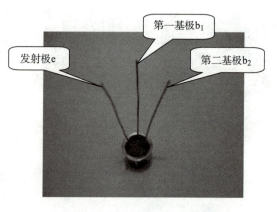

图 2-3　单结晶体管及其管脚

二、单结晶体管伏安特性

当两基极 b_1 和 b_2 间加某一固定直流电压 U_{bb} 时，发射极电流 I_e 与发射极正向电压 U_e 之间的关系曲线称为单结晶体管伏安特性曲线，即 $I_e = f(U_e)$，实验电路图及伏安特性曲线如图 2-4 所示。当开关 S 断开，I_{bb} 为零，加发射极电压 U_e 时，得到图 2-4（b）所示的伏安特性曲线 1，该曲线与二极管的伏安特性曲线相似。

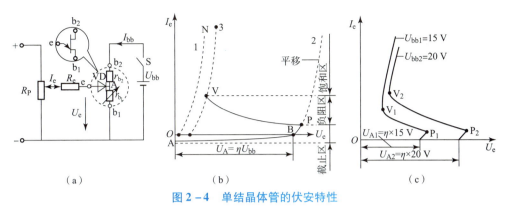

图 2 - 4 单结晶体管的伏安特性

（a）单结晶体管实验电路；（b）单结晶体管的伏安特性曲线；（c）特性曲线族图

1. 截止区——AP 段

当开关 S 闭合，电压 U_{bb} 通过单结晶体管等效电路中的 r_{b_1} 和 r_{b_2} 分压，得 A 点电位 U_A，可表示为

$$U_A = \frac{r_{b_1} U_{bb}}{r_{b_1} + r_{b_2}} = \eta U_{bb}$$

式中 η——分压比，是单结晶体管的主要参数，一般为 0.3 ~ 0.9。

当 U_e 从零逐渐增加，但 $U_e < U_A$ 时，单结晶体管的 PN 结反向偏置，只有很小的反向漏电流。当 U_e 增加到与 U_A 相等时，$I_e = 0$，即图 2 - 4（b）所示的特性曲线与横坐标交点 B 处。进一步增加 U_e，PN 结开始正偏，出现正向漏电流，直到发射结电位 U_e 增加到高出 ηU_{bb} 一个 PN 结正向压降 U_D，即 $U_e = U_P = \eta U_{bb} + U_D$ 时，等效二极管 VD 才导通，此时单结晶体管由截止状态进入导通状态，并将该转折点称为峰点 P。P 点所对应的电压称为峰点电压 U_P，所对应的电流称为峰点电流 I_P。

2. 负阻区——PV 段

当 $U_e > U_P$ 时，等效二极管 VD 导通，I_e 增大，这时大量的空穴载流子从发射极注入 A 点到 b_1 的硅片，使 r_{b_1} 迅速减小，导致 U_A 下降，因而 U_e 也下降。U_A 的下降，使 PN 结承受更大的正偏，引起更多的空穴载流子注入硅片中，使 r_{b_1} 进一步减小，形成更大的发射极电流 I_e，这是一个强烈的增强式正反馈过程。当 I_e 增大到一定程度时，硅片中载流子的浓度趋于饱和，r_{b_1} 已减小至最小值，A 点的分压 U_A 最小，因而 U_e 也最小，得曲线上的 V 点。V 点称为谷点，其所对应的电压和电流分别称为谷点电压 U_V 和谷点电流 I_V，这一区间称为特性曲线的负阻区。

3. 饱和区——VN 段

当硅片中载流子饱和后，欲使 I_e 继续增大，必须增大电压 U_e，单结晶体管处于饱和导通状态。改变 U_{bb}，器件在等效电路中的 U_A 和特性曲线中的 U_P 也随之改变，从而可获得一族单结晶体管伏安特性曲线，如图 2 - 4（c）所示。

三、单结晶体管的主要参数

单结晶体管的主要参数有基极间电阻 r_{bb}、分压比 η、峰点电流 I_P、谷点电压 U_V、谷

点电流 I_V 及耗散功率等。国产单结晶体管的型号主要有 BT31、BT33、BT35 等，其中 BT 表示特种半导体管，其主要参数见表 2−1。

表 2−1　单结晶体管的主要参数

参数名称		分压比 η	基极电阻 $R_{bb}/k\Omega$	峰点电流 $I_P/\mu A$	谷点电流 I_V/mA	谷点电压 U_V/V	饱和电压 U_e/V	最大反压 U_{bbmax}/V	发射极反向漏电流 $I_{eo}/\mu A$	耗散功率 P_{max}/mW
测试条件		$U_{bb}=20\ V$	$U_{bb}=3\ V$ $I_e=0$	$U_{bb}=0$	$U_{bb}=0$	$U_{bb}=0$	$U_{bb}=0$ $I_e=I_{emax}$		U_{b_2e} 为 最大值	
BT33	A	0.45~0.9	2~4.5	<4	>1.5	<3.5	<4	≥30	<2	300
	B							≥60		
	A	0.3~0.9	>4.5~12			<4	<4.5	≥30		
	B							≥60		
BT35	A	0.45~0.9	2~4.5			<3.5	<4	≥30		500
	B					<3.5		≥60		
	A	0.3~0.9	>4.5~12			>4	<4.5	≥30		
	B							≥60		

四、单结晶体管自激振荡电路

利用单结晶体管的负阻特性和 RC 电路的充放电功能可以组成单结晶体管的自激振荡电路。单结晶体管自激振荡电路的电路图和电压波形图如图 2−5 所示。

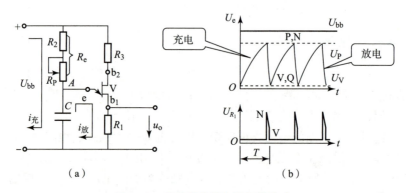

图 2−5　单结晶体管自激振荡电路
（a）电路图；（b）电压波形图

1. 工作过程

电源未接通时，电容上的电压为 0。当电源接通后，电源通过 R_e 对电容 C 进行充电，充电时间常数 $\tau_1=R_eC$，发射极电压 u_e 为电容两端电压 u_C。u_C 逐渐升高，当 u_C 上升到峰点电压 U_P 之前，管子处于截止状态，当达到峰点电压 U_P 时，单结晶体管导通，电容经过 e、b_1 向电阻 R_1 放电，放电时间常数 $\tau_2=(R_{b_1}+R_1)C$，由于放电回路电阻很小，放电时间很短，所以在 R_1 上得到很窄的尖脉冲。随着电容放电的进行，当 $u_e=U_V$ 并趋于更低时，单结晶体管截止，R_1 上的脉冲电压结束。此后电源又重新对电容充电，重复上述过程。由于电容上的放电时间常数远小于充电时间常数，在电容 C 上形成锯齿波振荡电压，在 R_1 上得到一系列前沿很陡的触发尖脉冲，如图 2 – 5（b）所示。

2. 有关参数

1）振荡频率

由图 2 – 5（b）可知，自激振荡电路的周期 T 为充电时间 t_1 和放电时间 t_2 之和，即 $T = t_1 + t_2$，由于 $R_e \gg R_{b_1} + R_1$，即 $t_1 \gg t_2$，因此 $T \approx t_1$。

充电过程中，$u_e = u_C = U(1 - e^{-t/\tau_1})$。当 u_C 充电至峰点电压 U_P 时所需的时间 $t = T$

$$U_P = \eta U = U(1 - e^{-T/\tau_1})$$

而 $\tau_1 = R_e C$，则 $T = R_e C \ln\left(\dfrac{1}{1 - \eta}\right)$，有

$$f = \frac{1}{R_e C \ln\left(\dfrac{1}{1 - \eta}\right)}$$

2）电阻（包括 R、R_1、R_2）和电容参数

（1）R_e。由上式可知，调节电阻 R_e 能改变自激振荡电路的振荡频率。当 R_e 增大时，输出脉冲的频率减小，脉冲数减少；当 R_e 减小时，频率增大，脉冲数增多。但是，频率调节有一定的范围，R_e 不能选得太大，也不能选得太小，否则单结晶体管自激振荡电路均无法形成振荡。

产生振荡的条件为

$$\frac{U - U_V}{I_V} \leqslant R_e \leqslant \frac{U - U_P}{I_P}$$

（2）R_1。R_1 的大小直接影响输出脉冲的宽度和幅值，因此，选择 R_1 必须保证晶闸管可靠触发所需的足够脉冲宽度。若 R_1 太小，则放电太快，脉冲太窄，不易触发晶闸管；若 R_1 太大，则在单结晶体管未导通时，电流 I_{bb} 在 R_1 上的压降太大，可能造成晶闸管的误导通。通常 R_1 取 50 ~ 100 Ω。

（3）R_3。R_3 用来补偿温度对 U_P 的影响，即用来稳定振荡频率，通常 R_3 取 200 ~ 600 Ω。

（4）电容 C。C 的大小与脉冲宽度和 R_e 的大小有关，通常 C 取 0.1 ~ 1 μF。

任务工单

课程名称			专业班级		日期	
上课地点			参考学时	2 学时	指导教师	
任务名称			单结晶体管触发电路调试			
小组基本资料						
小组台号	关系	姓名	学号		姓名	学号
	成员					

学习目标	【知识目标】 1. 懂得单结晶体管触发电路的工作原理及各元件的作用。 2. 学会单结晶体管触发电路的调试步骤和方法。 【能力目标】 （1）具有较好的识图能力； （2）会单结晶体管触发电路的调试步骤和方法。 【素养目标】 （1）团队协作与沟通能力； （2）分析和解决问题能力
知识链接	普源示波器用来观察和测量正弦信号、直流信号的电压和波形。数字万用表用来测各点的电压值。电流表用来测流过负载回路的电流
仪器器材	电力电子实验台、普源示波器、数字万用表
技能训练	1. 按下图所示的电路接线。 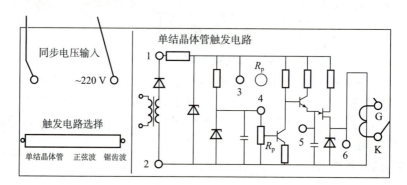 2. 断开主电路，接通工频电源，用示波器依次观测交流电压、整流电压、削波电压、锯齿波电压和触发电压。记录电压幅值，将结果填入表中。 3. 简述调节控制角的方法。 4. 画出 $\alpha = 90°$ 各点电压波形。

电压表格：

电压	整流电压 U_1	一次削波电压 U_3	二次削波电压 U_4	锯齿波电压 U_5	触发电压 U_6
理论值					
测量值					

教师评价	教师评语	成绩

任务二　调光灯主电路设计

单相半波整流电路结构简单、调试方便、投资小，但只有半周工作，输出的直流电压脉动大，整流变压器利用率低且有直流分量流过，所以一般只用在小容量且要求不高的场合。单相全控桥式整流电路可以减小直流电压脉动性，消除整流变压器直流分量，提高变压器利用率，所以在小容量装置中得到广泛应用。下面介绍带各种负载的单相全控桥式整流电路。

一、单相全控桥式整流电路

1. 电阻性负载

1）电路结构

单相全控桥式整流电路如图 2-6（a）所示，四只晶闸管 VT_1、VT_2、VT_3、VT_4 组成桥臂，其中 VT_1、VT_2 阴极相连，为共阴极接法；VT_3、VT_4 阳极相连，为共阳极接法。晶闸管 VT_1 和 VT_4 组成一对桥臂，晶闸管 VT_2 和 VT_3 组成另一对桥臂。

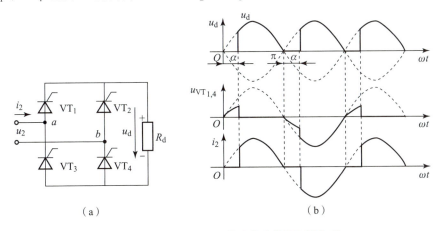

图 2-6　单相全控桥式整流电路带电阻性负载
（a）电路图；（b）波形图

2）工作原理

当交流电压 u_2 为正半周时（即 a 端为正，b 端为负），在相当于控制角的时刻给 VT_1 和 VT_4 同时加触发脉冲，VT_1 和 VT_4 即导通。这时电流从电源 a 端经 VT_1、负载 R_d 及 VT_4 回电源 b 端，负载上得到的电压 u_d 为电源电压 u_2，方向为上正下负，VT_2 和 VT_3 则因为 VT_1 和 VT_4 的导通而承受反向的电源电压 u_2 而截止。当电源电压过零时，电流也降到零，VT_1 和 VT_4 即关断。当交流电压 u_2 过零变负时（即 a 端为负，b 端为正），仍在控制角为 α 处触发晶闸管 VT_2 和 VT_3，则 VT_2 和 VT_3 导通。电流从电源 b 端经 VT_2、负载 R_d 及 VT_3 回电源 a 端，负载上得到的电压 u_d 仍为电源电压 u_2，方向仍为上正下负，与正半周一致，此时，VT_1 和 VT_4 因为 VT_2 和 VT_3 的导通承受反向的电源电压 u_2 而处于截止状态。直到电源电压 VT_3 负半周结束，电压 u_2 过零时，电流也过零，使得 VT_2 和 VT_3 关断。下一周期重复上述过程。

3）波形分析

由图 2 - 6（b）可以看出，负载上得到的直流输出电压 u_d 的波形与半波时相比多了一倍，负载电流 i_d 的波形与电压 u_d 的波形相似。由晶闸管所承受的电压 u_T 可以看出，其导通角为 θ，除在晶闸管导通期间不受电压外，当一组管子导通时，电源电压 u_2 将全部加在未导通的晶闸管上，而在四只管子都不导通时，假设其漏电阻都相同，则每只管子将承受一半的电源电压。因此，晶闸管所承受的最大反向电压为 $\sqrt{2}u_2$，而其承受的最大正向电压为 $\dfrac{\sqrt{2}u_2}{2}$。

4）参数计算

（1）直流输出电压的平均值为

$$U_d = \frac{1}{\pi}\int_{\alpha}^{\pi}\sqrt{2}U_2\sin\omega t\, d(\omega t) = \frac{\sqrt{2}U_2}{\pi}(-\cos\alpha) = 0.9U_2\frac{1+\cos\alpha}{2}$$

由上式可知，它是半波电路的两倍，当 $\alpha = 0°$ 时，其相当于不可控桥式整流，此时输出电压最大，即 $U_d = 0.9U_2$；当 $\alpha = 180°$ 时，输出电压为 0，即 $U_d = 0$，故晶闸管可控移相范围为 $0° \sim 180°$。调节控制角 α 输出电压从 $0.9U_2 \sim 0$，α 的移相范围为 $0° \sim 180°$。

（2）负载上得到的直流输出电压的有效值为

$$U = \sqrt{\frac{1}{\pi}\int_{\pi}^{\alpha}[\sqrt{2}U_2\sin(\omega t)]^2 d(\omega t)} = U_2\sqrt{\frac{\pi-\alpha}{\pi}+\frac{\sin 2\alpha}{2\pi}}$$

（3）直流输出电流的平均值及有效值为

$$I_d = \frac{U_d}{R_d} = 0.9\frac{U_2}{R_d}\cdot\frac{1+\cos\alpha}{2}$$

$$I = \frac{U}{R_d} = \frac{U_2}{R_d}\sqrt{\frac{\pi-\alpha}{\pi}+\frac{\sin 2\alpha}{2\pi}}$$

（4）晶闸管的电流平均值和有效值为

$$I_{dT} = \frac{1}{2}I_d$$

$$I_T = \sqrt{\frac{1}{2}}I$$

电源供给的有功功率为

$$P = I^2R = UI_2$$

变压器侧的功率因数为

$$\cos\varphi = \frac{P}{S} = \frac{UI_2}{U_2I_2} = \sqrt{\frac{1}{2\pi}\sin 2\alpha + \frac{\pi-\alpha}{\pi}}$$

【例 2 - 1】 已知：用某单相全控桥式整流电路给电阻性负载供电，要求整流输出电压 U_d 能在 $0 \sim 100$ V 内连续可调，负载最大电流为 20 A。试计算：（1）由 220 V 交流电网直接供电时，晶闸管的控制角 α 和电流有效值 I_T、电源容量 S 及 $U_d = 30$ V 时电源的功率因数 $\cos\varphi$。（2）采用降压变压器供电，并考虑最小控制角 $\alpha_{\min} = 30°$ 时，变压器变压比 K 及 $U_d = 30$ V 时电源的功率因数 $\cos\varphi$。

解 （1）当 $U_d = 100$ V 时，由 $U_d = 0.9U_2\dfrac{1+\cos\alpha}{2}$ 可得

$$\cos \alpha = \frac{2U_d}{0.9U_2} - 1 = \frac{2 \times 100}{0.9 \times 220} - 1 \approx 0.010\,1, \quad \alpha \approx 90°$$

当 $U_d = 0$ 时，$\alpha = 180°$，所以控制角在 $90° \sim 180°$ 内变化。

负载电流有效值 $I = \frac{U_2}{R_d}\sqrt{\frac{\pi - \alpha}{\pi} + \frac{\sin 2\alpha}{2\pi}}$

其中，$R_d = \frac{U_{dmax}}{I_{dmax}} = \frac{100}{20} = 5(\Omega)$

当 $\alpha = 90°$ 时，$I = 31$ A，流过晶闸管的电流有效值 $I_T = \sqrt{\frac{1}{2}}I = 22$ A

电源容量 $S = U_2 I_2 = U_2 I = 6\,820$ V·A

当 $U_d = 30$ V 时，$\alpha = 134.2°$，此时电源的功率因数为

$$\cos \varphi = \sqrt{\frac{1}{2\pi}\sin 2\alpha + \frac{\pi - \alpha}{\pi}} = 0.31$$

（2）当采用降压变压器，$U_1 = 220$ V，$\alpha_{min} = 30°$时，$U_{dmax} = 100$ V

所以变压器副边电压 $U_2 = \frac{U_d}{0.45\,(1 + \cos \alpha)} = 119$ V

变压比 $K = \frac{U_1}{U_2} = \frac{220}{119} \approx 2$

当 $U_d = 30$ V，$\alpha = 116°$时，此时电源的功率因数为

$$\cos \varphi = \sqrt{\frac{1}{2\pi}\sin 2\alpha + \frac{\pi - \alpha}{\pi}} = 0.48$$

由此可见，在计算晶闸管、变压器电流时应计算最大值。整流变压器的作用不仅能使整流电路与交流电网隔离，还可以通过合理选择 U_2，提高电源功率因数、降低晶闸管所承受电压的最大值和减小电源容量，防止相控整流电路中高次谐波对电网的影响。

2. 电感性负载

图 2-7（a）所示为带电感性负载的单相全控桥式整流电路。假设电感很大，输出电流连续且电路处于稳态。

1）电路结构

带电感性负载的单相全控桥式整流电路由整流变压器 T、四只晶闸管 $VT_1 \sim VT_4$、平波电抗器 L_d、负载电阻 R_d 等组成。

2）工作原理

当电源 u_2 为正半周时，在相当于 α 角的时刻给 VT_1 和 VT_4 同时加触发脉冲，则 VT_1 和 VT_4 导通，输出电压 $u_d = u_2$（负载电流流过的路径为：$a \rightarrow VT_1 \rightarrow L_d \rightarrow R_d \rightarrow VT_4 \rightarrow b$）。当 u_2 电源过零变负时，由于电感产生的自感电动势会使 VT_1 和 VT_4 继续导通，负载上的输出电压仍为 $u_d = u_2$，所以出现了输出电压为负的情况。此时，晶闸管 VT_2 和 VT_3 虽然已承受正向电压，但还没有触发脉冲，所以不会导通。直到在负半周相当于 α 角的时刻，给 VT_2 和 VT_3 同时加触发脉冲，则因 VT_2 的阳极电位比 VT_1 的高，VT_3 的阴极电位比 VT_4 的低，故 VT_2 和 VT_3 被触发导通，分别替换了 VT_1 和 VT_4，而 VT_1 和 VT_4 将由于 VT_2 和 VT_3 的导通承受反压而关断，负载电流也改为经过 VT_2 和 VT_3（负载电流流过的路径为：$b \rightarrow VT_3 \rightarrow L_d \rightarrow R_d \rightarrow VT_2 \rightarrow a$）。

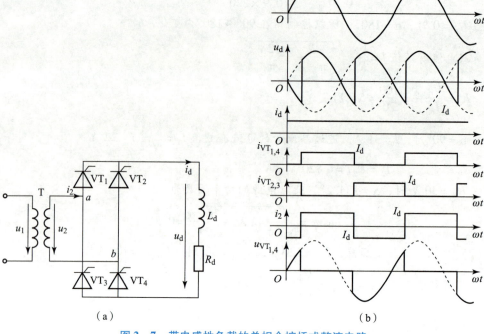

（a） （b）

图2-7 带电感性负载的单相全控桥式整流电路

（a）电路图；（b）波形图

3）波形分析

前述电路中的换流都是在换流的瞬间，利用电源电压 u_2 的极性使待触发的管子承受正压触发导通，同时，使已导通的管子因承受反压而关断。这种负载电流的供给从一组管子换成另一组管子，都是自然进行的而不需要其他措施，这称为自然换流或电源换流。

由上述波形可知，负载电压、电流的波形与电阻性负载相比，u_d 的波形出现了负半波部分。i_d 的波形则是连续的一条近似直线，这是由于电感中的电流不能突变，电感起到了平波的作用，电感越大，则电流波形越平稳，而流过每只晶闸管的电流则近似方波。变压器二次侧电流 i_2 的波形为正负对称的方波。晶闸管的移相范围为90°，晶闸管承受的最大正、反向电压均为 $\sqrt{2}u_2$。

4）参数计算

（1）输出直流电压平均值为

$$U_d = 0.9U_2\cos\alpha$$

（2）输出直流电流平均值为

$$I_d = I = \frac{U_d}{R_d}$$

（3）晶闸管的平均值和有效值为

$$I_{dT} = \frac{1}{2}I_d$$

$$I_T = \sqrt{\frac{1}{2}}I_d$$

（4）负载消耗的有功功率和功率因数为

$$P = U_R I_R = U_d I_d$$

$$\cos \varphi = \frac{P}{S} = 0.9 \cos \alpha$$

3. 带续流二极管的电感性负载

为了扩大移相范围，不使波形出现负值，输出电流更平稳，提高 U_d，可在电路负载两端并接续流二极管。

1）电路结构

带续流二极管的电感性负载的单相全控桥式整流电路由整流变压器 T、四只晶闸管 $VT_1 \sim VT_4$、续流二极管 VD、平波电抗器 L_d、负载电阻 R_d 等组成，如图 2-8 所示。

2）工作原理

当电源 u_2 为正半周时，同电感性负载一样，VT_1 和 VT_4 在 α 角的时刻会触发导通，输出电压 $u_d = u_2$（负载电流流过的路径为：$a \rightarrow VT_1 \rightarrow L_d \rightarrow R_d \rightarrow VT_4 \rightarrow b$）。

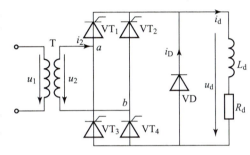

图 2-8 单相全控桥式整流电路
带电感性负载加续流二极管

当电源电压 u_2 过零变负时，续流二极管 VD 承受正向电压导通，此时晶闸管由于 VD 的导通而承受反压关断。电感 L_d 的自感电动势 e_L 将经过续流二极管 VD 使负载电流 i_d 继续流通，此电流没有流经变压器二次侧，因此，忽略 VD 的压降，此时输出电压 u_d 为零，输出电压 u_d 的波形不再有负值部分。直到在负半周相当于 α 角的时刻，给 VT_2 和 VT_3 同时加触发脉冲，则因 VT_2 的阳极电位比 VT_1 高，VT_3 的阴极电位比 VT_4 的低，故 VT_2 和 VT_3 被触发导通，分别替换了 VT_1 和 VT_4，而 VT_1 和 VT_4 将由于 VT_2 和 VT_3 的导通承受反压而关断，负载电流也改为经过 VT_2 和 VT_3（负载电流流过的路径为：$b \rightarrow VT_3 \rightarrow L_d \rightarrow R_d \rightarrow VT_2 \rightarrow a$）。$u_2$ 的下一周期工作情况同上所述，循环往复。

3）参数计算

（1）输出电压平均值为

$$U_d = 0.9 U_2 \frac{1 + \cos \alpha}{2}$$

（2）输出电流平均值为

$$I_d = \frac{U_d}{R_d}$$

（3）晶闸管的电流平均值和有效值为

$$I_{dT} = \frac{1}{2\pi} \int_{\alpha}^{\pi} i_T d(\omega t) = \frac{\pi - \alpha}{2\pi} I_d$$

$$I_T = \sqrt{\frac{\pi - \alpha}{2\pi}} I_d$$

（4）续流二极管的电流平均值和有效值为

$$I_{dDR} = \frac{2\alpha}{2\pi} I_d = \frac{\alpha}{\pi} I_d$$

$$I_{DR} = \sqrt{\frac{\alpha}{\pi}} I_d$$

【例 2-2】 单相全控桥式整流电路带大电感负载，$U_2 = 220 \text{ V}$，$R_d = 4 \text{ }\Omega$，试计算当

$\alpha = 60°$时，输出电压、电流的平均值以及流过晶闸管的电流平均值和有效值。若负载两端并接续流二极管，则输出电压、电流的平均值又是多少？流过晶闸管和续流二极管的电流平均值和有效值又是多少？

解（1）不接续流二极管时，由于带大电感负载，故得

$$U_d = 0.9 U_2 \cos \alpha = 0.9 \times 220 \times \cos 60° = 99 (V)$$

$$I_d = \frac{U_d}{R_d} = \frac{99}{4} = 24.75 (A)$$

因为负载电流由两组晶闸管轮流导通提供，所以流过晶闸管的电流平均值和有效值分别为

$$I_{dT} = \frac{1}{2} I_d = \frac{1}{2} \times 24.75 = 12.38 (A)$$

$$I_T = \sqrt{\frac{1}{2}} I_d = \sqrt{\frac{1}{2}} \times 24.75 = 17.5 (A)$$

（2）接续流二极管后，由于此时没有负电压输出，电压波形和电路带电阻性负载时一样，因此输出电压的平均值为

$$U_d = 0.9 U_2 \frac{1 + \cos \alpha}{2} = 0.9 \times 220 \times \frac{1 + \cos 60°}{2} = 148.5 (V)$$

输出电流的平均值为

$$I_d = \frac{U_d}{R_d} = \frac{148.5}{4} = 37.13 (A)$$

晶闸管的平均值和有效值分别为

$$I_{dT} = \frac{\pi - \alpha}{2\pi} I_d = \frac{180° - 60°}{360°} \times 37.13 = 12.38 (A)$$

$$I_T = \sqrt{\frac{\pi - \alpha}{2\pi}} I_d = \sqrt{\frac{180° - 60°}{360°}} \times 37.13 = 21.44 (A)$$

续流二极管的平均值和有效值分别为

$$I_{dD} = \frac{\alpha}{\pi} I_d = \frac{60°}{180°} \times 37.13 = 12.38 (A)$$

$$I_D = \sqrt{\frac{\alpha}{\pi}} I_d = \sqrt{\frac{60°}{180°}} \times 37.13 = 21.44 (A)$$

二、单相半控桥式整流电路

在单相全控桥式整流电路中，需要四只晶闸管，由于每次都要同时触发两只晶闸管，因此线路较为复杂。它是用两只晶闸管来控制同一个导电回路，为了简化电路，实际上可以采用一只晶闸管来控制导电回路，然后用一只整流二极管来代替另一只晶闸管。因此可以把单相全控桥式整流电路中的晶闸管 VT_3 和 VT_4 换成二极管 VD_1 和 VD_2，这就构成了单相半控桥式整流电路。

1. 电阻性负载

1）电路结构

单相半控桥式整流电路带电阻性负载的电路如图 2-9（a）所示，图中 T 是整流变压器，VT_1、VT_2 是晶闸管，VD_1、VD_2 是整流二极管。

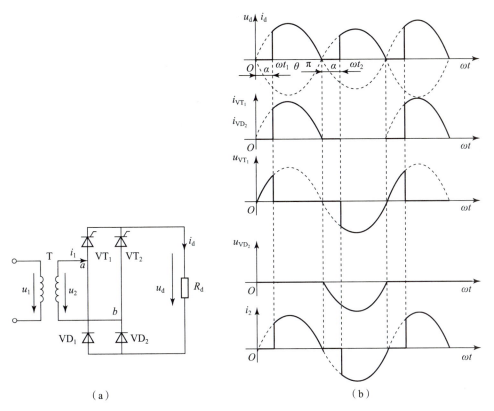

图 2 - 9　单相半控桥式整流电路带电阻性负载的电路
（a）电路图；（b）波形图

2）工作原理

单相半控桥式整流电路在电阻性负载时的工作情况与单相全控桥式整流电路类似，两只晶闸管 VT_1、VT_2 仍是共阴极连接，即使同时触发两只管子，也只能是阳极电位高的晶闸管导通。而两只二极管是共阳极连接，总是阴极电位低的二极管导通。因此，在电源 u_2 正半周一定是 VD_2 正偏导通，在 u_2 负半周一定是 VD_1 正偏导通。所以，在电源正半周时，触发晶闸管 VT_1 导通，二极管 VD_2 正偏导通，电流由电源 a 端经 VT_1 和负载 R_d 及 VD_2，流回电源 b 端，若忽略两管的正向导通压降，则负载上得到的直流输出电压就是电源电压 u_2，即 $u_d = u_2$。在电源负半周时，触发 VT_2 导通，电流由电源 b 端经 VT_2 和 VD_1 及负载 R_d，流回电源 a 端，输出电压仍是 $u_d = u_2$，在负载上得到的输出波形与单相全控桥式整流电路带电阻性负载时一样。因此，单相全控桥式整流电路的公式均适合单相半控桥式整流电路。另外，由图 2 - 9（b）可见，流过整流二极管的电流平均值和有效值与流过晶闸管的电流平均值和有效值一样，即

$$I_{dD} = I_{dT} = 0.45\, \frac{U_2}{R} \cdot \frac{1 + \cos\alpha}{2}$$

$$I_D = I_T = \frac{U_2}{R_d} \sqrt{\frac{\pi - \alpha}{2\pi} + \frac{\sin 2\alpha}{4\pi}} = \frac{1}{\sqrt{2}} I$$

3）波形分析

由图 2 - 9 中的 u_{VT_1} 波形可知，晶闸管 VT_1 所承受的电压，除其本身导通时不承受电压，以及当晶闸管 VT_2 导通时将电源电压加到 VT_1 的两端外，当四个管子都不导通时，还

分两种情况：①在电源正半周 VT_1 还未导通之前，即在 $0 \sim \omega t_1$ 区间，此时由电源的正端 a，经 VT_1、R_d 和 VD_2 回电源的负端 b 的回路存在漏电流，此时 VT_1 的正向漏电阻远大于 VD_2 的正向漏电阻与 R_d 之和，这就相当于电源电压全部加在 VT_1 上，即 $u_{VT_1} = u_2$；②在电源负半周 VT_2 还未导通之前，即在 $\pi \sim \omega t_2$ 区间，同上述分析一样，只不过此时所承受的电源电压为负值，由电源正端 b，经 VT_2、R_d 和 VD_1 回电源的负端 a，相当于电源电压全部加在 VT_2 上，因而 VT_1 两端电压约为0，即 $u_{VT_1} = 0$。二极管所承受的电压相对简单一些，因为二极管只会承受负电压，且由图2-9（b）的波形图可知，晶闸管所承受的最大正、反向峰值电压和二极管所承受的最大反向电压的峰值均为 $\sqrt{2}U_2$。变压器因在正、负半周均有一组管子导通，所以其二次侧电流的波形是正负对称的缺角的正弦波。

2. 电感性负载

单相半控桥式整流电路带电感性负载时的电路如图2-10（a）所示。在 u_2 电压的正半周内，二极管 VD_2 处于正偏状态，在相当于控制角 α 的时刻触发晶闸管 VT_1，则 VT_1 和 VD_2 导通，电源由 a 端经 VT_1 和 VD_2 向负载供电，负载上得到的电压 u_d 为电源电压 u_2，方向为上正下负。当 u_2 过零变负时，由于电感自感电动势的作用，VT_1 将继续导通。但此时 VD_1 正偏导通，而 VD_2 反偏截止，负载电流 i_d 经 VD_1、VT_1 流通。此时整流桥的输出电压为 VT_1 和 VD_1 的正向压降，接近0，所以整流输出电压 u_d 没有负半波，这种现象叫作自然续流。在这一点上，半控桥式和全控桥式是不同的。

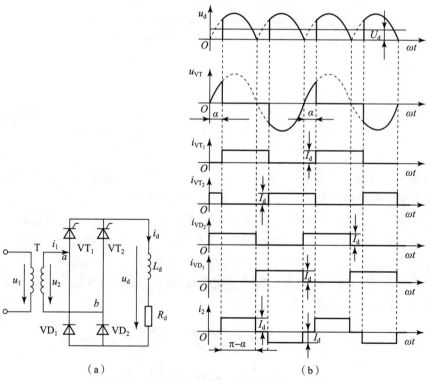

图2-10 单相半控桥式整流电路带电感性负载
（a）电路图；（b）波形图

由图2-10（b）的各个波形图可以看出，单相半控桥式整流电路带大电感负载时的直流输出电压 u_d 的波形和其带电阻性负载时的波形一样。但直流输出电流 i_d 的波形由于电感的平波作用而变为一条直线。晶闸管所承受电压 u_{VT} 的波形未变，而流过晶闸管电流的波形变成方波，如图 2-10（b）所示，其导通角为 π。流过二极管的电流 i_2 也是矩形波，其导通角也为 π。变压器二次侧的电流 i_2 为正负对称的矩形波。

综上所述，单相半控桥式整流电路带大电感负载时的工作特点是：晶闸管在触发时刻换流，二极管在电源电压过零时换流；电路本身就具有自然续流作用；由于自然续流的作用，整流输出电压 u_d 的波形与全控桥式电路带电阻性负载的相同，α 的移相范围为 0° ~ 180°，U_d、I_d 的计算公式和全控桥式电路带电阻性负载时相同；流过晶闸管和二极管的电流都是宽度为 180° 的方波，交流侧电流为正负对称的交变方波。

3. 带续流二极管的电感性负载

单相半控桥式整流电路带电感性负载时虽本身有自然续流能力，似乎不需要另接续流二极管，但在实际运行中，当突然把控制角增大到 180° 以上或突然切断触发电路时，会发生正在导通的晶闸管一直导通，两个二极管轮流导通的现象，使电路仍有输出，但波形是单相半波不可控的整流波形，此时触发信号对输出电压失去了控制作用，这种现象称为失控。失控现象在使用中是不允许的，为消除失控，带电感性负载的单相半控桥式整流电路还需在负载两端反并接续流二极管 VD_R，如图 2-11（a）所示。

加上续流二极管之后，当 u_2 电压过零变负时，负载电流经续流二极管 VD_R 续流，整流桥输出端只有不到 1 V 的压降，这迫使晶闸管与二极管串联电路中的电流降到晶闸管的维持电流以下，使晶闸管关断，这样就不会出现失控现象。接续流二极管电路的波形如图 2-11（b）所示。由波形图可以看出，加了续流二极管后，输出电压和输出电流的波形未变，但原先经过桥臂续流的电流都转移到续流二极管上。

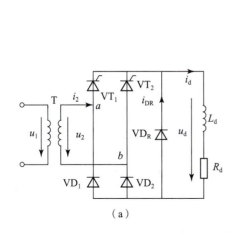
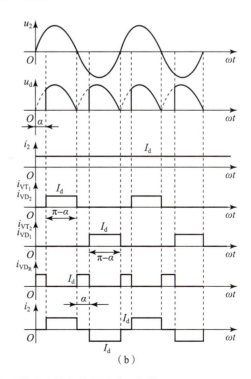

（a）　　　　　　　　　　　　　　（b）

图 2-11　单相半控桥式整流电路带电感性负载加续流二极管

（a）电路图；（b）波形图

各电量的数量关系如下：

（1）输出电压平均值为

$$U_d = \frac{1}{\pi}\int_{\alpha}^{\pi}\sqrt{2}U_2\sin\omega t d(\omega t) = \frac{2\sqrt{2}U_2}{\pi}\cdot\frac{1+\cos\alpha}{2} = 0.9U_2\frac{1+\cos\alpha}{2}$$

（2）输出电流平均值为

$$I_d = \frac{U_d}{R_d} = 0.9\frac{U_2}{R_d}\cdot\frac{1+\cos\alpha}{2}$$

（3）流过晶闸管的电流平均值和有效值分别为

$$I_{dT} = \frac{\theta_T}{2\pi}I_d = \frac{\pi-\alpha}{2\pi}I_d, \quad I_T = \sqrt{\frac{\theta_T}{2\pi}}I_d = \sqrt{\frac{\pi-\alpha}{2\pi}}I_d$$

（4）流过续流二极管的电流平均值和有效值分别为

$$I_{dDR} = \frac{\theta_D}{2\pi}I_d = \frac{\alpha}{\pi}I_d, \quad I_{DR} = \sqrt{\frac{\theta_D}{2\pi}}I_d = \sqrt{\frac{\alpha}{\pi}}I_d$$

任务工单

课程名称		专业班级		日期	
上课地点		参考学时	2 学时	指导教师	
任务名称		单相全控整流电路调试			
小组基本资料					
小组台号	关系	姓名	学号	姓名	学号
	成员				
学习目标	【知识目标】 1. 研究单相桥式全控整流电路在电阻负载，电阻－电感性负载时的工作。 2. 会分析 NMCL－05（A）组件（或 NMCL－36）锯齿波触发电路的工作。 3. 学会双踪示波器在电力电子线路中的使用特点与方法。 【能力目标】 （1）具有较好的识图能力； （2）会用万用表测试二极管、电解电容和晶闸管。 【素养目标】 （1）团队协作与沟通能力； （2）分析和解决问题能力				
知识链接	普源示波器用来观察和测量正弦波信号、直流信号的电压和波形。数字万用表用来测各点的电压值。电流表用来测流过负载回路的电流				
仪器器材	电力电子实验台、普源示波器、数字万用表				

续表

技能训练	1. 按下图所示的电路接线。 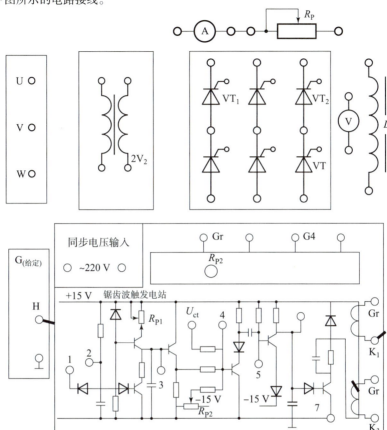 2. 合上主电源，调节脉冲移相电位器 R_P，分别用示波器观察 $\alpha = 30°$、$60°$、$90°$、$120°$时负载电压 U_d，晶闸管 VT 的阳极、阴极电压波形 U_T，并测定 U_d 及电源电压 U_2，验证 $$U_d = 0.9U_2\frac{1 + \cos\alpha}{2}$$

α U_2，U_d	30°	60°	90°	120°
U_2（测量值）				
U_d（计算值）				
U_d（测量值）				

3. 画出电阻性负载，$\alpha = 90°$时，$U_d = f(t)$，$U_T = f(t)$，$i_d = f(t)$ 波形。

教师评价	教师评语		成绩

任务三 调光灯控制电路设计

一、单结晶体管触发电路

单结晶体管触发电路由同步电源、移相控制和脉冲输出三部分组成，如图 2 – 12 所示。

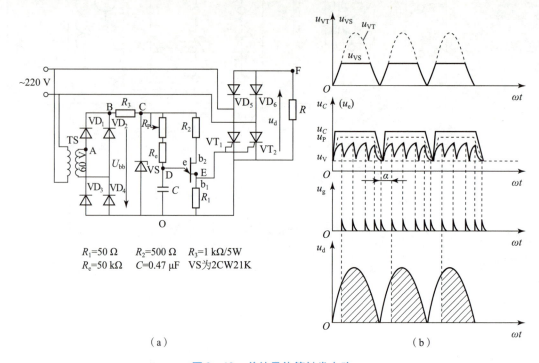

$R_1=50 \ \Omega$ $R_2=500 \ \Omega$ $R_3=1 \ k\Omega/5W$
$R_e=50 \ k\Omega$ $C=0.47 \ \mu F$ VS为2CW21K

（a）　　　　　　　　　　　　　　　　　　（b）

图 2 – 12　单结晶体管触发电路
（a）原理图；（b）工作波形

（1）同步电源。同步电压由同步变压器 TS 提供，而同步变压器与主电路接至同一电源，故同步电压与主电路同相位且频率相同。同步电压经过桥式整流与稳压管削波后得到梯形波电压 u_V，此梯形波既是同步信号又是触发电路的电源，每当梯形波电压 u_V 过 0 时，即 $u_V = u_{bb} = 0$ 时，单结晶体管的内部 A 点电压 $u_A = 0$，e 与第一基极 b_1 之间导通，电容 C 上的电荷很快经 e、b_1 和 R_1 放掉，使电容每次都能从 0 开始充电，这样就保证了每次触发电路送出的第一个脉冲与电源过零点的时刻一致，从而获得了同步。

（2）移相控制。如果进行移相控制，即控制整流输出电压 u_d 的大小，调节电阻 R_e 即可。当电阻 R_e 增大时，电容 C 上的电压上升到峰点电压的时间延长，第一个脉冲出现的时刻后移，即控制角 α 增大，整流电路的输出电压 u_d 减小。相反，当电阻 R_e 减小时，控制角 α 减小，输出电压 u_d 增大。为了扩大移相范围，要求同步电压梯形波 u_V 的两腰边要接近垂直，这时可采用提高同步变压器二次电压 u_2 的方法，电压 u_2 通常要大于 60 V。

（3）脉冲输出。脉冲输出可以从第一基极直接输出，也可以将第一基极输出的脉冲经过脉冲变压器后输出。前者简单、经济，但触发电路与主电路有直接的电联系，不安全；后者通过脉冲变压器进行电隔离，则可避免这个问题。

为了简化电路，图 2 - 12（a）中单结晶体管输出的脉冲要同时触发晶闸管 VT_1、VT_2，因为只有阳极电压为正的晶闸管才能被触发导通，所以能保证半控桥式整流电路的两个晶闸管轮流导通。

单结晶体管触发电路的优点是电路简单、使用元件少、体积小、脉冲前沿陡、峰值大；其缺点是只能产生窄脉冲，对于大电感负载，由于晶闸管在触发导通时阳极电流上升较慢，在阳极电流还没有上升到擎住电流 I_L 时，脉冲就已经消失，使晶闸管在触发导通后又重新关断。因此，单结晶体管触发电路多用于 50 A 以下的晶闸管装置及带非大电感负载的电路中。

1. 同步电路

前面讲述的单结晶体管张弛振荡电路输出的尖脉冲可以用来触发晶闸管，但不能直接用作触发电路，还必须解决触发脉冲与主电路的同步问题。

（1）同步的概念。触发信号和电源电压在频率和相位上相互协调的关系叫作同步。例如，在单相半波可控整流电路中，触发脉冲应出现在电源电压正半周范围内，而且每个周期的 α 角相同，确保电路输出波形不变，输出电压稳定。

（2）同步电路的组成。同步电路由同步变压器、桥式整流电路 $VD_1 \sim VD_4$、电阻 R_3 及稳压管 VS 组成。同步变压器一次侧与晶闸管整流电路接在同一相电源上，交流电压经同步变压器降压、单相桥式整流后再经过稳压管稳压削波形成一梯形波电压，作为触发电路的供电电压。梯形波电压零点与晶闸管阳极电压过零点一致，从而实现触发电路与整流主电路的同步。

（3）波形分析。单结晶体管触发电路的调试及检修主要是通过几个点的典型波形来判断各元件是否正常，可通过理论波形与实测波形的比较来进行分析。

①桥式整流后脉动电压波形（图 2 - 12 中的 B 点）。将 Y_1 探头的测试端接于 B 点，接地端接于 O 点，调节旋钮"t/div"和"v/div"使示波器稳定显示至少一个周期的完整波形，测得波形如图 2 - 13（a）所示。由测得的波形我们可知图 2 - 12（a）图的 B 点是由 $VD_1 \sim VD_4$ 四个二极管构成的桥式整流电路进行整流后输出的波形。图 2 - 13（b）所示为理论波形，对照进行比较。

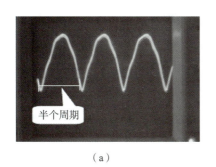
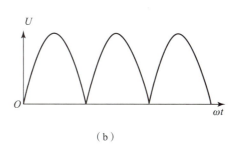

（a）　　　　　　　　　　　　　　　（b）

图 2 - 13　桥式整流后的脉动电压波形

（a）实测波形；（b）理论波形

②削波后梯形波电压波形（图2－12图中C点）。将Y_1探头的测试端接于C点，测得C点的波形如图2－14（a）所示，该点波形是经稳压管削波后得到的梯形波。图2－14（b）所示为理论波形，对照进行比较。

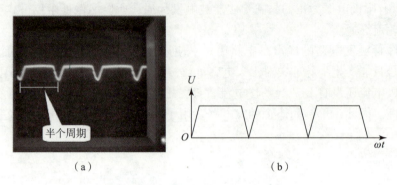

（a） （b）

图2－14 削波后的梯形电压波形

（a）实测波形；（b）理论波形

2. 脉冲移相与形成

（1）电路的组成。脉冲移相与形成电路实际上就是上述张弛振荡电路。脉冲移相由电阻R_e和电容C组成，脉冲形成由单结晶体管、温补电阻R_2、输出电阻R_1组成。

改变张弛振荡电路中电容C的充电电阻的阻值，就可以改变充电的时间常数，图2－12（a）用电位器R_e来实现这一变化，例$R_e\uparrow\rightarrow\tau_C\uparrow\rightarrow$出现第一个脉冲的时间后移$\rightarrow\alpha\uparrow\rightarrow U_d\downarrow$。

（2）波形分析。

①电容电压的波形（图2－12中D点）。将Y_1探头的测试端接于D点，测得D点的波形，如图2－15（a）所示。由于电容每半个周期在电源电压过零点从零开始充电，当电容两端的电压上升到单结晶体管峰点电压时，单结晶体管导通，触发电路送出脉冲，电容的容量和充电电阻R_e的大小决定了电容两端的电压从零上升到单结晶体管峰点电压的时间，因此本任务中的触发电路无法实现在电源电压过零点，即$\alpha=0°$时送出触发脉冲。图2－15（b）所示为理论波形，对照进行比较。

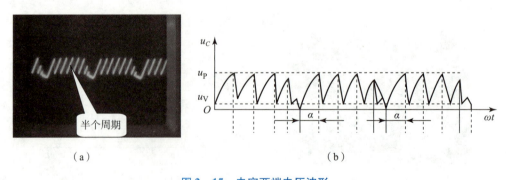

（a） （b）

图2－15 电容两端电压波形

（a）实测波形；（b）理论波形

调节电位器R_e的旋钮，观察D点波形的变化范围。图2－16所示为调节电位器R_e后得到的波形。

②输出脉冲波形（图 2-12 中的 E 点）。将 Y_1 探头的测试端接于 E 点，测得 E 点的波形如图 2-17 （a） 所示。单结晶体管导通后，电容通过单结晶体管的 eb_1 迅速向输出电阻 R_1 放电，在 R_1 上得到很窄的尖脉冲。图 2-17 （b） 所示为理论波形，对照进行比较。

调节电位器 R_e 的旋钮，观察 E 点的波形变化。图 2-18 所示为调节电位器 R_e 后的输出波形。

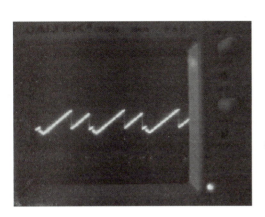

图 2-16 调节电位器 R_e 后电容两端电压波形

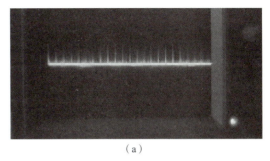

（a）

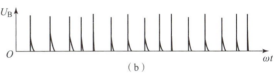

（b）

图 2-17 输出脉冲波形
（a）实测波形；（b）理论波形

（3）触发电路各元件的选择。

①充电电阻 R 的选择。改变充电电阻 R 的大小，就可以改变张弛振荡电路的频率，但是频率的调节有一定的范围，如果充电电阻 R 选择不当，将使单结晶体管自激振荡电路无法形成振荡。

充电电阻 R 的取值范围为

$$\frac{U - U_V}{I_V} < R < \frac{U - U_P}{I_P}$$

式中 U——加于图 2-12 中稳压管 VS 的电压；

U_V——单结晶体管的谷点电压；

I_V——单结晶体管的谷点电流；

U_P——单结晶体管的峰点电压；

I_P——单结晶体管的峰点电流。

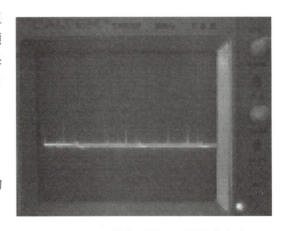

图 2-18 调节电位器 R_e 后的输出波形

②电阻 R_3 的选择。电阻 R_3 用来补偿温度对峰点电压 U_P 的影响，通常取值范围为 $200 \sim 600\ \Omega$。

③输出电阻 R_4 的选择。输出电阻 R_4 的大小将影响输出脉冲的宽度与幅值，通常取值范围为 $50 \sim 100\ \Omega$。

④电容 C 的选择。电容 C 的大小与脉冲宽窄和 R_e 的大小有关，通常取值范围为 $0.1 \sim 1\ \mu F$。

单结晶体管触发电路输出触发脉冲的功率较小，脉冲较窄；另外，由于不同单结晶体管的参数差异较大，在多相电路中，触发脉冲不易做到一致。因此，单结晶体管触发电路只用于控制精度要求不高的单相晶闸管系统。在电流容量较大、要求较高的晶闸管装置中，为保证触发脉冲具有足够的功率，常采用由晶体管组成的触发电路。锯齿波同步移相触发电路是其中之一。

任务工单

课程名称		专业班级		日期	
上课地点		参考学时	2 学时	指导教师	
任务名称		单相半控整流电路调试			
小组基本资料					

小组台号	关系	姓名	学号	姓名	学号
	成员				

学习目标	【知识目标】 1. 研究单相桥式半控整流电路在电阻负载，电阻－电感性负载时的工作。 2. 会分析 NMCL－05（A）组件（或 NMCL－36）锯齿波触发电路的工作。 3. 学会双踪示波器在电力电子线路中的使用特点与方法。 【能力目标】 （1）具有较好的识图能力； （2）会用万用表测试二极管、电解电容和晶闸管。 【素养目标】 （1）团队协作与沟通能力； （2）分析和解决问题能力
知识链接	普源示波器用来观察和测量正弦波信号、直流信号的电压和波形。数字万用表用来测各点的电压值。电流表用来测流过负载回路的电流
仪器器材	电力电子实验台、普源示波器、数字万用表
技能训练	1. 按下图所示的电路接线。 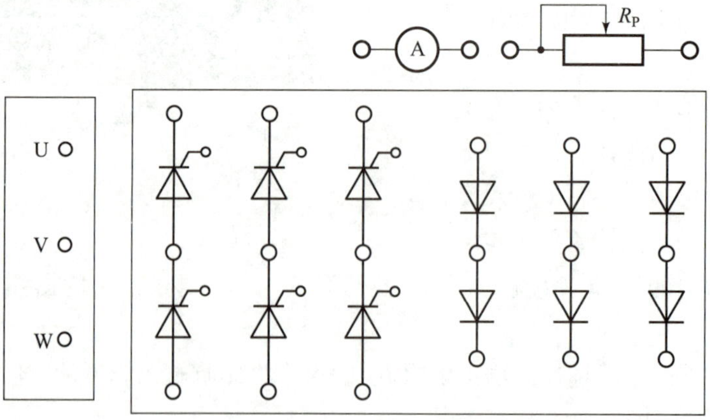

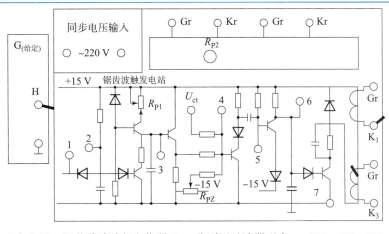

2. 合上主电源，调节脉冲移相电位器 R_P，分别用示波器观察 $\alpha = 30°$、$60°$、$90°$、$120°$ 时负载电压 U_d，晶闸管 VT 的阳极、阴极电压波形 U_T，并测定 U_d 及电源电压 U_2，验证

$$U_d = 0.9 U_2 \frac{1 + \cos\alpha}{2}$$

α U_2，U_d	30°	60°	90°	120°
U_2（测量值）				
U_d（计算值）				
U_d（测量值）				

3. 画出电阻性负载，$\alpha = 90°$ 时，$U_d = f(t)$，$U_T = f(t)$，$i_d = f(t)$ 波形。

教师评价	教师评语		成绩

二、锯齿波同步移相触发电路

锯齿波同步移相触发电路不受电网波动和波形畸变的影响，移相范围宽，应用范围较广。图 2-19 所示为锯齿波同步移相触发电路，它由脉冲形成环节、脉冲功率放大环节、锯齿波形成和脉冲移相环节、同步电压环节、双窄脉冲形成环节、脉动封锁、强触发环节等组成。

1. 脉冲形成与放大环节

如图 2-19 所示，脉冲形成环节由晶体管 VT_4、VT_5、VT_6 组成，VT_7、VT_8 组成脉冲功率放大环节。控制电压 u_{ct} 和负偏移电压 u_p 分别经过电阻 R_6、R_7、R_8 并联接入 VT_4 的基极。在分析该环节时，暂不考虑锯齿波电压 u_{e3} 和负偏移电压 u_p 对电路的影响。

当控制电压 $u_{ct} = 0$ 时，VT_4 截止，+15 V 电源通过电阻 R_{11} 供给一个足够大的基极电

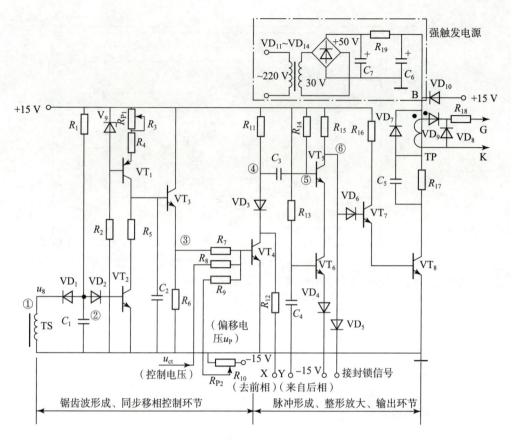

图 2-19　锯齿波同步移相触发电路

流，使 VT$_5$ 和 VT$_6$ 饱和导通，VT$_5$ 的集电极电压 u_{c5} 接近 -15 V（忽略 VT$_5$、VT$_6$ 的饱和压降和 VD$_{10}$ 的管压降），所以 VT$_7$、VT$_8$ 截止，无脉冲输出。同时，+15 V 电源→R_9→C_3→VT$_5$ 的发射极→VT$_6$ 的发射极→VD$_{10}$→-15 V 电源对电容 C_3 进行充电，充电结束后，电容两端的电压为 30 V，其左端为 +15 V，右端为 -15 V。

调节控制电压 u_{ct}，当 $u_{ct} \geq 0$ 时，VT$_4$ 由截止变为饱和导通，其集电极 A 端电压由 +15 V 迅速下降至 1 V 左右，由于电容 C_3 上的电压不能突变，C_3 右端的电压也由开始的 -15 V 下降至约 -30 V，VT$_5$ 的基极电位也突降到 -30 V，VT$_5$ 的基-射极由于受到反偏而立即截止，其集电极电压由开始的 -15 V 迅速上升至钳位电压 2.1 V 时（VD$_6$、VT$_7$、VT$_8$ 三个 PN 结正向导通压降之和），VT$_7$、VT$_8$ 导通，脉冲变压器一次侧流过电流，其二次侧有触发脉冲输出。同时，电容 C_3 通过 +15 V 电源→R_{11}→C_3→VD$_4$→VT$_4$ 放电并向 C_3 反向充电，使 VT$_5$ 的基极电压由 -30 V 开始逐渐上升，当 $U_{b5} \geq -15$ V 时，VT$_5$ 又重新导通，其集电极电压又变为 -15V，使 VT$_7$、VT$_8$ 又截止，输出脉冲结束。可见，VT$_4$ 导通的瞬间决定了脉冲发出的时刻，到 VT$_5$ 截止的时间即是脉冲的宽度，而 VT$_5$ 截止时间的长短是由 C_3 反向充电时间常数 $R_{11}C_3$ 决定的。

2. 锯齿波形成和脉冲移相环节

锯齿波形成和脉冲移相环节主要由 VT$_1$、VT$_2$、VT$_3$、C_2、V$_9$ 等元件组成，锯齿波是由恒流源电流对 C_2 充电形成的。在图 2-19 中，VT$_1$、VS、R_{P1}、R_3 组成了一个恒流源电路。

（1）当 VT$_2$ 截止时，恒流源电流 I_{C_1} 对电容 C_2 进行充电，电容 C_2 两端的电压为

$$u_{C_2} = \frac{1}{C_2}\int I_{C_1}\mathrm{d}t = \frac{1}{C_2}I_{C_1}t$$

由此可见，u_{C_2} 是随时间线性变化的，其充电斜率为 $\frac{I_{C_1}}{C_2}$。调节电位器 R_{P2}，可改变 C_2 的恒定充电电流 I_{C_1}，也就是说 R_{P2} 是用来调节锯齿波斜率的。

（2）当 VT_2 导通时，由于电阻 R_4 的阻值很小，因此，电容 C_2 经 R_4 及 VT_2 迅速放电，当 VT_2 周期性的关断与导通时，电容 C_2 两端就得到了线性很好的锯齿波电压。射极跟随器 VT_3 的作用是减小控制回路电流对锯齿波电压的影响。

（3）u_{e3}、u_p、u_{ct} 三个信号通过电阻 R_6、R_7、R_8 的综合作用成为 u_{b_4}，它控制 VT_4 的导通与关断。根据叠加原理，在考虑一个信号在 b_4 点的作用时，可以将另外两个信号接地。

①当只考虑 u_{e3} 的单独作用时，它在 b_4 点形成的电压为

$$u'_{e3} = \frac{R_8 // R_9}{R_7 + (R_8 // R_9)} \cdot u_{e3}$$

可见，u'_{e3} 仍为一个锯齿波，但其斜率要比 u_{e3} 低。

②当只考虑 u_b 的单独作用时，它在 b_4 点形成的电压为

$$u'_b = \frac{R_7 // R_8}{R_9 + (R_7 // R_8)} \cdot u_p$$

可见，u'_p 仍为与 u_p 平行的一条直线，但绝对值比 u_p 小。

③当只考虑 u_{ct} 的单独作用时，它在 b_4 点形成的电压为

$$u'_{ct} = \frac{R_7 // R_9}{R_8 + (R_7 // R_9)} \cdot u_{ct} = 0.15u_{ct}$$

可见，u'_{ct} 仍为与 u_{ct} 平行的一条直线，但绝对值比 u_{ct} 小。

当 $u_{ct} = 0$ 时，VT_4 的基极电压 u_{b_4} 的波形由 $(u'_{e3} + u'_p)$ 决定。控制偏移电压 u_p 的大小，使锯齿波向下移动。当 u_{ct} 从 0 增加时，VT_4 的基极电位 u_{b_4} 的波形就由 $(u'_{e3} + u'_{ct} + u'_p)$ 决定，由于 VT_4 的作用，其基极电压的实际波形与上述分析所确定的电压波形有些差异，即当 $u_{b_4} \geqslant 0.7$ V 以后，VT_4 由截止转为饱和导通，这时，u_{b_4} 被钳位在 0.7 V，u_{b_4} 的实际波形如图 2 - 20 所示。在图 2 - 20 中，u_{b_4} 电压上升到 0.7 V 的时刻，即 VT_4 由截止转为导通的时刻，也就是在该时刻的电路输出脉冲。如果把偏移电压 u_p 调整到某特定值而固定，调节控制电压 u_{ct} 就能改变 u_{b_4} 波形上升到 0.7 V 的时间，也就改变了 VT_4 由截止转为导通的时间，即改变了输出脉冲产生的时刻。也就是说，改变控制电压就可以移动脉冲的相位，从而达到脉冲移相的目的。

由上述分析及图 2 - 20 所示波形可知，电路中设备负偏移电压的目的是为了确定 $u_{ct} = 0$ 时脉冲的初始相位。以三相全控桥式整流电路为例，当负载大电感电流连续时，电路的脉冲初始相位在控制角 $\alpha = 90°$ 的位置；对于可逆系统，电路需要在整流与逆变两种状态下工作，这时要求脉冲的移相范围约为 180°，考虑锯齿波电压波形两端的非线性，要求锯齿波的宽度大于 180°，如 240°，此时使脉冲初始位置调整到锯齿波的中点位置，对应主电路 $\alpha = 90°$ 的位置。如果 $u_{ct} > 0$，脉冲左移，$\alpha < 90°$，电路处于整流工作状态；如果 $u_{ct} < 0$，脉冲右移，$\alpha > 90°$，电路处于逆变工作状态。

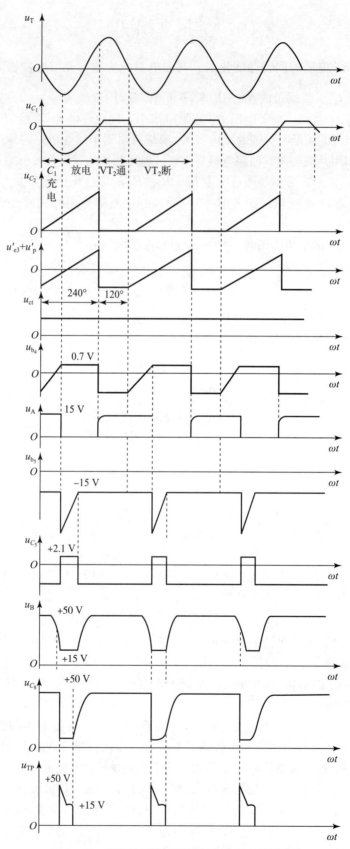

图 2-20 锯齿波同步移相触发电路的工作波形

3. 同步电压环节

对于同步信号为锯齿波的触发电路,与主电路同步是指要求锯齿波的频率与主电路电源的频率相同且相位关系确定。由图 2 – 20 可知,锯齿波是由开关管 VT_2 控制的,VT_2 由导通变截止期间产生锯齿波,VT_2 的截止持续时间就是锯齿波的宽度,VT_2 开关的频率就是锯齿波的频率,要使触发脉冲与主回路电源同步,使 VT_2 开关的频率与主回路电源同步就可以实现。为了控制 VT_2 开关的频率与主回路电源频率相同,同步环节要设置一个同步变压器 TS,用 TS 二次电压来控制 VT_2 的通断,从而保证触发电路发出的脉冲与主回路电源同步。

在图 2 – 20 中,当同步变压器二次电压 u_{TS} 波形在负半周下降沿时,VD_1 导通,u_{TS} 通过 VD_1 为 C_1 充电,其极性为下正上负,忽略 VD_1 的正向压降,Q 点的波形与 u_{TS} 的波形一致,这时,VT_2 管的基极由于受反偏而截止。当 u_{TS} 的波形在负半周上升沿时,+ 15 V 电压经 R_1 为 C_1 反向充电,由于受电容 C_1 反向充电时间常数 R_1C_1 的影响,Q 点电压 u_Q 比 u_{TS} 上升缓慢,所以 VD_1 承受反偏而截止。当 Q 点的电位被反向充电上升到 1.4 V 左右时,VT_2 管导通,Q 点电位被钳位在 1.4 V,直到 u_{TS} 下一个负半周开始时,VD_1 重新导通,VT_2 重新截止。以后重复前面的过程,这样在一个正弦波周期内,VT_2 管工作在截止与导通两个状态。这两个状态刚好对应锯齿波电压波形的一个周期,从而与主回路电源频率完全一致,达到同步的目的。锯齿波宽度由电容 C_1 的反向充电时间常数 R_1C_1 决定。

4. 双窄脉冲形成环节

三相全控桥式整流电路要求触发电路提供宽脉冲(60° < 脉宽 < 120°)或间隔为 60° 的双窄脉冲。前者要求触发电路的输出功率较大,所以采用较少,一般多采用后者。触发电路实现间隔发出两个脉冲是该技术的关键。对于三相全控桥式整流电路,与 6 个晶闸管对应,要有 6 个如图 2 – 19 所示的触发单元,VT_5、VT_6 构成一个"或"门电路,不论哪个管子截止,都能使 VT_7、VT_8 管导通,触发电路输出脉冲,所以,只要用适当的信号控制 VT_5 或 VT_6 截止,就可以产生符合要求的双脉冲。本相触发单元发出第一个脉冲以后,间隔 60° 的第二个脉冲是由滞后 60° 相位的后一相触发单元在产生自身第一个脉冲的同时,由 VT_4 管的集电极将信号经 R_{17} 至 X 端送到本相触发单元的 Y 端,使瞬间截止,于是本相触发单元的 VT_8 管又一次导通,第二次输出一个脉冲,因而得到间隔 60° 的双窄脉冲,其中 VD_4 和 R_{17} 的主要作用是防止双脉冲信号相互干扰。

在三相全控桥式整流电路中,6 个晶闸管的触发顺序是彼此间隔 60°,所以与 6 个晶闸管对应的各相触发单元之间信号传送线路的具体连接方法是 VT_1、VT_2、VT_3、VT_4、VT_5、VT_6:后一个触发单元的 X 端接至前一个触发单元的 Y 端。例如,VT_2 管触发单元的 X 端应接至 VT_1 管触发单元的 Y 端,而 VT_1 管触发单元的 X 端应接至 VT_6 管触发单元的 Y 端。各相触发单元之间双脉冲环节的连接方法如图 2 – 21 所示。

5. 脉冲封锁

图 2 – 19 中的 VD_5 阴极接零电位或负电位,使 VT_7、VT_8 截止,可以实现脉冲封锁。VD_5 用来防止接地端与负电源之间形成大电流通路。

6. 强触发环节

图 2 – 19 中,36 V 交流电压经整流、滤波后得到 50 V 直流电压,经 R_{15} 对 C_6 充电,B

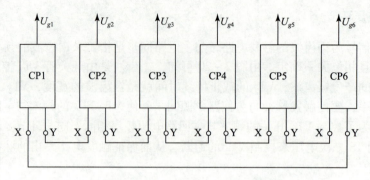

图 2-21　各相触发单元之间双脉冲环节的连接方法

点电位为 50 V。当 VT_8 导通时，C_6 经脉冲变压器一次侧 R_{16}、VT_8 迅速放电，形成脉冲尖峰，由于 R_{16} 的阻值很小，B 点电位迅速下降。当 B 点电位下降到 14.3 V 时，VD_{15} 导通，B 点电位被 15 V 电源钳位在 14.3 V，形成脉冲平台。R_{14}、C_5 组成加速电路，用来提高触发脉冲前沿陡度。

强触发可以缩短晶闸管的开通时间，提高电流上升率承受能力，有利于改善串、并联元件的动态均压和均流，提高触发的可靠性。

任务工单

课程名称		专业班级		日期	
上课地点		参考学时	2 学时	指导教师	
任务名称		锯齿波触发电路测试			
小组基本资料					
小组台号	关系	姓名	学号	姓名	学号
	成员				
学习目标	【知识目标】 1. 会分析锯齿波同步移相触发电路的工作原理及各元件的作用。 2. 学会锯齿波同步触发电路的调试方法。 3. 培养学生独立分析问题和解决实际工程问题的能力。 【能力目标】 （1）具有较好的识图能力； （2）会锯齿波同步触发电路的调试方法。 【素养目标】 （1）团队协作与沟通能力； （2）分析和解决问题能力				
知识链接	普源示波器用来观察和测量正弦波信号、直流信号的电压和波形。数字万用表用来测各点的电压值。电流表用来测流过负载回路的电流				
仪器器材	电力电子实验台、普源示波器、数字万用表				

1. 锯齿波同步触发电路如下图所示。

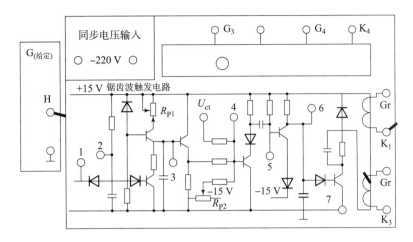

2. 锯齿波同步触发电路调试步骤如下：

（1）用两根导线将电源控制屏交流电压接到触发电路的"外接 220 V"。

（2）合上主电路电源开关，旋转调压手柄，使输出电压为 220 V。按下电源控制屏上的绿色按钮。

（3）用示波器观察各观察孔的电压波形，示波器的地线接于"7"端。

①同时观察同步电压和 1 孔的电压波形，了解 1 孔波形形成的原因；②观察 1、2 孔的电压波形，了解锯齿波宽度和 1 孔电压波形的关系；③调节电位器 R_{P_1}，观测 2 孔锯齿波斜率的变化；④观察 3 ~ 6 孔电压波形和输出电压的波形，比较 3 孔电压和 6 孔电压的对应关系。

（4）调节触发脉冲的移相范围。

将 NMCL - 31 的"G"输出电压调至 0 V，即将控制电压 U_{ct} 调至零，用示波器观察 U_2 电压（即"2"孔）及 U_5 的波形，调节偏移电压 U_b（即调 R_P），使 $\alpha = 180°$。

调节 NMCL - 31 的给定电位器 R_{P1}，增加 U_{ct}，观察脉冲的移动情况，要求 $U_{ct} = 0$ 时，$\alpha = 180°$，$U_{ct} = U_{max}$ 时，$\alpha = 30°$，以满足移相范围 $\alpha = 30° ~ 180°$ 的要求。

（5）调节 U_{ct}，使 $\alpha = 60°$，观察并记录 $u_1 ~ u_6$ 及输出 G、K 脉冲电压的波形，并标出其幅值与宽度，记录在下表中。

电压	u_1	u_2	u_3	u_4	u_5	u_6
幅值/V						
宽度/ms						
波形						

3. 思考

（1）锯齿波同步触发电路中如何实现触发脉冲与主电路电源的同步？

技能训练

技能训练	（2）锯齿波触发电路中如何改变触发脉冲产生的时刻，达到移相的目的？ （3）锯齿波触发电路中输出脉冲的宽度由什么来决定？	
教师评价	教师评语	成绩

任务四　调光灯的装配与调试

一、调光灯装配使用的工具与仪器仪表

（1）电路焊接使用的工具：电烙铁（20～35 W）、烙铁架、焊锡丝、松香、砂纸。

（2）机加工工具：剥线钳、尖嘴钳、平口钳、镊子、一字螺丝刀、十字螺丝刀、电钻。

（3）仪器仪表：直流稳压电源、数字万用表、双踪示波器。

（4）电源：220 V 正弦交流电。

二、调光灯元件清单与检测

本项目所用元件清单见表 2 - 2。

表 2 - 2　元件清单

序号	元件名称	编号	规格	备注
1	变压器	Ts	220 V/36 V	
2	二极管	$V_1 \sim V_6$	IN 4007	
3	稳压二极管	V_7	2CW64（18 V）	
4	晶闸管	V_8、V_9	MCR100 - 6	
5	熔断器	FU	0.5 A	
6	电容	C	0.1 μF	
7	单结晶体管	V_{10}	BT33	
8	电位器	R_P	0 ~ 100 kΩ	
9	灯泡	H	220 V/40 W	
10	电阻	$R_1 \sim R_5$	1 kΩ、5.1 kΩ、41 Ω、100 Ω、330 Ω	

三、调光灯的组装制作

按照印制电路板图焊接好所有的元件。装配过程如下：

（1）调光灯的印制电路板如图 2 - 22 所示。首先检查印制电路板有无破损和缺失，核对印制电路与原理图电路是否一致。

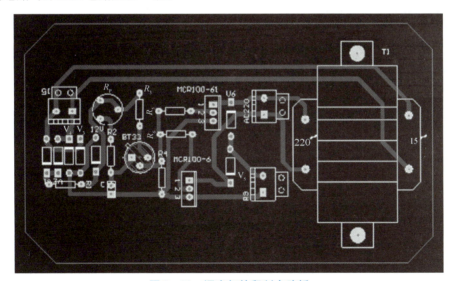

图 2 - 22　调光灯的印制电路板

（2）按印制电路板正确安装元件，一般先安装体积小的元件（如电阻、电容、晶体管等），后安装体积大的元件（如晶闸管、变压器等）。

（3）安装元件时，要注意：

①元件不能装错，注意整流二极管、稳压二极管、单结晶体管和晶闸管的极性。

②元件引脚长度适当。

③焊接要牢固，不能存在虚焊、假焊和漏焊。

（4）完成装配后进行整体检查和修整。

四、调光灯的电路调试

经检查，在确定电路无误后，进行电路调试。调试过程中电路带电，一定要注意安全。调试顺序是先调控制电路，再调主电路。

1. 控制电路的调试

（1）连接 220 V 交流电源，合上电源开关 S，此时电路电源接通。

（2）用数字万用表的 100 V 直流电压挡测整流桥的直流输出电压，正常值为 33 V。

（3）测稳压管两端的直流电压，正电压为 18 V。

（4）测电容 C 两端的直流电压，调节电位器 R_P 电压在 2 V 以下变化。

如果以上各项均正常，则控制电路调试完毕。

2. 主电路的调试

用数字万用表的 250 V 直流电压挡测主电路（单相半控桥式整流电路）的输出直流电压，调节电位器 R_P，电压应在 0 ~ 198 V 范围内变化。

3. 波形测试

调节电位器，用示波器观察变压器二次侧电压 U_A、四个二极管构成的桥式整流输出电压 U_B、稳压二极管两端的电压 U_C、电容 C 两端的电压 U_C 和晶闸管上的触发电压 U_g 等各点的波形，并将 $\alpha = 90°$ 时的各点波形记录在调光灯安装与调试的任务工单中。

五、调光灯的故障分析

（1）通电后，灯泡不亮。

①首先检查主电路电源连接是否完好，电源侧的熔断器是否完好。

②若主电路没问题，再检查触发电路。用数字万用表交流电压×200 V 挡测变压器二次侧电压，若无读数，则说明变压器或变压器二次侧熔断器有问题。

③用数字万用表直流电压×100 V 挡测四个二极管组成的整流电路输出端电压，正常值应为 20 V。

④断电检测二极管电阻，用数字万用表的二极管挡测其阻值，正向有阻值，反向为无穷大。再通电检测二极管两端的电压，若无读数，则说明二极管存在虚焊或假焊，应重新焊接。

⑤若前面没问题，再检测稳压管两端的电压，若小于 18 V（如 0.7 V），则说明稳压管接反；若大于 18 V，则说明稳压管已坏或稳压管及 R_1 电阻存在虚焊或假焊；此时用示波器检测稳压管两端电压波形，可以看到波形不再是梯形波，而变成全波整流的输出波形。

⑥用示波器检测电容两端的波形，若波形不是锯齿波（如梯形波），则说明电容或单结晶体管的 e 极未焊好。

⑦检测晶闸管的门、阴极之间或 R_5 两端的波形是否为尖脉冲，若不是，则说明单结晶体管两个基极连接的电阻存在假焊或虚焊。

（2）通电后，若灯泡亮了一下又突然熄灭。

这说明触发电路没有问题，主电路中存在短路现象，造成短路的原因是主电路中二极管接反。

（3）通电后，灯泡亮，但是通过调节电位器的旋钮不能将其调灭。

这说明触发角 α 不能调大，可能有三方面的原因：

①电容 C 的充电时间常数太小，如 $C < 0.1 \ \mu F$；

②R_5 太大，造成门极、阴极之间总是高电位；

③稳压管已坏或未焊好，使得 α 提前。

（4）通电后，灯泡较暗，但是通过调节电位器的旋钮不能将其调得更亮。

这说明触发角 α 不能调小，电容 C 的充电时间常数太大，如 $C > 0.1 \mu F$，或 R_3 阻值太大。

（5）晶闸管炸裂。

这说明两个晶闸管的 A、K 极都接反了。

任务工单

课程名称		专业班级		日期	
上课地点		参考学时	2 学时	指导教师	
项目名称		调光灯安装与调试			
小组基本资料					
小组台号	关系	姓名		学号	
	成员				
学习目标	【知识目标】 1. 学会晶闸管、单结晶体管的识别与检测。 2. 会分析单结晶体管触发电路和单相半控桥整流电路。 【能力目标】 （1）具有较好的识图能力； （2）会用万用表测试二极管、电解电容、晶闸管和单结晶体管等元器件； （3）会检测和调试调光灯电路并具有排故的能力。 【素养目标】 （1）团队协作与沟通能力； （2）分析和解决问题能力				
知识链接	双踪示波器用来观察和测量正弦波信号、直流信号的电压和波形。数字万用表用来测各点的电压值。电流表用来测流过负载回路的电流				
仪器器材	函数信号发生器、双踪示波器、数字万用表、晶闸管、单结晶体管、电阻、电容等				
技能训练	1. 电路选择与确定，画出电路设计原理图。				

		2. 填写元器件清单表。				
	序号	器件名称	规格型号	标称值	实测值	数量	结论

技能训练

2. 填写元器件清单表。

序号	器件名称	规格型号	标称值	实测值	数量	结论

3. 元器件检测

（1）变压器检测。

（2）普通二极管和稳压二极管检测。

（3）测试电阻阻值并填写上表。

（4）检测电位器阻值并填写上表。

（5）电容的检测。

（6）晶闸管引脚判别及好坏检测。

①简述用数字万用表判别晶闸管引脚的方法。

②绘出晶闸管外形图，并标明管脚。

技能训练

（7）单结晶体管引脚判别及好坏检测。

①简述用数字万用表判别单结晶体管引脚的方法。

②绘出单结晶体管外形图，并标明管脚。

4. 调光灯电路的测试。

（1）单结晶体管触发电路的测试。

断开主电路，接通工频电源，用示波器依次观测交流电压、整流电压、削波电压、锯齿波电压和触发电压。记录电压幅值，将结果填入表中。

项目	变压器二次侧电压 U_A	整流电压 U_B	削波电压 U_C	锯齿波电压 U_D	触发电压 U_E
灯泡微亮					
灯泡最亮					

（2）单相半控桥主电路测试。

接入灯泡后再接通工频电源，调节电位器，使灯泡由暗到中等亮，再到最亮，用示波器观察晶闸管两端电压 u_T、负载两端电压 U_d，并测量及工频电源电压 U_2，记入表中。

调光灯不同亮度时的电压及波形

项目	暗	较亮	最亮
导通角 θ			
交流电源电压 U_2/V			
负载电压 U_d/V			

5. 画出调光灯电路各点的波形。

续表

技能训练	6. 调光灯故障分析。 （1）灯的亮度不可调。 （2）灯不亮。

教师评价	教师评语	成绩
		教师签字

🌀 项目小结

本项目通过电力电子装置调光灯的制作，介绍了单结晶体管的结构工作原理、伏安特性、正确选择与使用器件的方法和由其构成的各种触发电路，达到掌握单相桥式可控整流电路、简易触发电路、单结晶体管触发电路、触发电路与主电路的同步等电力电子电路的原理和基本概念。

单相桥式可控整流电路能够把交流电变成大小固定或可调的直流电，具有体积小、质量轻、效率高、控制性能好、维修方便等优点，应用广泛。为了分析和推导方便，把晶闸管与二极管都看成理想器件，即导通时的正向电压降与关断时漏电流均忽略不计，并且导通与关断都看作瞬间完成的。通过项目实施，加深对这些电路的理解并掌握简单电力电子设备的安装与调试方法。

自我检测

一、填空题

1. 单结晶体管产生的触发脉冲是_____脉冲；主要用于驱动_____功率的晶闸管；锯齿波同步触发电路产生的脉冲称为_____脉冲；可以触发_____功率的晶闸管。

2. 单结晶体管在结构上有_____PN 结，三个电极分别是_____、_____和发射极。

3. 当单结晶体管的发射极电压高于_____电压时就导通；低于_____电压时就

截止。

4. 单相半控桥式整流电路的两只晶闸管的触发脉冲依次应相差_____。

5. 单相半控桥式整流电路在大电感负载时必须加接_____，否则会出现_____现象。

6. 一个单相全控桥式整流电路，交流电压有效值为 220 V，流过晶闸管的大电流有效值为 15 A，则这个电路中晶闸管的额定电压可选_____；晶闸管的额定电流可选_____。

7. 单相全控桥式整流电路中，晶闸管承受的最大反向电压为_____。

8. 在同步电压为锯齿波的触发电路中，锯齿波底宽可达_____；实际移相才能达_____。

9. 锯齿波触发电路的主要环节是由_____、_____、_____、_____、_____等组成。

10. 电阻负载的特点是_____，在单相半波可控整流电阻性负载电路中，晶闸管控制角的最大移相范围是_____。

二、选择题

1. 单相半控桥式整流电路的两只晶闸管的触发脉冲依次应相差（　　）。

A. 180°
B. 60°
C. 360°
D. 120°

2. 单相全控桥式整流电阻性负载电路中，控制角 α 的最大移相范围是（　　）。

A. 90°
B. 120°
C. 150°
D. 180°

3. 单相全控桥式整流电感性负载电路中，控制角 α 的最大移相范围是（　　）。

A. 90°
B. 120°
C. 150°
D. 180°

4. 单相全控桥式电阻性负载电路中，晶闸管可能承受的最大电压为（　　）。

A. $\sqrt{2}U_2$
B. $2\sqrt{2}U_2$
C. $\frac{1}{2}\sqrt{2}U_2$
D. $\sqrt{6}U_2$

5. 单相全控桥式整流电路带电阻负载，当触发角 $\alpha = 0°$ 时，输出的负载电压平均值为（　　）。

A. $0.45U_2$
B. $0.9U_2$
C. $1.17U_2$
D. $2.34U_2$

6. 单相全控桥式大电感负载电路中，晶闸管可能承受的最大正向电压为（　　）。

A. $\sqrt{2}U_2$
B. $2\sqrt{2}U_2$
C. $\frac{1}{2}\sqrt{2}U_2$
D. $\sqrt{6}U_2$

三、判断题

（　　）1. 半控桥式整流电路，大电感负载不加续流二极管，电路出故障时可能会出现失控现象。

（　　）2. 用稳压管削波的梯形波给单结晶体管自激振荡电路供电，目的是使触发脉冲与晶闸管主电路实现同步。

（　　）3. 在单结晶体管触发电路中，稳压管削波的作用是扩大脉冲移相范围。

（　　）4. 单结晶体管的负阻特性是由于单结晶体管内部的反馈而形成的。

（　　）5. 单结晶体管触发电路的触发功率比较大，一般用于触发大容量的晶闸管。

思考与练习

2-1　单相全控桥式整流电路中，若有一只晶闸管因过流烧成短路，结果会怎样？若这只晶闸管烧成断路，结果又会怎样？

2-2　单相半波可控整流电路带大电感负载时，为什么必须在负载两端并接续流二极管，电路才能正常工作？它与单相半控桥式整流电路中的续流二极管的作用是否相同？为什么？

2-3　单相全控桥式可控整流电路带大电感负载，电源电压 $U_2 = 110$ V，负载电阻 $R_d = 4$ Ω，计算当 $\alpha = 30°$ 时整流输出平均电压 U_d、电流 I_d；若在负载两端反并接续流二极管，其 U_d、I_d 又是多少？此时流过晶闸管和续流二极管的电流平均值和有效值又是多少？考虑 2 倍的安全裕量，计算晶闸管的额定电压和额定电流值。画出输出电压、输出电流和晶闸管两端电压的波形。

2-4　单相桥式半控整流电路对恒温电炉供电，交流电源有效值为 110 V，电炉的电热丝电阻为 40 Ω，试选用合适的晶闸管（考虑 2 倍裕量），并计算电炉的功率。

2-5　单相半控桥式可控整流电路带电阻性负载，要求输出平均直流电压在 0~80 V 内连续可调，在 40 V 以上时要求负载电流能达到 20 A，最小控制角 $\alpha_{min} = 30°$，试求：当分别采用 220 V 交流电网直接供电和采用降压变压器供电时流过晶闸管电流的有效值、晶闸管的导通角及电源容量。

2-6　为使晶闸管变流装置正常工作，触发电路必须满足什么要求？

2-7　单结晶体管触发电路中，如在削波稳压管两端并接一只大电容，可控整流电路是否还能正常工作？为什么？

2-8　用分压比为 0.6 的单结晶体管组成的振荡电路中，若 $U_{bb} = 20$ V，问峰值电压 U_P 为多少？若管子的 b_1 或 b_2 脚虚焊，则充电电容两端的电压约为多少？

2-9　图 2-23 所示为单结晶体管分压比测量电路。测量时，先将按钮 SB 闭合，调节 50 kΩ 电位器，使微安表读数为 $I_1 = 100$ μA，然后断开 SB，再读微安表数值为 I_2，I_2 除以 100 即为管子的分压比，试说明原理。

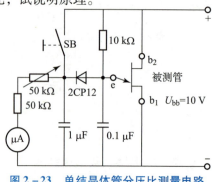

图 2-23　单结晶体管分压比测量电路

2－10　图2－24所示为电动机正反转定时控制电路，用于要求均匀搅拌等正反转控制的机械装置上。调节电位器 R_{P1}（220 kΩ）能改变正转工作时间；调节电位器 R_{P2}（220 kΩ）能改变反转工作时间，试说明其工作原理。

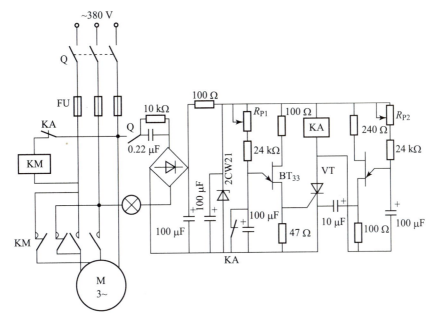

图2－24　电动机正反转定时控制电路

2－11　锯齿波同步触发电路由哪几个环节组成？每个环节的作用是什么？

2－12　锯齿波同步触发电路有什么优缺点？锯齿波的底宽由什么组件参数决定？输出脉宽如何调整？

2－13　锯齿波同步触发电路中设置的控制电压与偏移电压各起什么作用？在使用中如何调整？

2－14　请根据图2－25单结晶体管自激振荡电路，画出各点波形。

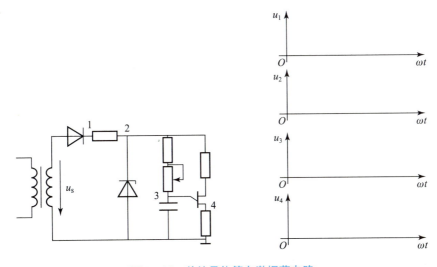

图2－25　单结晶体管自激振荡电路

项目三

车载逆变器

学习目标

1. 懂得有源逆变的概念和实现条件。
2. 了解单相、三相有源逆变的工作过程。
3. 懂得有源逆变失败的原因。
4. 会安装和调试单相、三相有源逆变电路。

项目描述

车载逆变器又称为电源转换器，英文名为 Power Inverter，它是一种能够将 DC 12 V 的直流电转换为 AC 220 V 交流电，可供一般电器使用的车用电源转换器。这种逆变器在国外市场上比较受欢迎，因为国外汽车普及率较高，人们常常需要外出旅游或工作，车载逆变器的使用也就比较常见。车载逆变器作为在移动中使用的直流转换为交流的转换器，给人们的生活带来很多方便。

项目分析

车载逆变器的整个电路大体上可分为两大部分，每个部分各采用一只 TL494 或 KA7500 芯片组成控制电路，其中第一部分电路的作用是将汽车蓄电池等提供的 12 V 直流电，通过高频 PWM（脉宽调制）开关电源技术转换成 $30 \sim 50$ kHz、220 V 左右的交流电；第二部分电路的作用则是利用桥式整流、滤波、脉宽调制及开关功率输出等技术，将 $30 \sim 50$ kHz、220 V 左右的交流电转换成 50 Hz、220 V 的交流电。

知识链接

任务一　车载逆变器原理分析

在图 3 - 1 所示电路中，芯片 IC_1 及其外围电路，三极管 VT_1、VT_3，MOS 功率管 VT_2、VT_4，以及变压器 T_1 组成 12 V 直流变换为 220 V/50 kHz 交流的逆变电路。由芯片 IC_2 及其外围电路，三极管 VT_5、VT_8，MOS 功率管 VT_6、VT_7、VT_9、VT_{10}，以及 220 V/50 kHz 整流，滤波电路 $VD_5 \sim VD_8$，C_{12} 等共同组成 220 V/50 kHz 高频交流电变换为 220 V/50 Hz 工频交流电的转换电路，最后通过 XAC 插座输出 220 V/50 Hz 交流电供各种便携式电器使用。图 3 - 1（b）中 IC_1、IC_2 采用 TL494CN（或 KA7500C）芯片，构成车载逆

变器的核心控制电路。TL494CN 是专用的双端式开关电源控制芯片，其尾缀字母 CN 表示芯片的封装外形为双列直插式塑封结构，工作温度范围为 0 ~ 70 ℃，极限工作电源电压为 7 ~ 40 V，最高工作频率为 300 kHz。

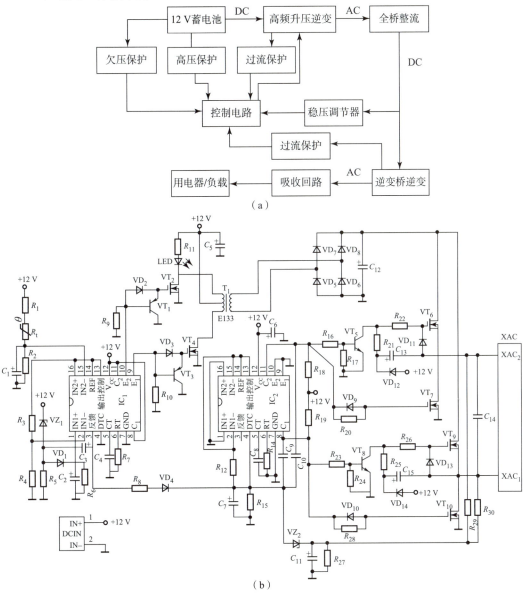

图 3 - 1　车载逆变器电路
（a）车载逆变器方框图；（b）车载逆变器原理图

　　TL494 芯片内置有 5 V 基准源，稳压精度为（5 ± 0.05）V，负载能力为 10 mA，并通过其 14 脚进行输出供外部电路使用。TL494 芯片还内置两只 NPN 功率输出管，可提供 500 mA 的驱动能力。TL494 芯片的内部电路如图 3 - 2 所示。

　　图 3 - 1（b）电路中 IC$_1$ 的 15 脚外围电路的 R_1、C_1 组成上电软启动电路。上电时电容 C_1 两端的电压由 0 逐步升高，只有当 C_1 两端电压达到 5 V 以上时，才允许 IC$_1$ 内部的脉宽调制电路开始工作。当电源断电后，C_1 通过电阻 R_2 放电，保证下次上电时的软启动电路正常工作。

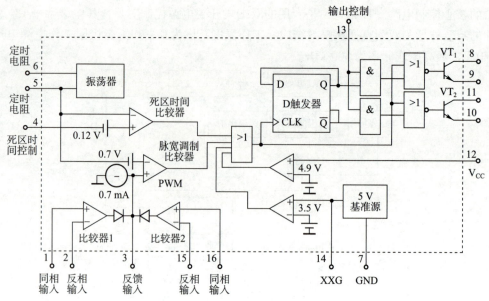

图 3 - 2　**TL494 芯片的内部电路**

IC_1 的 15 脚外围电路的 R_1、R_t、R_2 组成过热保护电路，R_t 为正温度系数热敏电阻，常温阻值可在 150 ~ 300 Ω 任选，适当选大些，可提高过热保护电路启动的灵敏度。热敏电阻 R_t 安装时要紧贴于 MOS 功率开关管 VT_2 或 VT_4 的金属散热片上，这样才能保证电路的过热保护功能有效。

IC_1 的 15 脚的对地电压值 U 是一个比较重要的参数，图 3 - 1（b）电路中 $U \approx V_{CC} \times R_2 \div (R_1 + R_t + R_2)$，常温下的计算值为 $U \approx 6.2$ V。结合图 3 - 1（b）、图 3 - 2 可知，正常工作情况下要求 IC_1 的 15 脚电压应略高于 16 脚电压（与芯片 14 脚相连为 5 V），其常温下 6.2 V 的电压值大小正好满足要求，并略留有一定的余量。

车载逆变器工作原理中，当电路工作异常，MOS 功率管 VT_2 或 VT_4 的温升大幅提高，热敏电阻 R_t 的阻值超过 4 kΩ 时，IC_1 内部比较器 1 的输出将由低电平翻转为高电平，IC_1 的 3 脚也随即翻转为高电平状态，致使芯片内部的 PWM 比较器、"或"门及"或非"门的输出均发生翻转，输出级三极管 VT_1 和 VT_2 均转为截止状态。

当 IC_1 内的两只功率输出管截止时，图 3 - 1（b）电路中的 VT_1、VT_3 将因基极为低电平而饱和导通，VT_1、VT_3 导通后，功率管 VT_2 和 VT_4 将因栅极无正偏压而处于截止状态，逆变电源电路停止工作。

IC_1 的 1 脚外围电路的 VZ_1、R_5、VD_1、C_2、R_6 构成 12 V 输入电源过压保护电路，稳压管 VZ_1 的稳压值决定了保护电路的启动门限电压值，VD_1、C_2、R_6 还组成保护状态维持电路，只要发生瞬间的输入电源过压现象，保护电路就会启动并维持一段时间，以确保后级功率输出管的安全。考虑到汽车行驶过程中蓄电池电压的正常变化幅度大小，通常将稳压管 VZ_1 的稳压值选为 15 V 或 16 V 较为合适。

IC_1 的 3 脚外围电路的 C_3、R_5 是构成上电软启动时间维持及电路保护状态维持的关键性电路，实际上不管是电路软启动的控制还是保护电路的启动控制，其最终结果均反映在 IC_1 的 3 脚电平状态上。

电路上电或保护电路启动时，IC_1 的 3 脚为高电平。当 IC_1 的 3 脚为高电平时，将对电容 C_3 充电。这导致保护电路启动的诱因消失后，C_3 通过 R_5 放电，因放电所需时间较长，电路的保护状态仍得以维持一段时间。

当 IC_1 的 3 脚为高电平时，还将沿 R_8、VD_4 对电容 C_7 进行充电，同时将电容 C_7 两端的电压提供给 IC_2 的 4 脚，使 IC_2 的 4 脚保持为高电平状态。

从图 3 - 2 的芯片内部电路可知，当 4 脚为高电平时，将抬高芯片内死区时间比较器同相输入端的电位，使该比较器输出保持为恒定的高电平，经"或"门、"或非"门后使内置的三极管 VT_1 和 VT_2 均截止。图 3 - 1（b）所示电路中的 VT_5 和 VT_8 处于饱和导通状态，其后级的 MOS 管 VT_6 和 VT_9 将因栅极无正偏压而都处于截止状态，逆变电源电路停止工作。

IC_1 的 5 脚外接电容 C_4（472）和 6 脚外接电阻 R_7（4k3）为脉宽调制器的定时元件，所决定的脉宽调制频率 $f_{osc} = 1.1 \div (0.004\ 7 \times 4.3) \approx 50$（kHz），即电路中的三极管 VT_1、VT_2、VT_3、VT_4，变压器 T_1 的工作频率均为 50 kHz 左右，因此 T_1 应选用高频铁氧体磁芯变压器，变压器 T_1 的作用是将 12 V 脉冲升压为 220 V 的脉冲，其初级匝数为 20×2，次级匝数为 380。

IC_2 的 5 脚外接电容 C_8（104）和 6 脚外接电阻 R_{14}（220 kΩ）为脉宽调制器的定时元件，所决定的脉宽调制频率为 $f_{osc} = 1.1 \div (0.1 \times 220) = 50$（Hz）。

R_{29}、R_{30}、R_{27}、C_{11}、VZ_2 组成 XAC 插座 220 V 输出端的过压保护电路，当输出电压过高时将导致稳压管 VZ_2 击穿，使 IC_2 的 4 脚对地电压上升，芯片 IC_2 内的保护电路动作，切断输出。

车载逆变器电路中的 MOS 管 VT_2、VT_4 有一定的功耗，必须加装散热片，其他器件均不需要安装散热片。当车载逆变器产品持续应用于功率较大的场合时，需在其内部加装 12 V 小风扇以帮助散热。

任务二　车载逆变器电路设计

一、三相整流电路设计

单相可控整流电路虽然简单，调试、维护方便，但输出整流电压脉动大，又会影响三相交流电网负载的平衡，所以只适用于小容量、对整流指标要求不高的可控整流装置。当整流负载容量较大，或要求直流电压的脉动要小、易滤波，或要求快速控制时，应采用对电网来说是平衡的三相整流装置。

三相可控整流电路有许多类型：三相半波、三相全控桥式、三相半控桥式、双反星形、十二相整流电路，其中三相半波可控整流电路是最基本的一种，其他电路可看成是它的串联或并联。下面重点分析一下三相半波可控整流电路的结构、工作原理、波形分析、参数计算等。为了更好地理解三相半波可控整流电路，可先了解一下由二极管组成的不可控整流电路。

（一）三相半波可控整流电路

1. 电阻性负载

1）电路构成

三相半波可控整流电路电阻性负载电路如图 3 - 3 所示，图中 T 是整流变压器。为了得到中性线，整流变压器的二次接成星形，一次绕组多接成三角形，使三次谐波能够通过，减小高次谐波对电网的影响。3个晶闸管的阳极分别和变压器二次绕组相连，它们的阴极接在一起，这种接法称为共阴极接法。负载电阻接在共阴极点和变压器中性点之间。共阴极接法触发电路有公共端，连线方便、应用较广。

图 3-3 所示的三相半波可控整流电路可以看成是三个单相半波可控整流电路的组合，如果任意封锁两个晶闸管的触发脉冲，则另一个晶闸管就可以实现单相半波可控整流。对于三相半波可控整流电路，则需要结合三相交流电的变化规律分别施加触发脉冲，以满足晶闸管的导通条件。

图 3-3　三相半波可控整流电路电阻性负载电路

2）工作原理

图 3-4（a）所示为变压器二次侧输出电压的波形图。图 3-4（b）所示为对应于 $\alpha = 0°$ 时的触发脉冲波形图。从图 3-4 中可以看出，在 $\omega t_1 \sim \omega t_2$ 期间，整流变压器二次输出电压中 U 相电压比 V、W 相都高，即只有 VT_1 承受正向电压。如果在 ωt_1 时刻触发晶闸管 VT_1，可使 VT_1 导通，此时负载上得到 U 相电压，即 $u_d = u_U$；在 $\omega t_2 \sim \omega t_3$ 期间，V 相电压最高，在 ωt_2 时刻触发晶闸管 VT_2 即导通。此时 VT_1 因承受反向电压而关断，所以 $u_d = u_V$；在 ωt_3 时刻触发晶闸管 VT_3 即导通，并关断 VT_2，此时 $u_d = u_W$。以后，各晶闸管都按同样的规律依次触发导通并关断前面一个已导通的晶闸管，u_d 的波形如图 3-4（c）所示，它是三相交流电压正半周的包络线。在一个周期内有三次脉动，因此 u_d 脉动频率是 $3 \times 50 = 150$（Hz）。

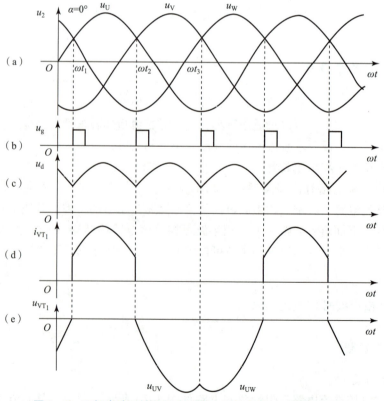

图 3-4　三相半波可控整流电路带电阻性负载 $\alpha = 0°$ 时的波形

从图 3-4 可以看出，各晶闸管上的触发脉冲依次间隔 120°。在一个周期内，三相电源轮流向负载供电，每相晶闸管各导电 120°。因为是电阻性负载，所以负载电流 i_d 波形与 u_d 相同，并且是连续的。

从以上分析可以看出，在相电压的交点处 ωt_1、ωt_2 和 ωt_3，是各相晶闸管能触发导通的最早时刻。因此，把它作为计算控制角 α 的起点，即该处的 $\alpha = 0°$，这个交点也叫自然换相点。这是因为如把晶闸管换成不可控的二极管，相电压的交点就是二极管的自然换相点。

流过晶闸管 VT_1 的电流 i_{VT_1} 波形和变压器 U 相绕组电流 i_{2U} 相同，如图 3-4（d）所示，其他两相的电流波形状相同，相位依次滞后 120°。

由于 $\alpha = 0°$ 时负载电流 i_d 的波形是连续的，故晶闸管 VT_1 上的电压波形 u_{VT_1} 可分为三部分：VT_1 导通期，$u_{VT_1} = 0$；VT_2 导通期，VT_1 承受线电压 $u_{VT_1} = u_{UV}$；VT_3 是反压，导通期，VT_1 承受的是线电压 $u_{VT_1} = u_{UW}$。如图 3-4（e）所示，在 $\alpha = 0°$ 时，管子仅承受反向电压，以后随着 α 的增加，管子开始承受正向电压。其他两管上的电压波形相同，只是相位依次相差 120°。

增大 α 值，如 $\alpha = 30°$，此时的波形如图 3-5 所示，从输出电压、电流的波形可看出，这时输出电压 u_d、负载电流 i_d 处于连续和断流的临界状态，各相仍能导电。

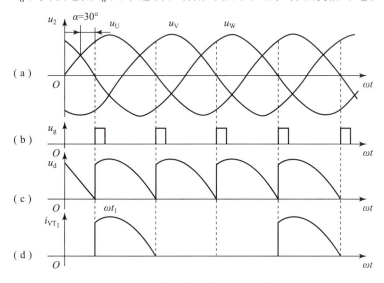

图 3-5　三相半波可控整流电路带电阻性负载 $\alpha = 30°$ 时波形

当 $\alpha > 30°$，如 $\alpha = 60°$ 时，整流电压的波形如图 3-6 所示，当导通的那相的相电压过零变负时，该相晶闸管关断。此时下一相晶闸管虽承受正向电压，但它的触发脉冲还未到，不会导通，故输出电压和电流都为零，直到下一相触发脉冲出现为止。显然负载电流断续，各晶闸管导电角 $\theta < 120°$，为 $150° - \alpha$。很明显，当 $\alpha = 150°$ 时，$\theta = 0°$，整流输出电压为 0，故电阻负载时，α 角的移相范围为 $0° \sim 150°$。

由于输出波形有连续和断续之分，因此在这两种情况下各电量的计算也不尽相同，现分别讨论如下：

（1）直流输出电压的平均值 U_d。

当 $0° \leqslant \alpha < 30°$ 时

$$U_d = \frac{3}{2\pi} \int_{\frac{\pi}{6}+\alpha}^{\frac{5\pi}{6}+\alpha} \sqrt{2} \sin \omega t \, d(\omega t) = \frac{3\sqrt{6}}{2\pi} U_2 \cos \alpha = 1.17 U_2 \cos \alpha$$

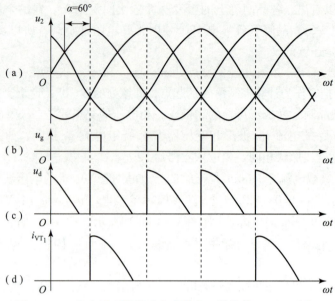

图 3 – 6　三相半波可控整流电路带电阻性负载 $\alpha = 60°$ 时波形

由此可知，当 $\alpha = 0°$ 时，U_d 最大，$U_d = 1.17U_2$。

当 $30° \le \alpha < 150°$ 时

$$U_d = \frac{3}{2\pi}\int_{\frac{\pi}{6}+\alpha}^{\pi} \sqrt{2}\sin \omega t \,\mathrm{d}(\omega t) = 0.675U_2\left[1 + \cos\left(\frac{\pi}{6} + \alpha\right)\right]$$

当 $\alpha = 150°$ 时，U_d 最小，$U_d = 0$。

（2）直流输出电流的平均值 I_d。

$$I_d = \frac{U_d}{R}$$

（3）流过每只晶闸管的电流平均值 I_{dT} 和有效值 I_T。

$$I_{dT} = \frac{1}{3}I_d$$

当电流连续即 $0° \le \alpha < 30°$ 时，每只晶闸管轮流导通 $120°$，流过每只晶闸管的电流有效值为

$$I_T = \sqrt{\frac{1}{2\pi}\int_{\frac{\pi}{6}+\alpha}^{\frac{5\pi}{6}+\alpha}\left(\frac{\sqrt{2}U_2\sin \omega t}{R_d}\right)^2\mathrm{d}(\omega t)} = \frac{U_2}{R_d}\sqrt{\frac{1}{2\pi}\left(\frac{2\pi}{3} + \frac{\sqrt{3}}{2}\cos 2\alpha\right)}$$

当电流断续即 $30° \le \alpha < 150°$ 时，三只晶闸管仍是轮流导通，但导通角小于 $120°$，这时流过每只晶闸管的电流有效值为

$$I_T = \sqrt{\frac{1}{2\pi}\int_{\frac{\pi}{6}+\alpha}^{\pi}\left(\frac{\sqrt{2}U_2\sin \omega t}{R_d}\right)^2\mathrm{d}(\omega t)} = \frac{U_2}{R_d}\sqrt{\frac{1}{2\pi}\left(\frac{5\pi}{6} - \alpha + \frac{\sqrt{3}}{4}\cos 2\alpha + \frac{1}{4}\sin 2\alpha\right)}$$

（4）晶闸管两端承受的最大峰值电压 U_{Tm}。

$$U_{Tm} = \sqrt{2}U_2 = \sqrt{2} \times \sqrt{3}U_2 = \sqrt{6}U_2 = 2.45U_2$$

晶闸管承受的最大反向电压为电源线电压峰值，即 $\sqrt{6}U_2$。

【例 3 – 1】　调压范围为 $0 \sim 30$ V 的直流电源，采用三相半波可控整流电路带电阻负载，最大输出电流为 100 A。求：（1）整流变压器二次侧相电压有效值；（2）计算输出电压为 10 V 时的 α 角；（3）选择晶闸管的型号。

解（1）根据题意为电阻性负载，最大输出电压为 30 V，即 $\alpha = 0°$ 时的输出电压，所以

$$U_d = 1.17U_2$$

则

$$U_2 = \frac{U_{dm}}{1.17} \approx 25.6 \text{ V}$$

（2）当 $\alpha = 30°$ 时，$U_d = 1.17U_2\cos\alpha = 1.17 \times 25.6 \times \cos 30° = 25.9$（V），因此当输出电压 $U_d = 10$ V 时，一定是 $\alpha > 30°$，所以有

$$U_d = 1.17U_2 \frac{1 + \cos(30° + \alpha)}{\sqrt{3}}$$

$$\cos(\alpha + 30°) = \frac{\sqrt{3}U_d}{1.17U_2} - 1 = \frac{\sqrt{3} \times 10}{1.17 \times 25.6} - 1 \approx -0.421\ 7$$

$$\alpha \approx 85°$$

（3）当 $\alpha = 0°$ 时，最大输出电压 $U_d = 30$ V，最大输出电流 $I_d = 100$ A，所以有

$$I_T = \frac{U_2}{R_d}\sqrt{\frac{1}{2\pi}\left(\frac{2\pi}{3} + \frac{\sqrt{3}}{2}\cos 2\alpha\right)} = \frac{U_d}{1.17R_d}\sqrt{\frac{1}{2\pi}\left(\frac{2\pi}{3} + \frac{\sqrt{3}}{2}\cos 2\alpha\right)} \approx 58.67 \text{ A}$$

晶闸管的额定电流

$$I_{T(AV)} = \frac{I_T}{1.57} = 37.37 \text{ A}$$

晶闸管的额定电压

$$U_{VT} = \sqrt{6}U_2 = 62.7 \text{ V}$$

考虑 2 倍的裕量，选择 KP100 - 2 型号的晶闸管。

2. 电感性负载

1）电路结构

如果负载为电阻电感负载，且 L 值很大，如图 3 - 7 所示，整流电流 i_d 的波形近似直线。

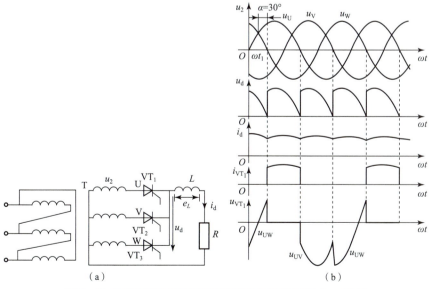

图 3 - 7　三相半波可控整流电路带大电感性负载（$\alpha = 30°$）

（a）电路图；（b）波形图

2）工作原理

当 $\alpha \leq 30°$ 时，整流电压波形与电阻负载相同，因为两种负载情况下，负载电流均连续。

当 $\alpha > 30°$ 时，如 $\alpha = 60°$ 时的波形如图 3-8 所示。当 u_2 过零时，由于电感要阻止电流下降，因而通过感应电势使 VT$_1$ 继续导通，直到下一相晶闸管 VT$_2$ 的触发脉冲到来，才发生换流，由 VT$_2$ 导通向负载供电，同时向 VT$_1$ 施加反压使其关断。这时 u_d 波形中出现负值，若 α 增大，u_d 波形中负的部分将增多，至 $\alpha = 90°$ 时，u_d 波形中正负面积相等，u_d 的平均值为零。可见电感负载时 α 的移相范围最大为 90°。由于电感的作用，使各相晶闸管导通均为 120°，即 $\theta_T = 120°$，这保证了电流的连续。

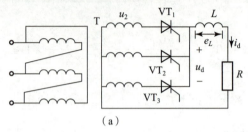

（a）

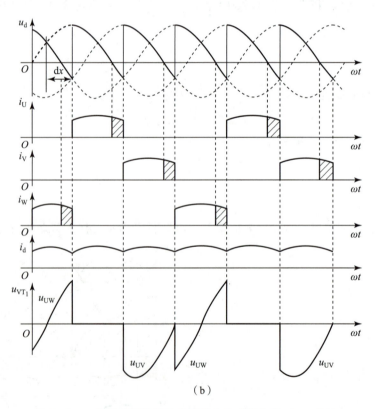

（b）

图 3-8　三相半波可控整流电路带大电感性负载（$\alpha = 60°$）
（a）电路图；（b）波形图

3）波形分析

当 $\alpha = 60°$ 时，整流输出电压 u_d 出现了负值，且其波形是连续的，流过负载的电流 i_d 的波形既连续又平稳，三只晶闸管轮流导通，且每只晶闸管都导通 120°。

当 $\alpha = 90°$ 时，u_d 的波形的正负面积相等，其平均值 U_d 为零。因此，此电路的最大有效移相范围是 0°～90°。

4）参数计算

（1）直流输出电压的平均值。

当 $0° \leqslant \alpha \leqslant 90°$ 时

$$U_d = \frac{1}{2\pi/3} \int_{\frac{\pi}{6}+\alpha}^{\frac{5\pi}{6}+\alpha} \sqrt{2} U_2 \sin \omega t \mathrm{d}(\omega t) = 1.17 U_2 \cos \alpha$$

（2）直流输出电流的平均值

$$I_d = \frac{U_d}{R_d} = 1.17 \frac{U_2}{R_d} \cos \alpha$$

（3）晶闸管电流的平均值和有效值

$$I_{dT} = \frac{1}{3} I_d$$

$$I_T = I_2 = \frac{1}{\sqrt{3}} I_d \approx 0.577 I_d$$

（4）晶闸管承受的最大正反向电压

$$U_{Tm} = \sqrt{6} U_2$$

3. 带续流二极管的电感性负载

三相半波可控整流电路带电感性负载时，可以通过加接续流二极管解决因控制角 α 接近 90°时，输出电压波形出现正、负面积相等而使其平均电压为零的问题。

1）电路结构

三相半波可控整流电路带电感性负载电路如图 3 – 9（a）所示。

2）工作原理

图 3 – 9（b）所示为加接续流二极管 VD 后，当 $\alpha = 60°$ 时电路输出的电压和电流波形。以 U 相为例，当 U 相电压过零使电流有减小的趋势时，由于电感 L 的作用产生自感电势 e_L，方向与电流的方向一致，因此使续流二极管导通，此时电路输出电压 u_d 为二极管两端电压，近似为零，电感 L 释放能量使输出电流 i_d 保持连续，U 相电流为零，使 VT$_1$ 管关断。当 VT$_3$ 管的触发脉冲 u_g 使 VT$_3$ 触发导通后，V 相电压使二极管 VD 承受反压而截止，电路输出 V 相电压，重复上述过程。

3）波形分析和参数计算

（1）直流输出电压的平均值。很明显，u_d 的波形与纯电阻负载时一样，u_d 的计算公式也与电阻性负载时相同。

当 $0° \leqslant \alpha < 30°$ 时，因为输出电压 u_d 波形与不接续流二极管时一致，故仍有

$$U_d = \frac{3}{2\pi} \int_{\frac{\pi}{6}+\alpha}^{\frac{5\pi}{6}+\alpha} \sqrt{2} U_2 \sin \omega t \mathrm{d}(\omega t) = \frac{3\sqrt{6}}{2\pi} U_2 \cos \alpha = 1.17 U_2 \cos \alpha$$

当 $30° \leqslant \alpha < 150°$ 时，u_d 波形与电路带电阻性负载时一致，u_d 波形也是断续的，故有

$$U_d = 0.675 U_2 \left[1 + \cos\left(\frac{\pi}{6} + \alpha \right) \right]$$

（2）直流输出电流的平均值。

$$I_d = \frac{U_d}{R_d}$$

（3）晶闸管电流的平均值和有效值。

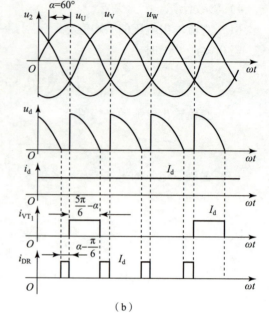

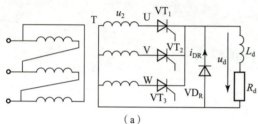

（a）

（b）

图3-9 三相半波可控整流电路带电感性负载接续流二极管

（a）电路图；（b）波形图

当$0° \leqslant \alpha < 30°$时

$$I_{dT} = \frac{1}{3}I_d$$

$$I_T = I_2 = \frac{1}{\sqrt{3}}I_d \approx 0.577I_d$$

当$30° \leqslant \alpha < 150°$时

$$I_{dT} = \frac{\frac{5\pi}{6} - \alpha}{2\pi}I_d$$

$$I_T = \sqrt{\frac{\frac{5\pi}{6} - \alpha}{2\pi}}I_d$$

（4）二极管电流的平均值和有效值。

当$0° \leqslant \alpha < 30°$时，续流二极管不起作用，所以流过$VD_R$的电流为零。

当$30° \leqslant \alpha < 150°$时

$$I_{dD} = \frac{\left(\alpha - \frac{\pi}{6}\right) \times 3}{2\pi}I_d = \frac{\alpha - \frac{\pi}{6}}{\frac{2\pi}{3}}I_d$$

$$I_D = \sqrt{\frac{\left(\alpha - \frac{\pi}{6}\right) \times 3}{2\pi}}I_d = \sqrt{\frac{\alpha - \frac{\pi}{6}}{\frac{2\pi}{3}}}I_d$$

（5）晶闸管和续流二极管两端承受的最大电压。

$$U_{Tm} = \sqrt{6}U_2$$

$$U_{Dm} = \sqrt{2}U_2$$

任务工单

课程名称			专业班级		日期	
上课地点			参考学时	2 学时	指导教师	
任务名称			三相半控桥整流电路调试			

小组基本资料

小组台号	关系	姓名	学号	姓名	学号
	成员				

学习目标	【知识目标】 1. 会分析三相半控可控整流电路的工作原理。 2. 研究可控整流电路在电阻负载和电阻－电感性负载时的工作。 3. 学会双踪示波器在电力电子线路中的使用特点与方法。 【能力目标】 (1) 具有较好的识图能力; (2) 会三相半控可控整流电路的调试方法。 【素养目标】 (1) 团队协作与沟通能力; (2) 分析和解决问题能力
知识链接	普源示波器用来观察和测量正弦波信号、直流信号的电压和波形。数字万用表用来测各点的电压值。电流表用来测流过负载回路的电流
仪器器材	电力电子实验台、普源示波器、数字万用表
技能训练	1. 按下图所示的电路接线。 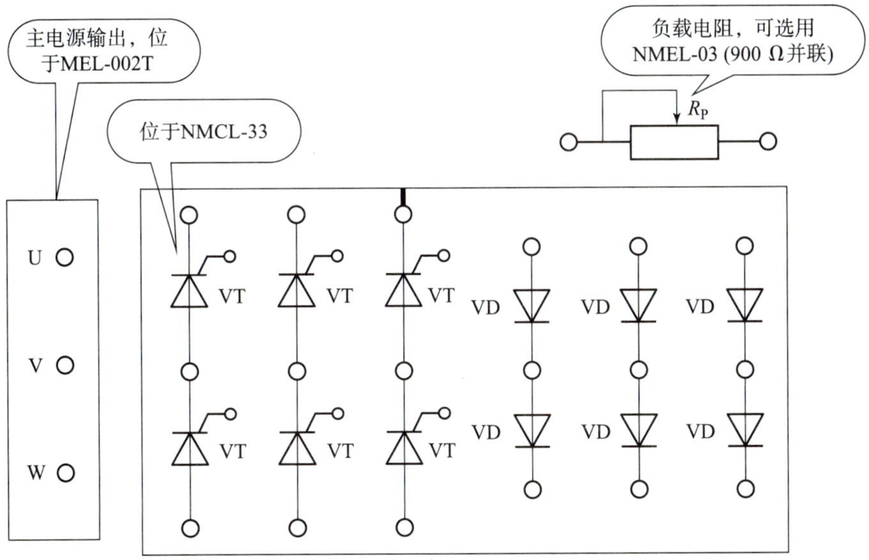

续表

技能训练	2. 合上主电源，调节脉冲移相电位器 R_P，分别用示波器观察 $\alpha = 30°$、$60°$、$90°$、$120°$时负载电压 U_d，晶闸管 VT 的阳极、阴极电压波形 U_T，并测定 U_d 及电源电压 U_2，验证。				
	α U_2，U_d	30°	60°	90°	120°
	U_2（测量值）				
	U_d（计算值）				
	U_d（测量值）				

3. 画出电阻性负载，$\alpha = 90°$时，$U_d = f(t)$，$U_T = f(t)$，$i_d = f(t)$ 波形。

教师评价	教师评语	成绩

（二）三相全控桥式整流电路

目前，在各种整流电路中，应用最为广泛的是三相全控桥式整流电路，其电路原理图如图 3-10 所示，其中阴极连接在一起的三个晶闸管（VT_1、VT_3、VT_5）称为共阴极组，阳极连接在一起的三个晶闸管（VT_2、VT_4、VT_6）称为共阳极组。晶闸管按从 1 至 6 的顺序导通，因此共阴极组中与 U、V、W 三相电源相接的三个晶闸管分别为 VT_1、VT_3、VT_5，共阳极组中与 U、V、W 三相电源相接的三个晶闸管分别为 VT_4、VT_6、VT_2。

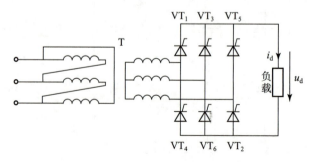

图 3-10　三相全控桥式整流电路带电阻性负载

1. 电阻性负载

1）电路结构

三相全控桥式整流电路可以看成是由一组共阴极接法的三相半波可控整流电路和一组共阳极接法的三相半波可控整流电路串联起来组成的。为了分析方便，把交流电源的一个周期由6个自然换流点划分为6段，共阴极组的自然换流点（$\alpha = 0°$）在 ωt_1、ωt_3、ωt_5 时刻，分别触发 VT_1、VT_3、VT_5 晶闸管，同理可知，共阳极组的自然换流点（$\alpha = 0°$）在 ωt_2、ωt_4、ωt_6 时刻，分别触发 VT_2、VT_4、VT_6 晶闸管。晶闸管的导通顺序为 $VT_1 \rightarrow VT_2 \rightarrow VT_3 \rightarrow VT_4 \rightarrow VT_5 \rightarrow VT_6$。

2）工作原理

三相全控桥式整流电路带电阻性负载 $\alpha = 0°$ 时的波形如图 3 – 11 所示。

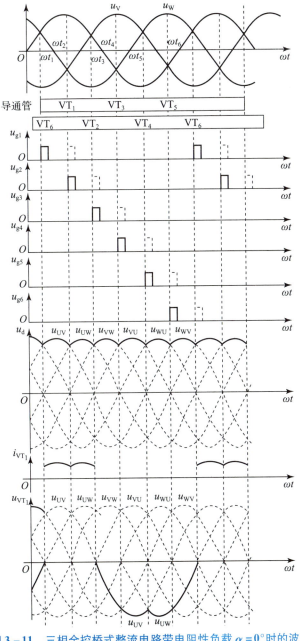

图 3 – 11　三相全控桥式整流电路带电阻性负载 $\alpha = 0°$ 时的波形

在 $\omega t_1 \sim \omega t_2$ 期间，U 相电压为最大正值，在 ωt_1 时刻触发 VT_1，则 VT_1 导通，VT_5 因承受反压而关断。此时变成 VT_1 和 VT_6 同时导通，电流从 U 相流出，经 VT_1、负载、VT_6 流回 V 相，负载上得到 U、V 线电压 u_{UV}。在 $\omega t_2 \sim \omega t_3$ 期间，W 相电压变为最小负值，U 相电压仍保持最大正值，在 ωt_2 时刻触发 VT_2，则 VT_2 导通，VT_6 关断。此时 VT_1 和 VT_2 同时导通，负载上得到 U、W 线电压 u_{UW}。在 $\omega t_3 \sim \omega t_4$ 期间，V 相电压变为最大正值，W 相保持最小负值，ωt_3 时刻触发 VT_3，VT_3 导通，VT_1 关断。此时 VT_2 和 VT_3 同时导通，负载上得到 V、W 线电压 u_{VW}。依次类推，在 $\omega t_4 \sim \omega t_5$ 期间，VT_3 和 VT_4 导通，负载上得到 u_{VU}；在 $\omega t_5 \sim \omega t_6$ 期间，VT_4 和 VT_5 导通，负载上得到 u_{WU}；在 $\omega t_6 \sim \omega t_1$ 期间，VT_5 和 VT_6 导通，负载上得到 u_{WV}。以后重复从 $\omega t_1 \sim \omega t_2$ 开始的这一过程。

图 3-12 ~图 3-14 分别是 $\alpha = 30°$、$\alpha = 60°$ 和 $\alpha = 90°$ 的电压、电流波形。当控制角 α 改变时，电路的工作情况也将发生变化。由图 3-12 ~图 3-14 可以看出，输出电压 u_d 的波形仍是由 6 个电源线电压波形组成，与 $\alpha = 0°$ 时不同的是，由于晶闸管的导通时间推迟，输出电压的波形面积减少，输出电压的平均值降低。如当 $\alpha = 30°$ 时，晶闸管的导通时间比 $\alpha = 0°$ 时推迟 30°，组成输出 u_d 的线电压波形也向后推迟 30°，但晶闸管的导通顺序仍然不变。当 $\alpha = 60°$ 时，u_d 波形继续向后推，且 u_d 波形出现零点。因此，$\alpha = 60°$ 时是三相全控桥式整流电路带电阻性负载输出电压和电流波形处于连续和断续的临界状态，如图 3-13 所示。

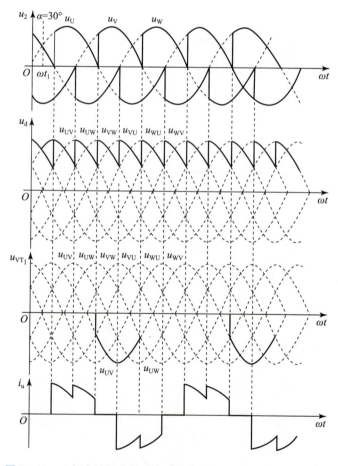

图 3-12　三相全控桥式整流电路带电阻性负载 $\alpha = 30°$ 时的波形

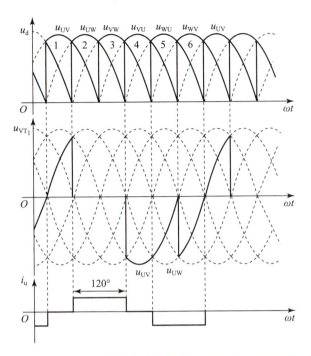

图 3－13　三相全控桥式整流电路带电阻性负载 $\alpha=60°$ 时的波形

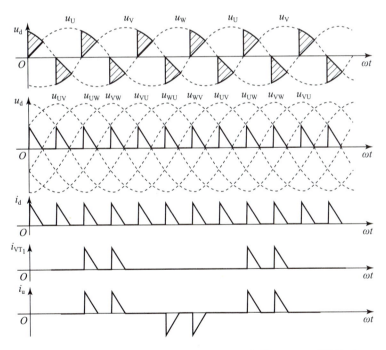

图 3－14　三相全控桥式整流电路带电阻性负载 $\alpha=90°$ 时的波形

3）波形分析

由图 3－11 所示的整流输出电压波形可知，u_d 的波形是线电压波形正半部分的包络线，其基波频率为 300 Hz，脉动较小。对于电阻性负载来说，只要 $\alpha\leqslant60°$，输出电压 u_d 的波形就是连续的，且电流 i_d 波形也是连续的。当 $\alpha\geqslant60°$，如图 3－14 所示，$\alpha=90°$ 时，输出电压 u_d 和电流 i_d 的波形出现了断续。α 角越大，电压、电流断续的区间就越大，至 $\alpha=120°$

时，整流后的输出电压 u_d 的波形全为零，其平均值 U_d 也为零。所以三相全控桥式整流电路带电阻性负载时，α 角的移相范围是 $0° \sim 120°$。

需要特别说明的是，三相全控桥式整流电路的输出电压 u_d 一周期脉动 6 次，每次脉动的波形都一样，故该电路为 6 脉动整流电路。共阴极组和共阳极组中需各有一个晶闸管同时导通，即必须对两组中应导通的一对晶闸管同时加触发脉冲，才能实现全控桥的启动。为此可采用下列两种方法：一种方法是使脉冲宽度大于 60°（一般取 $80° \sim 100°$），称为宽脉冲触发；另一种方法是在触发某个晶闸管的同时，给相邻前一序号的晶闸管补发脉冲。即用两个窄脉冲代替宽脉冲，两个窄脉冲的前沿相差 60°，脉宽一般为 $20° \sim 30°$，称为双脉冲触发。双脉冲触发电路较复杂，但要求的触发电路输出功率小。宽脉冲触发电路可少输出一半脉冲，但为了不使脉冲变压器饱和，需将铁芯体积做得较大，绕组匝数较多，导致漏感增大，脉冲前沿不够陡，对于晶闸管串联使用不利。虽可用去磁绕组改善这种情况，但又会使触发电路复杂化。因此，常用的是双脉冲触发。

（4）参数计算。

当 $\alpha < 60°$ 时，负载电流连续，负载上承受的是线电压，整流输出电压的平均值为

$$U_d = 2.34 U_2 \cos \alpha$$

当 $\alpha > 60°$ 时，负载电流不连续，整流输出电压的平均值为

$$U_d = 2.34 U_2 [1 + \cos(\pi/3 + \alpha)]$$

当 $\alpha = 120°$ 时，$U_d = 0$，可知电路的移相范围为 120°。晶闸管承受的最大正、反向峰值电压为 $\sqrt{6} U_2$。

2. 电感性负载

三相全控桥式整流电路多用于电感性负载及反电动势负载。而反电动势负载，常是指直流电动机或要求能实现有源逆变的负载。对于此类负载，为了改善电流波形，有利于直流电动机换向及减小火花，一般都要串入电感量足够大的平波电抗器，分析时等同于电感性负载。所以，下面讨论电感性负载时的工作情况，电路如图 3 – 15 所示。

1）电路结构

三相全控桥式整流电路带大电感性负载和电阻性负载一样，把共阴极组的晶闸管依次编号为 VT_1、VT_3、VT_5，把共阳极组的晶闸管依次编号为 VT_4、VT_6、VT_2。在共阴极组的自然换流点 ωt_1、ωt_3、ωt_5 时刻，分别触发 VT_1、VT_3、VT_5 晶闸管，在共阳极组的自然换流点 ωt_2、ωt_4、ωt_6 时刻，分别触发 VT_2、VT_4、VT_6 晶闸管。晶闸管的导通顺序为 $VT_1 \rightarrow VT_2 \rightarrow VT_3 \rightarrow VT_4 \rightarrow VT_5 \rightarrow VT_6$。为了分析方便，把交流电源的一个周期由 6 个自然换流点划分为 6 段。

2）工作原理

当 $\alpha \leqslant 60°$ 时，三相全控桥式整流电路带大电感性负载的工作情况与电阻性负载时基本相同。在 $\omega t_1 \sim \omega t_2$ 期间，U 相电压为最大的正值，在 ωt_1 时刻触发 VT_1，则 VT_1 导通，VT_5 因承受反压而关断。此时变成 VT_1 和 VT_6 同时导通，电流从 U 相流出，经 VT_1、负载、VT_6 流回 V 相，负载上得到 U、V 线电压 u_{UV}。在 $\omega t_2 \sim \omega t_3$ 期间，W 相电压变为最小负值，U 相电压仍保持最大正值，在 ωt_2 时刻触发 VT_2，则 VT_2 导通，VT_6 关断。此时 VT_1 和 VT_2 同时导通，负载上得到 U、W 线电压 u_{UW}。在 $\omega t_3 \sim \omega t_4$ 期间，V 相电压变为最大正值，W 相保持最小负值，ωt_3 时刻触发 VT_3，VT_3 导通，VT_1 关断。此时 VT_2 和 VT_3 同时导通，负载上得到 V、W 线电压 u_{VW}。依次类推，在 $\omega t_4 \sim \omega t_5$ 期间 VT_3 和 VT_4 导通，负载上得到 u_{VU}；在 $\omega t_5 \sim \omega t_6$ 期间，VT_4 和 VT_5 导通，负载上得到 u_{WU}；在 $\omega t_6 \sim \omega t_1$ 期

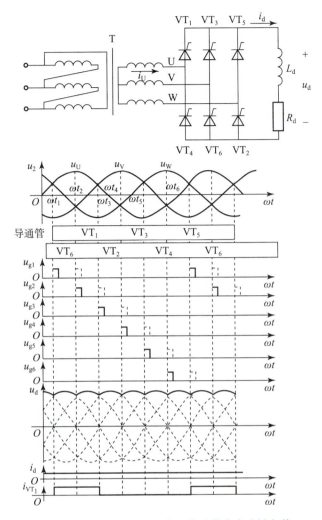

图 3 – 15　三相全控桥式整流电路带大电感性负载

间，VT_5 和 VT_6 导通，负载上得到 u_{WV}。以后重复从 $\omega t_1 \sim \omega t_2$ 开始的这一过程。

　　整流输出电压 u_d 的波形、晶闸管的导通情况、晶闸管两端承受的电压 u_T 的波形都是一样的。两者的区别在于流过负载的电流 i_d 的波形不同。电阻性负载时，i_d 波形的形状与输出电压 u_d 的波形相同；而电感性负载时，由于电感有阻碍电流变化的作用，因此得到的负载电流的波形比较平直，特别是当电感足够大时，可以认为负载电流 i_d 的波形是一条水平的直线。$\alpha = 60°$ 时的各点波形如图 3 – 16 所示。

　　3）波形分析

　　由图 3 – 16 中 $\alpha = 60°$ 时的波形可以看出，$\alpha = 60°$ 是一临界点，此时输出电压 u_d 正好无负电压的输出。当 $\alpha \geqslant 60°$ 时，输出电压 u_d 的波形将会出现负值，但是由于是大电感负载，只要输出电压 u_d 的平均值不为零，每只晶闸管就仍能维持导通 120°。图 3 – 17 所示为 $\alpha = 90°$ 时的波形，从图中可以看出，此时输出电压 u_d 的波形正负面积相等，即其平均值 U_d 为 0，所以三相全控桥式整流电路带大电感性负载时的有效移相范围是 0° ~ 90°。

　　4）参数计算

　　通过上面的分析，可以推导出电路带大电感性负载时的各数量关系。

　　（1）直流输出电压的平均值。

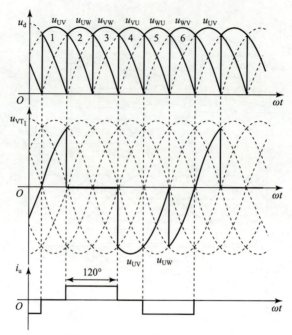

图 3-16　三相全控桥式整流电路带大电感性负载 $\alpha = 60°$ 时的波形

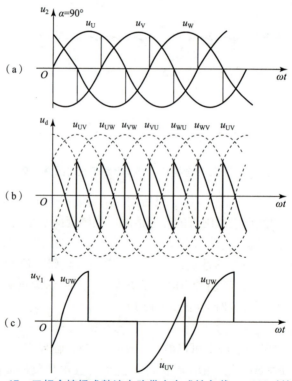

图 3-17　三相全控桥式整流电路带大电感性负载 $\alpha = 90°$ 时的波形

$$U_{\mathrm{d}} = \frac{6}{2\pi}\int_{\frac{\pi}{3}+\alpha}^{\frac{2\pi}{3}+\alpha} \sqrt{6}U_2\sin\omega t\,\mathrm{d}(\omega t) = \frac{3\sqrt{6}}{\pi}U_2\cos\alpha \approx 2.34U_2\cos\alpha = 1.35U_{2L}\cos\alpha$$

当 $\alpha = 0°$ 时，U_{d} 为最大值；当 $\alpha = 90°$ 时，U_{d} 为最小值。因此三相全控桥式整流电路带大电感负载时的移相范围为 0°～90°。

（2）直流输出电流的平均值。

$$I_d = \frac{U_d}{R_d}$$

（3）流过一只晶闸管电流的平均值和有效值。在三相全控桥式整流电路中，晶闸管换流只在本组内进行，每隔120°换流一次，即在电流连续的情况下，每个晶闸管的导通角为120°。因此流过晶闸管的电流平均值和有效值分别为

$$I_{dT} = \frac{1}{3} I_d$$

$$I_T = \sqrt{\frac{1}{3}} I_d = 0.577 I_d$$

（4）变压器二次侧绕组的电流有效值。整流变压器二次侧正、负半周内均有电流流过，每半周期内导通角为120°，故流进变压器二次侧的电流有效值为

$$I_2 = \sqrt{\frac{2}{3}} I_d = 0.817 I_d$$

另外，晶闸管两端承受的最大正反向电压仍为$\sqrt{6} U_2$。

综上所述，可以总结三相全控桥式整流电路的特点如下：

（1）在任何时刻都必须有两只晶闸管导通，且不能是同一组的晶闸管，必须是共阴极组的一只，共阳极组的一只，这样才能形成向负载供电的回路。

（2）对触发脉冲则要求按晶闸管的导通顺序 $VT_1 \rightarrow VT_2 \rightarrow VT_3 \rightarrow VT_4 \rightarrow VT_5 \rightarrow VT_6$ 依次送出，相位依次相差60°；对于共阴极组晶闸管 VT_1、VT_3、VT_5，其脉冲依次相差120°，共阳极组 VT_4、VT_6、VT_2 的脉冲也依次相差120°；但对于接在同一相的晶闸管，如 VT_1 和 VT_4、VT_3 和 VT_6、VT_5 和 VT_2，它们之间的相位均相差180°。

（3）为保证电路能启动工作或在电流断续后能再次导通，要求触发脉冲为单宽脉冲或双窄脉冲。

（4）整流后的输出电压的波形为相应的变压器二次侧线电压的整流电压，一周期脉动6次，每次脉动的波形也都一样，故该电路为6脉波整流电路。

（5）电感性负载时晶闸管两端承受的电压的波形同三相半波时，但其整流后的输出电压的平均值 U_d 是三相半波时的2倍，所以当要求同样的输出电压 U_d 时，三相全控桥式整流电路对管子的电压要求降低了1倍。

（6）电感性负载时，变压器一周期240°有电流通过，变压器的利用率高，且由于流过变压器的电流是正负对称的，没有直流分量，因此变压器无直流磁化现象。

（三）三相桥式半控整流电路

三相桥式半控整流电路比三相全控桥更简单、经济，而带电阻性负载时性能并不比三相全控桥差，所以其多用于中等容量或不要求可逆拖动的电力装置中，其电路如图3-18（a）所示。它是把全控桥中共阳极组的3个晶闸管换成整流二极管，因此它具有可控和不可控两者的特性。其显著特点是共阴极组元件必须触发才能换流；共阳极组元件总是在自然换流点换流，一周期中仍然换流6次，3次为自然换流，其余3次为触发换流，这是它与三相全控桥根本的区别。改变共阴极组晶闸管的控制角 α，仍可获得 $0 \sim 2.34 U_2$ 的直流可调电压。

1. 电阻性负载

当控制角 $\alpha = 30°$ 时，电路工作情况基本与三相全控桥 $\alpha = 0°$ 时一样，输出电压 u_d 波

形完全一样。输出直流平均电压最大为 2.34 U_2。

当 $\alpha \leqslant 60°$ 时，图 3-18（b）所示为 $\alpha = 30°$ 的波形。ωt_1 时刻触发 VT_1 导通。此时 V 相电位最低，二极管 VD_6 导通，电流路径为 $u_U \rightarrow VT_1 \rightarrow R_d \rightarrow VD_6 \rightarrow u_V$，输出电压 $u_d = u_{UV}$。ωt_2 时刻共阳极组的 VD_2 与 VD_6 自然换流，VD_2 导通，VD_6 关断，电流路径为 $u_U \rightarrow VT_1 \rightarrow R_d \rightarrow VD_2 \rightarrow u_W$，输出电压 $u_d = u_{UW}$。ωt_3 时刻，虽然相电位开始高于 U 相，但由于 u_{g3} 还未到来，故 VT_3 不能导通，使 VT_1 承受反压关断，电流路径转为 $u_U \rightarrow VT_3 \rightarrow R_d \rightarrow VD_2 \rightarrow u_W$，输出电压 $u_d = u_{VW}$。以此类推，负载 R_d 上得到 3 个完整波头和 3 个缺角的脉动波形。当 $\alpha = 60°$ 时，u_d 波形只剩下 3 个波头，波形则连续。

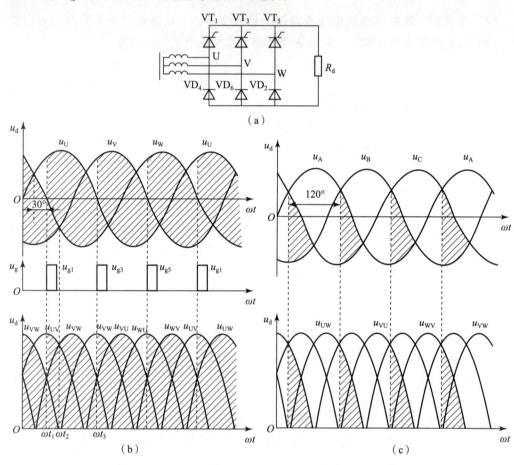

图 3-18 三相桥式半控整流电路与电压波形

（a）三相桥式半控整流电路；（b）$\alpha = 30°$ 的波形；（c）$\alpha = 120°$ 的波形

由图 3-18（b）可知，通过积分运算可得到 U_d 的计算公式为

$$U_d = \frac{1}{2\pi/3}\Big[\int_{\frac{\pi}{3}+\alpha}^{\frac{2\pi}{3}} \sqrt{6}\,U_2\sin\omega t\,\mathrm{d}(\omega t) + \int_{\frac{2\pi}{3}}^{\pi+\alpha} \sqrt{6}\,U_2\sin\Big(\omega t - \frac{\pi}{3}\Big)\mathrm{d}(\omega t)\Big]$$

$$= 1.17\,U_2(1 + \cos\alpha) \quad (0° \leqslant \alpha \leqslant 60°)$$

当 $60° \leqslant \alpha \leqslant 180°$ 时，如 $\alpha = 120°$，波形如图 3-18（c）所示。ωt_1 时刻触发 VT_1 导通，同上述原因，此时二极管 VD_2 导通，电流路径为 $u_U \rightarrow VT_1 \rightarrow R_d \rightarrow VD_2 \rightarrow u_W$，输出电压 $u_d = u_{UW}$。因为 VT_1 和 VD_2 在线电压 u_{UW} 作用下，所以到 ωt_2 时刻 u_U 虽然降到零，但是 VT_1 和 VD_2 也不会关断，一直维持导通到 ωt_2 时刻 $u_{UW} = 0$ 为止。在 $\omega t_3 \sim \omega t_4$ 期间，虽受 u_{VU} 正向电压作

用，但因无触发脉冲而不能导通，波形出现断续。到ωt_4时刻，VT_3被触发导通，输出电压为u_{VU}，当u_{VU}降到零时关断。平均电压为

$$U_d = \frac{1}{2\pi/3}\int_{\alpha}^{\pi} \sqrt{6}\, U_2 \sin \omega t \mathrm{d}(\omega t) = 1.17\, U_2(1 + \cos \alpha) \quad (60° \leqslant \alpha \leqslant 180°)$$

可见，三相半控桥电阻性负载时移相范围为$0° \sim 180°$，输出电压平均值与计算公式一样。

2. 大电感性负载

三相半控桥式电路与单相半控桥式电路一样，因桥路内二极管有自然续流问题，所以在电感负载时波形和计算公式与电阻性负载时一样。

同理，在大电感性负载时，若在负载端不接续流二极管，当突然丢失触发脉冲或把控制角调到180°以外时，也会发生某个导通的晶闸管关断，而共阳极组的3个二极管轮流导通的失控现象，这种现象是不允许的，因此，在大电感性负载时，要在负载端并接续流二极管。

并接续流二极管后，只有当$\alpha > 60°$时，续流二极管才起续流作用。流过晶闸管、整流二极管和续流二极管的电压波形请自行分析。为使电路能起续流作用，要选用正向压降小的续流二极管，整流桥输出端与续流二极管之间的连线应短而粗，最好选择维持电流较大的晶闸管。

任务工单

课程名称		专业班级		日期	
上课地点		参考学时	2 学时	指导教师	
任务名称		三相半波整流电路调试			
小组基本资料					
小组台号	关系	姓名	学号	姓名	学号
	成员				
学习目标	【知识目标】 1. 会分析三相半波可控整流电路的工作原理。 2. 研究可控整流电路在电阻负载和电阻 – 电感性负载时的工作。 3. 学会双踪示波器在电力电子线路中的使用特点与方法。 【能力目标】 （1）具有较好的识图能力； （2）会三相半波可控整流电路的调试方法。 【素养目标】 （1）团队协作与沟通能力； （2）分析和解决问题能力				
知识链接	双踪示波器用来观察和测量正弦波信号、直流信号的电压和波形。数字万用表用来测各点的电压值。电流表用来测流过负载回路的电流				
仪器器材	电力电子实验台、普源示波器、数字万用表				

1. 按下图所示的电路接线。

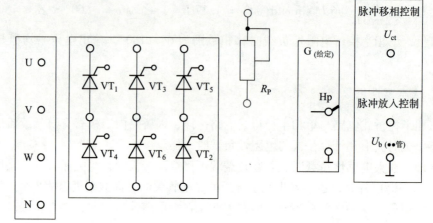

2. 合上主电源，调节脉冲移相电位器 R_P，分别用示波器观察 $\alpha = 30°$、$60°$、$90°$、$120°$ 时负载电压 U_d，晶闸管 VT 的阳极、阴极电压波形 U_T，并测定 U_d 及电源电压 U_2。

技能训练

U_2，U_d ＼ α	30°	60°	90°	120°
U_2（测量值）				
U_d（计算值）				
U_d（测量值）				

3. 画出电阻性负载，$\alpha = 90°$ 时，$U_d = f(t)$，$U_{T1} = f(t)$，$i_d = f(t)$ 波形。

教师评价

教师评语	成绩

二、有源逆变电路设计

1. 有源逆变的工作原理

整流与有源逆变的根本区别是两者能量传送方向的不同。一个相控整流电路，只要满足一定条件，也可工作于有源逆变状态，这种装置称为变流装置或变流器。

1）两电源间的能量传递

如图 3 - 19 所示，下面分析一下两个电源间的功率传递问题。

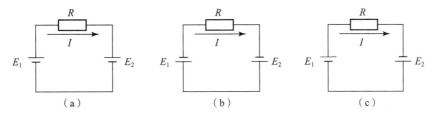

图 3 - 19　两个直流电源间的功率传递
(a) 电源逆串；(b) 电源逆串，极性与图 (a) 相反；(c) 电源顺串

图 3 - 19 (a) 所示为两个电源同极性连接，称为电源逆串。当 $E_1 > E_2$ 时，电流 I 从 E_1 正极流出，流入 E_2 正极，为顺时针方向，其大小为

$$I = \frac{E_1 - E_2}{R}$$

在这种连接情况下，电源 E_1 输出功率 $P_1 = E_1 I$，电源 E_2 则吸收功率 $P_2 = E_2 I$，电阻 R 上消耗的功率为 $P_R = P_1 - P_2 = R I^2$，其中 P_R 为两电源功率之差。

图 3 - 19 (b) 所示电路也是两电源同极性相连，但两电源的极性与图 3 - 19 (a) 所示正好相反。当 $E_2 > E_1$ 时，电流仍为顺时针方向，但是从 E_2 正极流出，流入 E_1 正极，其大小为

$$I = \frac{E_2 - E_1}{R}$$

在这种连接情况下，电源 E_2 输出功率，而 E_1 吸收功率，电阻 R 消耗的功率仍为两电源功率之差，即 $R_R = P_2 - P_1$。

图 3 - 19 (c) 所示为两电源反极性连接，称为电源顺串。此时电流仍为顺时针方向，大小为

$$I = \frac{E_1 + E_2}{R}$$

此时电源 E_1 与 E_2 均输出功率，电阻上消耗的功率为两电源功率之和，即 $P_R = P_1 + P_2$。若回路电阻很小，则 I 很大，这种情况相当于两个电源间短路。

由上述分析可以得出下列结论：

(1) 无论电源是顺串还是逆串，只要电流从电源正极端流出，则该电源就输出功率；反之，若电流从电源正极端流入，则该电源就吸收功率。

(2) 两个电源逆串连接时，回路电流从电动势高的电源正极流向电动势低的电源正极。如果回路电阻很小，即使两电源电动势之差不大，也可产生足够大的回路电流，使两电源间交换很大的功率。

(3) 两个电源顺串时，相当于两电源电动势相加后再通过 R 短路，若回路电阻 R 很

小，则回路电流会非常大，这种情况在实际应用中应当避免。

2）有源逆变的工作原理

在上述两电源回路中，若用晶闸管变流装置的输出电压代替 E_1，用直流电动机的反电动势代替 E_2，就成了晶闸管变流装置与直流电动机负载之间进行能量交换的问题，如图 3-20 所示。

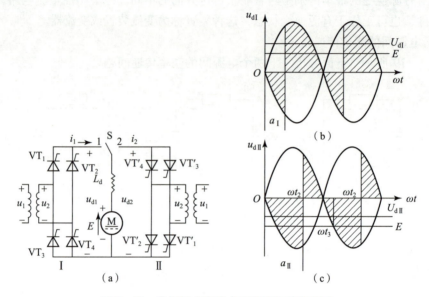

图 3-20　单相桥式变流电路整流与逆变原理
（a）电路图；（b）整流状态下的波形图；（c）逆变状态下的波形图

图 3-20（a）中有两组单相桥式变流装置，均可通过开关 S 与直流电动机负载相连。将开关拔向位置 1，且使 I 组晶闸管的控制角 $\alpha_I < 90°$，则电路工作在整流状态，输出电压 U_{dI} 上正下负，波形如图 3-20（b）所示。此时，电动机运行，电动机的反电动势 E 上正下负，并且通过调整 α 角使 $|U_{dI}| > |E|$，则交流电压通过 I 组晶闸管输出功率，电动机吸收功率。负载中电流为

$$I_d = \frac{U_{dI} - E}{R}$$

将开关 S 快速拔向位置 2。由于机械惯性，电动机转速不变，则电动机的反电动势 E 不变，且极性仍为上正下负。此时，若仍按控制角 $\alpha_{II} < 90°$ 触发 II 组晶闸管，则输出电压 U_{dII} 为上正下负，与 E 形成两电源顺串连接。这种情况与图 3-20（c）所示相同，相当于短路事故，因此不允许出现。

若当开关 S 拔向位置 2 时，又同时触发脉冲控制角调整到 $\alpha_{II} > 90°$，则 II 组晶闸管输出电压 U_{dII} 将为上负下正，波形如图 3-20（c）所示。假设由于惯性原因电动机转速不变，反电动势不变，并且调整 α 角使 $|U_{dII}| > |E|$，则晶闸管在 E 与 u_2 的作用下导通，负载中电流为

$$I_d = \frac{E - U_{dII}}{R}$$

在这种情况下，电动机输出功率运行于发电制动状态，II 组晶闸管吸收功率并将功率送回交流电网，这种情况就是有源逆变。

由以上分析及输出电压波形可以看出，逆变时的输出电压控制有的是与整流时相同，

计算公式仍为

$$U_d = 0.9U_2\cos\alpha$$

因为此时控制角 $\alpha > 90°$，使得计算出来的结果小于零，为了计算方便，令 $\beta = 180° - \alpha$，称 β 为逆变角，则

$$U_d = 0.9U_2\cos\alpha = 0.9U_2\cos(180° - \beta) = -0.9U_2\cos\beta$$

综上所述，实现有源逆变必须满足下列条件：

（1）变流装置的直流侧必须外接电压极性与晶闸管导通方向一致的直流电源，且其值稍大于变流装置直流侧的平均电压。

（2）变流装置必须工作在 $\beta < 90°$（即 $\alpha > 90°$）区间，使其输出直流电压极性与整流状态时相反，才能将直流功率逆变为交流功率送至交流电网。

上述两条必须同时具备才能实现有源逆变。为了保持逆变电流连续，逆变电路中都要串接大电感。

需要指出的是，半控桥或接有续流二极管的电路，因它们不可能输出负电压，也不允许直流侧接上直流输出反极性的直流电动势，所以这些电路不能实现有源逆变。

2. 逆变失败的原因与逆变角的限制

1）逆变失败的原因

晶闸管变流装置工作有逆变状态时，如果出现电压 U_d 与直流电动势 E 顺向串联，则直流电动势 E 通过晶闸管电路形成短路，由于逆变电路总电阻很小，必然形成很大的短路电流，造成事故，这种情况称为逆变失败，或称为逆变颠覆。

现以单相全控桥式逆变电路为例说明。在图 3-21 所示电路中，原本是 VT_2 和 VT_3 导通，输出电压 u_2'；在换相时，应由 VT_3、VT_4 换相为 VT_1 和 VT_2 导通，输出电压为 u_2，但由于逆变角 β 太小，小于换相重叠角 γ，因此在换相时，两组晶闸管会同时导通。而在换相重叠完成后，已过了自然换相点，使得 u_2' 为正，而 u_2 为负，VT_1 和 VT_4 因承受反压不能导通，VT_3 和 VT_4 则承受正压继续导通，输出 u_2'，这样就出现了逆变失败。

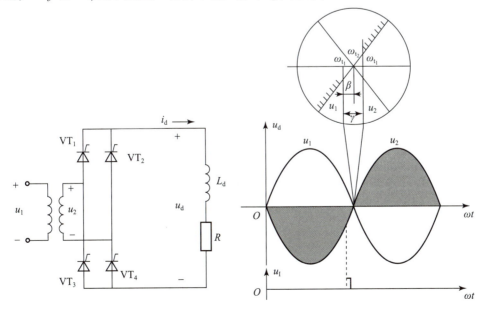

图 3-21 有源逆变换流失败

造成逆变失败的原因主要有以下几种情况：

（1）触发电路故障。如触发脉冲丢失、脉冲延时等不能适时、准确地向晶闸管分配脉冲的情况，均会导致晶闸管不能正常换相。

（2）晶闸管故障。如晶闸管失去正常导通或阻断能力，该导通时不能导通，该阻断时不能阻断，均会导致逆变失败。

（3）逆变状态时交流电源突然缺相或消失。由于此时变流器的交流侧失去了与直流电动势 E 极性相反的电压，这致使直流电动势经过晶闸管形成短路。

（4）逆变角 β 取值过小，造成换相失败。因为电路存在大感性负载，会使欲导通的晶闸管不能瞬间导通，欲关断的晶闸管也不能瞬间完全关断，因此就存在换相时两个管子同时导通的情况，这种在换相时两个晶闸管同时导通所对应的电角度称为换相重叠角。逆变角可能小于换相重叠角，即 $\beta < \gamma$，则到了 $\beta = 0°$ 点时刻换流还未结束，此后使得该关断的晶闸管又承受正向电压而导通，尚未导通的晶闸管则在短暂导通之后又受反压而关断，这相当于触发脉冲丢失，造成逆变失败。

2）逆变失败的限制

为防止逆变失败，应当合理选择晶闸管的参数，对其触发电路的可靠性、元件的质量及过电流保护性能等都有比整流电路更高的要求。逆变角的最小值也应严格限制，不可过小。

逆变时允许的最小逆变角 β_{min} 应考虑几个因素：不得小于换向重叠角 γ、晶闸管本身关断时所对应的电角度、一个安全裕量等，这样最小逆变角的取值一般为 $\beta_{min} \geq 30° \sim 35°$。

为防止 $\beta < \beta_{min}$，有时要在触发电路中设置保护电路，使减小 β 时，不能进入 $\beta < \beta_{min}$ 的区域。此外，还可在电路中加上安全脉冲产生装置，安全脉冲位置就设在 β_{min} 处，一旦工作脉冲移入 β_{min} 处，安全脉冲保证在 β_{min} 处触发晶闸管。

任务工单

课程名称		专业班级		日期	
上课地点		参考学时	2 学时	指导教师	
任务名称		单相桥式有源逆变电路测试			
小组基本资料					

小组台号	关系	姓名	学号	姓名	学号
	成员				

	【知识目标】 1. 会分析单相桥式有源逆变的工作原理。 2. 验证可控整流电路在有源逆变时的工作条件。 3. 比较逆变与整流工作时的区别。 4. 观察产生逆变颠覆现象的原因。 【能力目标】 （1）具有较好的识图能力； （2）会单相桥式有源逆变电路的调试方法。 【素养目标】 （1）团队协作与沟通能力； （2）分析和解决问题能力
学习目标	

知识 链接	普源示波器用来观察和测量正弦波信号、直流信号的电压和波形。数字万用表用来测各点的电压值。电流表用来测流过负载回路的电流。有源逆变的概念、单相桥式有源逆变电路的工作原理
仪器 器材	电力电子实验台、普源示波器、数字万用表
技能 训练	1. 按下图所示的电路接线。 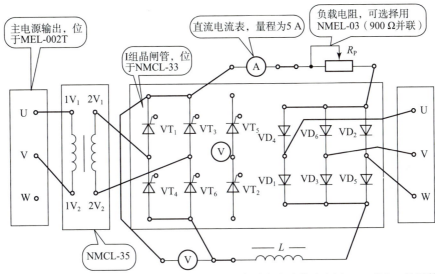 2. 按上图连接主回路。合上主电源。用示波器观察逆变电路输出电压 $U_d = f(t)$，晶闸管的端电压 $U_{VT} = f(t)$ 波形，并记录 U_d 和交流输入电压 U_2 的数值。 3. 绘出 $\beta = 60°$ 时，$U_d = f(t)$，$U_T = f(t)$ 波形。

β U_2，U_d	30°	60°	90°
U_2（测量值）			
U_d（测量值）			

教师 评价	教师评语		成绩

三、三相有源逆变电路

常用的有源逆变电路，除单相全控桥电路外，还有三相半波和三相全控桥电路等。

1. 三相半波有源逆变电路

图 3 - 22（a）所示为三相半波有源逆变电路。电路中电动机产生的电动势 E 为上负下正，令控制角 $\alpha > 90°$，即 $\beta < 90°$，以使 u_d 为上负下正，且满足 $|E| > |u_d|$，则电路符合有源逆变的条件，可实现有源逆变。

下面以 $\beta = 30°$（$\alpha = 150°$）为例来分析图 3 - 22（b）所示三相半波逆变电路的工作原理。

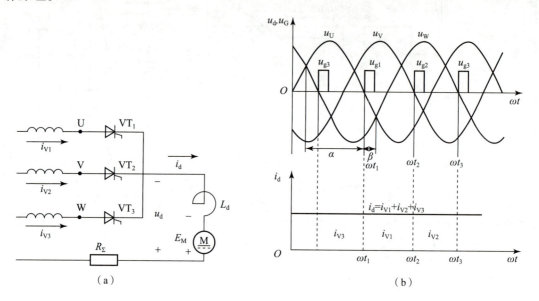

图 3 - 22　三相半波有源逆变电路
（a）电路图；（b）工作原理

当 $\omega t = \omega t_1$，即 $\beta = 30°$ 时，触发电路发出的触发脉冲 u_{g1} 用来触发 U 相的晶闸管 VT_1，此时晶闸管 VT_1 承受的电压瞬时值为正，所以 VT_1 导通。由 E_M 提供能量，有电流 i_d 流过晶闸管 VT_1，同时有 $u_d = u_U$ 的电压波形输出。由于有互相间隔 120° 的脉冲轮流触发相应的各晶闸管，因此就得到了 u_d 电压波形，其直流平均电压 U_d 为负值。由于接有大电感 L_d，因此 i_d 为一平直连续的直流电流 I_d。

三相半波有源逆变电路，直流侧电压平均值计算公式为

$$U_d = U_{d0} \cos \alpha = - U_{d0} \cos \beta = - 1.17 U_2 \cos \beta$$

输出直流电流平均值的计算公式为

$$I_d = \frac{E_M - U_d}{R_\Sigma}$$

由于晶闸管的单向导电性，电流的方向仍和整流时一样。由电流的方向和电源的极性可以明显地看出，E_M（电动机的反电动势）供出能量，而变流器吸收直流能量变成和电源同频率的交流能量送到电网中去，另一部分消耗在回路电阻上。

当 $\omega t = \omega t_1$ 时，虽然 $u_U = 0$，但晶闸管 VT_1 承受的电压瞬时值 $u_U + E_M > 0$，所以 VT_1

仍能继续导通。在 $\omega t_1 < \omega t < \omega t_2$ 期间，由图 3 – 22（b）可知，虽然 $u_U < 0$，但由于 E_M 的作用，仍能保证 VT_1 承受正向电压而继续导通。

当 $\omega t > \omega t_2$ 时，E_M 绝对值小于 U 相电压的绝对值，虽然 $u_U + E_M < 0$，但电路中由于接入了电抗器 L_d，这时 L_d 端感应出一个左负右正的电压 u_L，使 VT_1 两端承受的电压 $u_U + u_L + E_M > 0$ 仍能继续导通，VT_1 管导通 120°，直到 $\omega t = \omega t_2$ 时刻，触发脉冲 u_{g2} 触发 VT_2 管为止。

当 $\omega t = \omega t_2$ 时，VT_2 管由于具备导通的条件而导通，VT_1 管因承受电压 $u_{UV} < 0$ 而关断，由于 VT_2 管导通，电路输出电压 u_d 为 V 相电压 u_V，VT_2 管导通 120° 以后，由于 VT_3 管被触发导通致使 VT_2 管关断，从而负载上得到的电压 u_d 为 W 相电压 u_W。以后重复上述过程，电路输出电压 u_d 的波形如图 3 – 22（b）所示。

通过以上对图 3 – 22（b）所示三相半波逆变电路晶闸管两端电压波形的分析可以看出，晶闸管在逆变工作状态的特点。由图 3 – 22 所示波形得到变流器的直流电压为

$$U_d = 1.17 U_2 \cos \alpha = -1.17 U_2 \cos \beta$$

电路触发脉冲控制角 α 在 0°~90° 时为整流状态，在 90°~180° 时为逆变状态，即有源逆变角 β 在 90°~0° 变化。

2. 三相桥式有源逆变电路

三相桥式逆变电路与整流电路一样，如图 3 – 23 所示，与三相半波逆变电路相比，由于变压器绕组在电源正、负半周内都有电流通过，因此提高了变压器的利用率，消除了变压器的直流磁化问题。

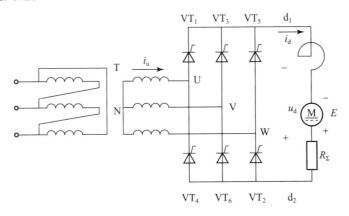

图 3 – 23　三相全控桥式有源逆变电路

三相桥式逆变电路的工作原理是：三相桥式逆变电路同样应该满足逆变条件，即直流侧具有足够大的电感，输出电流波形连续平直，电动机电势 E_M 极性及大小都已具备逆变条件。如图 3 – 23 所示，对应于 U、V、W 三相电源，共阴极的 3 个晶闸管为 VT_1、VT_3、VT_5，共阳极的 3 个晶闸管为 VT_4、VT_6、VT_2。为了保证电路构成通路，晶闸管必须成对导通，且该两个晶闸管必须分别属于共阴极组和共阳极组，和三相桥式整流电路一样，一个周期内，每个管子导通 120°，两组的自然分流点对应相差 60°，每隔 60° 换相一次，$VT_1 \rightarrow VT_3 \rightarrow VT_5 \rightarrow VT_1$，$VT_2 \rightarrow VT_4 \rightarrow VT_6 \rightarrow VT_2$。以下以 $\beta = 60°$ 为例分析其工作原理。

如图 3 – 23 所示，设在 $\omega t = \omega t_1$ 之前，电路已正常工作，即晶闸管 VT_5 和 VT_6 已经导

通 60°，当 $\omega t = \omega t_1$ 时，（对应于 $\beta = 60°$）晶闸管 VT$_1$ 的触发脉冲到来，这时 VT$_1$ 管的阳极电位 u_U 高于 VT$_5$ 管的阳极电位 u_W，具备导通条件（共阴极组的管子向阳极电位更高的方向换相，共阳极组的管子向阳极电位更低的方向换相），因此 VT$_1$ 被触发导通，VT$_5$ 由于承受反压而关断，输出电压 u_d 为线电压 u_{UV}。在 $\omega t_1 < \omega t < \omega t_2$ 期间，虽然 $u_{UV} < 0$，但由于外接直流电源 E_M 的作用，管子 VT$_1$ 和 VT$_6$ 两端承受的电压 $u_{UV} + E_M + u_L > 0$，所以它们能够导通。I_d 的流通方向从 E_M 的正极流出，经 VT$_6$ 管流入 V 相，再由 U 相流出，经 VT$_1$ 管回到 E_M 的负极，直流电源 E_M 输出功率，交流电源吸收功率。当 VT$_1$ 和 VT$_6$ 导通 60°以后，即 $\omega t = \omega t_2$ 时刻，晶闸管 VT$_2$ 的触发脉冲到来，这时 VT$_2$ 管的阳极电位 u_W 低于 VT$_6$ 管的阴极电位 u_V，所以 VT$_2$ 管被触发导通，VT$_6$ 管由于承受反压而关断，这样输出到负载的电压 u_d 为线电压 u_{UW}。以后按照管子的导通顺序依次触发管子 VT$_3$、VT$_4$、VT$_5$、VT$_6$，从而在负载上得到的电压 u_d 分别为 u_{VW}、u_{VU}、u_{WU}、u_{WV}。如图 3-24 所示，每个周期内，输出电压 u_d 的波形由 6 段形状相同的电压波形组成。

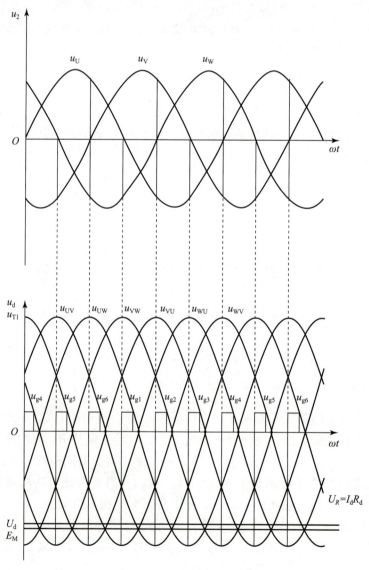

图 3-24　三相全控桥式有源逆变波形

通过以上分析可得出规律为：晶闸管触发顺序为 VT_1、VT_2、VT_3、VT_4、VT_5、VT_6；晶闸管导通过程中的配合关系为 VT_6、VT_1，VT_1、VT_2，VT_2、VT_3，VT_3、VT_4，VT_4、VT_5，VT_5、VT_6；对应于以上晶闸管导通的配合关系，输出电压波形的顺序为 u_{UV}、u_{UW}、u_{VW}、u_{VU}、u_{WU}、u_{WV}；三相桥式电路相当于两组三相半波电路的串联，所以其逆变电压的平均值是三相半波电路逆变电压的 2 倍。

任务工单

课程名称		专业班级		日期	
上课地点		参考学时	2 学时	指导教师	
任务名称		三相半波有源逆变电路测试			
小组基本资料					

小组台号	关系	姓名	学号	姓名	学号
	成员				

学习目标	【知识目标】 1. 会分析三相半波有源逆变电路的工作。 2. 验证可控整流电路在有源逆变时的工作条件。 3. 比较逆变与整流工作时的区别。 4. 学会双踪示波器在电力电子线路中的使用特点与方法。 【能力目标】 （1）具有较好的识图能力； （2）会三相半波有源逆变电路的调试方法。 【素养目标】 （1）团队协作与沟通能力； （2）分析和解决问题能力
知识链接	普源示波器用来观察和测量正弦波信号、直流信号的电压和波形。数字万用表用来测各点的电压值。电流表用来测流过负载回路的电流
仪器器材	电力电子实验台、普源示波器、数字万用表

续表

技能训练	1. 按如下图所示的电路接线。 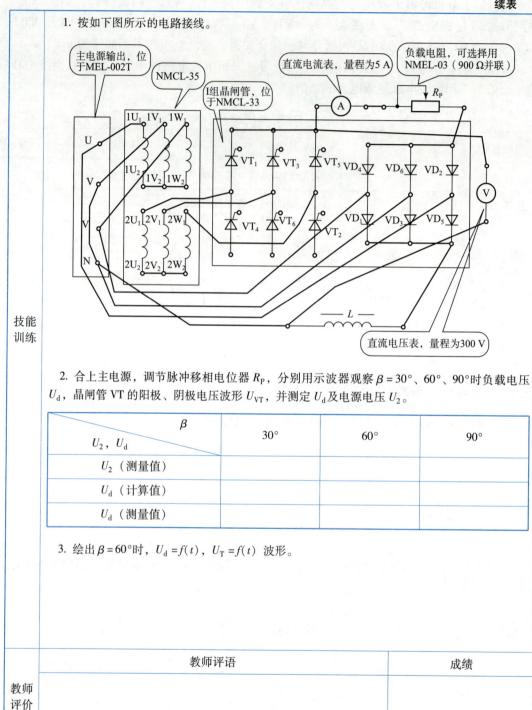

2. 合上主电源，调节脉冲移相电位器 R_P，分别用示波器观察 $\beta = 30°$、$60°$、$90°$时负载电压 U_d，晶闸管 VT 的阳极、阴极电压波形 U_{VT}，并测定 U_d 及电源电压 U_2。

U_2，U_d 与 β	30°	60°	90°
U_2（测量值）			
U_d（计算值）			
U_d（测量值）			

3. 绘出 $\beta = 60°$时，$U_d = f(t)$，$U_T = f(t)$ 波形。

教师评价	教师评语	成绩

🌀 项目小结

三相可控整流电源是一种把三相交流电压变换成固定或可调直流电压的装置，广泛应用于冶金、化工、电解、电镀、矿山、直流电动机调压调速等大功率工业控制领域。本项目主要介绍三相整流电路、逆变电路的基本概念和工作原理、三相有源逆变电路的工作原理，并结合实际应用的车载逆变器，介绍了车载逆变器的工作原理。

自我检测

一、填空题

1. 逆变电路分为_____逆变电路和_____逆变电路两种。

2. 逆变角 β 与控制角 α 之间的关系为_____。

3. 有源逆变是指把_____能量转变成_____能量后送给_____装置。

4. 造成逆变失败的原因有_____、_____、_____、_____等几种。

5. 由晶闸管构成的逆变器换流方式有_____换流和_____换流。

6. 在电流型逆变器中，输出电压波形为_____波，输出电流波形为_____波。

7. 为了保证逆变器能正常工作，最小逆变角应为_____。

8. 由两套晶闸管组成的变流可逆装置中，每组晶闸管都有四种工作状态，分别是_____状态、_____状态、_____状态和_____状态。

9. 当电源电压发生瞬时与直流侧电源_____联，电路中会出现很大的短路电流流过晶闸管与负载，这称为_____或_____。

10. 整流是把_____电变换_____电的过程；逆变是把_____电变换为_____电的过程。

二、判断题

（　　）1. 在用两组反并联晶闸管的可逆系统，使直流电动机实现四象限运行时，如果其中一组逆变器工作在整流状态，那么另一组就工作在逆变状态。

（　　）2. 逆变角太大会造成逆变失败。

（　　）3. 有源逆变是指把直流电能转变成交流电能送给负载。

（　　）4. 逆变失败，是因主电路元件出现损坏，触发脉冲丢失，电源缺相，逆变角太小造成的。

（　　）5. 有源逆变装置是把逆变后的交流能量送回电网。

（　　）6. 并联谐振逆变器必须是略呈电容性电路。

（　　）7. 无源逆变是指把直流电能转换成交流电能送给交流电网。

（　　）8. 电压型逆变电路，为了反馈感性负载上的无功能量，必须在电力开关器件上反并联反馈二极管。

（　　）9. 单结晶体管组成的触发电路输出的脉冲比较窄。

（　　）10. 在电路中接入单结晶体管时，若把 b_1、b_2 接反，会烧坏管子。

三、选择题

1. 变流器工作在逆变状态时，控制角 α 必须在（　　　）。

A. 0°~90°；   B. 30°~120°；   C. 60°~150°；   D. 90°~150°

2. 可实现有源逆变的电路为（   ）。

A. 三相半波可控整流电路   B. 三相桥式半控整流电路

C. 单相全控桥接续流二极管电路   D. 单相桥式半控整流电路

3. 下面哪种功能不属于变流的功能（   ）。

A. 有源逆变   B. 交流调压   C. 变压器降压   D. 直流斩波

思考与练习

3-1　什么是有源逆变？有源逆变的工作原理是什么？

3-2　实现有源逆变的条件是什么？半控桥和负载侧反并接续流二极管的电路能实现有源逆变吗？为什么？

3-3　为什么有源逆变工作时，变流装置的输出能出现负的直流电压？哪些电路可实现有源逆变？

3-4　什么是逆变失败？造成逆变失败的原因有哪些？为什么要对最小逆变角进行限制？

3-5　简述平波电抗器的作用。

3-6　在图3-25中，一个工作在整流电动机状态，另一个工作在逆变发电机状态。

（1）标出 U_d、E_d 及 i_d 的方向。

（2）说明 E 与 U_d 的大小关系。

（3）当 α 与 β 的最小值均为30°时，控制角 α 的移向范围为多少？

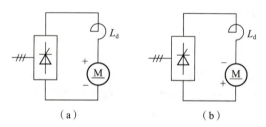

（a）   （b）

图3-25　电路图

（a）整流电动机状态；（b）逆变发电机状态

项目四

电风扇无级调速器

学习目标

1. 会用数字万用表检测双向晶闸管的引脚及好坏。
2. 懂得双向晶闸管的工作原理。
3. 会分析电风扇无级调速器各部分电路的作用及调速原理。
4. 懂得交流开关、交流调功器、固态开关原理。

项目描述

电风扇无级调速器在日常生活中随处可见，如图 4-1 所示。旋动旋钮便可以调节电风扇的速度。

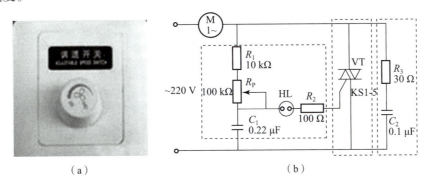

（a）   （b）

图 4-1　电风扇无级调速器

（a）外形图；（b）电路原理图

如图 4-1（b）所示，调速器电路由主电路和触发电路两部分构成，在双向晶闸管的两端并联 RC 元件，是利用电容两端电压瞬时不能突变，作为晶闸管关断过电压的保护措施。本项目通过对主电路及触发电路的分析，使学生能够理解调速器电路的工作原理，进而学会分析交流调压电路的方法。

项目分析

在图 4-1（b）中，接通 220 V 的单相正交流电源，电容 C_1 充电，当电容 C_1 两端电压的峰值达到氖管 HL 的阻断电压时，HL 导通点亮，双向晶闸管 VT 被触发导通，电扇转动。改变电位器 R_P 的大小，即改变了 C_1 的充电时间常数，使 VT 的导通角发生变化，也就改变了电动机两端的电压，因此电扇的转速改变。由于 R_P 是无级变化的，因此电扇的转速也是无级变化的。

知识链接

任务一　认识双向晶闸管

随着生产实际需求的增加，在普通型晶闸管的基础上又派生出一些特殊型晶闸管，如双向晶闸管。它具有可控的双向导电特性，在交流调压、无触点交流开关、温度控制、灯光调节及交流电动机调速等领域应用广泛。

一、双向晶闸管的结构

双向晶闸管是一种五层三端的硅半导体闸流器件。其结构在外观上和普通晶闸管一样，也有塑封式、螺栓式和平板式三种，其特点与普通晶闸管相同。

双向晶闸管外部也有三个电极，其中两个主电极分别为 T_1 极和 T_2 极，还有一个门极 G，门极是和 T_2 极在同一侧引出的。其外部形式如图 4 – 2 所示。

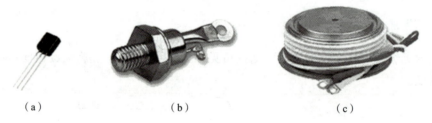

（a）　　　　　　　　（b）　　　　　　　　（c）

图 4 – 2　双向晶闸管的外部形式

（a）小电流塑封式；（b）螺栓式；（c）平板式

双向晶闸管的内部结构有五层（NPNPN），其核心部分集成在一块单晶片上，相当于两个门极接在一起的普通晶闸管反并联，其内部结构、等效电路及图形符号如图 4 – 3 所示。

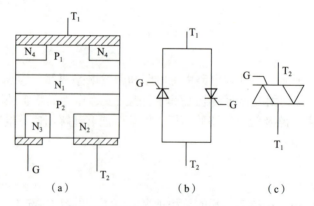

（a）　　　　　　　　（b）　　　　　　　　（c）

图 4 – 3　双向晶闸管的内部结构、等效电路及图形符号

（a）内部结构；（b）等效电路；（c）图形符号

常见的双向晶闸管引脚排列如图 4 – 4 所示。

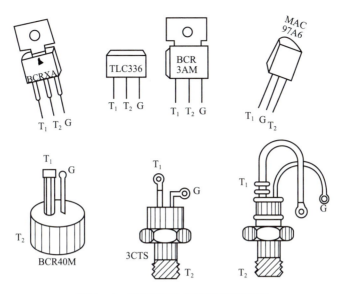

图 4 - 4　常见的双向晶闸管引脚排列

二、双向晶闸管的特性

双向晶闸管的门极可以在主电极正反两个方向触发晶闸管，关于这一点可以在其伏安特性上清楚地看出来，如图 4 - 5 所示。双向晶闸管在第 I 象限和第 Ⅲ 象限有着对称的伏安特性，这一点与普通晶闸管不同。其中，规定双向晶闸管的 T_1 极为正、T_2 极为负时的特性为第 I 象限特性；而 T_1 极为负、T_2 极为正时的特性为第 Ⅲ 象限特性。

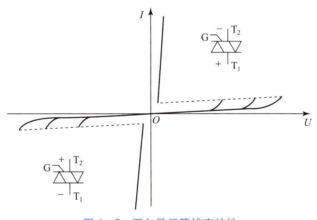

图 4 - 5　双向晶闸管伏安特性

三、双向晶闸管的参数及型号

1. 主要参数

双向晶闸管的主要参数中只有额定电流与普通晶闸管有所不同，其他参数定义相似。

1）额定通态电流

由于双向晶闸管工作在交流电路中，正反向电流都可以流过，所以它的额定电流不用平均值而用有效值来表示，这一点与普通晶闸管不同，在使用时须注意。额定通态电流定义为：在标准散热条件下，当器件的单向导通角大于170°，允许流过器件的最大交流正弦电流的有效值，用 $I_{T(RMS)}$ 表示。

双向晶闸管额定电流与普通晶闸管额定电流之间的换算关系式为

$$I_{T(AV)} = \frac{\sqrt{2}}{\pi}I_{T(RMS)} = 0.45I_{T(RMS)}$$

以此推算，一个 100 A 的双向晶闸管与两个反并联 45 A 的普通晶闸管电流容量相等。

2）断态重复峰值电压

国产双向晶闸管用 KS 表示。如型号 KS50 – 10 – 21，表示额定电流为 50 A，额定电压为 10 级（1 000 V），断态电压临界上升率 du/dt 为 2 级（不小于 200 V/μs），换向电流临界下降率 di/dt 为 1 级［不小于 1% $I_{T(RMS)}$］的双向晶闸管。KS 型双向晶闸管的主要参数和分级见表 4 – 1。

表 4 – 1 KS 双向晶闸管的主要参数和分级

参数 数值 系列	额定通态电流（有效值）$I_{T(RMS)}$ /A	断态重复峰值电压（额定电压）U_{DRM}/V	断态重复峰值电流 I_{DRM} /mA	额定结温 T_{jm}/℃	断态电压临界上升率 du/dt /(V·μs^{-1})	通态电流临界上升率 di/dt /(A·μs^{-1})	换向电流临界下降率 di/dt /(A·μs^{-1})	门极触发电流 I_{GT} /mA	门极触发电压 U_{GT} /V	门极峰值电流 I_{GM} /A	门极峰值电压 U_{GM} /V	维持电流 I_H /mA	通态平均电压 $U_{T(AV)}$ /V
KS1	1		<1	115	≥20	—		3 ~ 100	≤2	0.3	10		上限值各厂由浪涌电流和结温的合格形式试验决定并满足 $|U_{T1} - U_{T2}| ≤$ 0.5 V
KS10	10		<10	115	≥20	—		5 ~ 100	≤3	2	10		
KS20	20		<10	115	≥20	—		5 ~ 200	≤3	2	10		
KS50	50	100 ~ 200	<15	115	≥20	10	≥0.2% $I_{T(RMS)}$	8 ~ 200	≤4	3	12	实测值	
KS100	100		<20	115	≥50	10		10 ~ 300	≤4	4	12		
KS200	200		<20	115	≥50	15		10 ~ 400	≤4	4	12		
KS400	400		<25	115	≥50	30		20 ~ 400	≤4	4	12		
KS500	500		<25	115	≥50	30		20 ~ 400	≤4	4	12		

2. 型号

1）国产双向晶闸管

用 KS 或 3CTS 表示。根据标准规定，双向晶闸管的型号定义为：

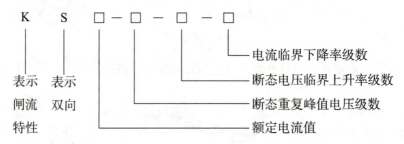

例如，KS100 - 12 表示额定电压为 1 200 V、额定电流为 100 A 的双向晶闸管；3CTS1 表示额定电压为 400 V、额定电流为 1 A 的双向晶闸管。

2）国外双向晶闸管

TRIAC（TrIode AC Semiconductor Switch）是双向晶闸管的简称。各个生产商有其自己产品命名方式。MOTOROLA（摩托罗拉）半导体公司以 MAC 来命名，如 MAC97 - 6；日本三菱公司以 BCR（Bi - directional Controlled Rectifier）来命名，如 BCR1AM - 12、BCR8KM、BCR08AM 等；意法 ST 半导体公司，则以 BT 为前缀来命名元件的型号，并且在 BT 后加 A 或 B 来表示绝缘与非绝缘。组合成 BTA、BTB 系列的双向晶闸管型号，型号的后缀字母（型号最后一个字母）为 W 的，均为"三象限双向晶闸管"，如 BW、CW、SW、TW；代表型号如 BTB12 - 600BW、BTA26 - 700CW、BTA08 - 600SW 等。四象限/绝缘型/双向晶闸管如 BTA06 - 600C、BTA12 - 600B、BTA16 - 600B、BTA41 - 600B 等；四象限/非绝缘/双向晶闸管如 BTB06 - 600C、BTB12 - 600B、BTB16 - 600B、BTB41 - 600B 等；PHILIPS 公司：$D = 5$ mA，$E = 10$ mA，$C = 15$ mA，$F = 25$ mA，$G = 50$ mA，$R = 200$ μA 或 5 mA，型号没有后缀字母的触发电流，通常为 25 ~ 35 mA；PHILIPS 公司的触发电流代表字母没有统一的定义，以产品的封装不同而不同。

有关 KS 型双向晶闸管的分级规定与主要电流、电压等级的规定与普通晶闸管相同，参见表 4 - 2 ~ 表 4 - 5。

表 4 - 2　KS 系列的分级与额定通态电流的规定

系列	KS1	KS10	KS20	KS50	KS100	KS200	KS400	KS500
$I_{T(RMS)}$/A	1	10	20	50	100	200	400	500

表 4 - 3　重复峰值电压的分级规定

系列	1	2	3	4	5	6	7	8	9	10	12	14	16
U_{DRM}/V	100	200	300	400	500	600	700	800	900	1 000	1 200	1 400	1 600

表 4 - 4　断态电压临界上升率的分级规定

等级	0.2	0.5	2	5
du/dt/(V·μs^{-1})	≥20	≥50	≥200	≥500

表 4 - 5　换向电流临界下降率的分级规定

等级	0.2	0.5	1
di/dt/(A·μs^{-1})	≥0.2% $I_{T(RMS)}$	≥0.5% $I_{T(RMS)}$	≥1% $I_{T(RMS)}$

由于双向晶闸管常用在交流电路中，因此额定通态电流 $I_{T(RMS)}$ 以最大交流有效值表示。以 100 A 双向晶闸管为例，其峰值为 $100 \times \sqrt{2} = 141$（A），而普通晶闸管的额定电流是以正弦半波平均值表示，峰值为 141 A 的正弦波的平均值为 $141/\pi = 45$（A）。所以一个 100 A 的双向晶闸管与两个反并联 45 A 的普通晶闸管电流容量相等。

四、双向晶闸管的触发方式

双向晶闸管正反两个方向都能导通，门极加正负电压都能触发。主电压与触发电压相互配合，可以得到下列四种触发方式：

（1）I+ 触发方式：主极 T_1 为正，T_2 为负；门极电压为正，T_2 为负。特性曲线在第 I 象限。

（2）I– 触发方式：主极 T_1 为正，T_2 为负；门极电压为负，T_2 为正。特性曲线在第 I 象限。

（3）III+ 触发方式：主极 T_1 为负，T_2 为正；门极电压为正，T_2 为负。特性曲线在第 III 象限。

（4）III– 触发方式：主极 T_1 为负，T_2 为正；门极电压为负，T_2 为正。特性曲线在第 III 象限。

由于双向晶闸管的内部结构的原因，这四种触发方式的灵敏度各不相同，即所需触发电压、电流的大小不同。其中 III+ 触发方式的灵敏度最低，所需的门极触发功率很大，所以在实际使用时要尽量避开，常采用的触发方式为 I+ 和 III–。

五、双向晶闸管的测试

1. 双向晶闸管电极的判别

用数字万用表的红、黑表笔接触双向晶闸管的任意两个电极，当测得为 0.578 V，即 U_{gt1} 时，便确定未与表笔相接的一极为 T_2。再将红表笔接 T_2，黑表笔任接其余两极之一，此时显示溢出。在红表笔短接 T_2 和悬空的电极时显示 0.546 V，该电压小于 $U_{gt1} = 0.578$ V，故黑表笔所接一极为 T_1，另一极则为 G 极。

2. 双向晶闸管的好坏测试

数字万用表的红表笔接 T_2、黑表笔接 T_1，显示溢出（管子关断）。使红表笔短接 T_2 与 G，此时显示 0.546 V（管子导通），当红表笔脱离 G 极时显示 0.558 V，显然，该值大于导通电压，而又小于 U_{gt1}，管子处于维持导通状态。在检测相反方向的触发性能时，所得结果与上述极为接近，证明管子性能良好。

六、双向晶闸管的触发电路

图 4 – 6 所示为双向晶闸管的简易触发电路。图 4 – 6（a）中当开关 S 拨至 "2" 时，双向晶闸管 VT 只在 I+ 触发，负载 R_L 上仅得到正半周电压；当开关 S 拨至 "3" 时，VT 在正、负半周分别在 I+、III– 触发，R_L 上得到正、负两个半周的电压，因而比置 "2" 时电压大。图 4 – 6（c）、（d）中均引入了具有对称击性的触发二极管 VD，这种二极管两端电压达到击穿电压数值（通常为 30 V 左右，不分极性）时被击穿导通，晶闸管便也触发导通。调节电位器 R_P 改变控制角 α，实现调压。图 4 – 6（c）与图 4 – 6（b）的不同点在于，图 4 – 6（c）中增设了 R_1、R_2、C_2。在图 4 – 6（b）中，当工作于大 α 值时，因 R_P 阻值较大，使 C_1 充电缓慢，到 α 角时电源电压已经过峰值并降得过低，则 C_1 上充电电压过小不足以击穿双向触发二极管 VD；而图 4 – 6（c）在大 α 值时，C_2 上可获得滞后的电

压 u_{C_2}，给电容 C_1 增加一个充电电路，保证在大 α 时 VT 能可靠触发。

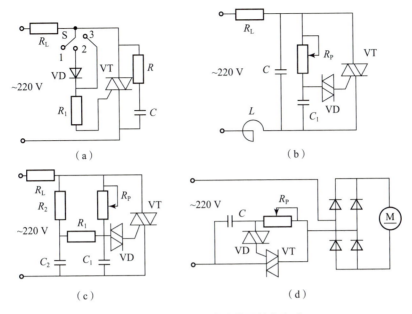

图 4 – 6　双向晶闸管的简易触发电路

（a）简易无级交流调压电路；（b）二极管触发的交流调压电路；
（c）具有充电的交流调压电路；（d）电动机调速电路

任务工单

课程名称		专业班级		日期	
上课地点		参考学时	2 学时	指导教师	
任务名称		双向晶闸管的识别与检测			
小组基本资料					

小组台号	关系	姓名	学号	姓名	学号
	成员				

学习目标	【知识目标】 （1）观察双向晶闸管的结构，认识双向晶闸管的符号； （2）会分析双向晶闸管的导通原理。 【能力目标】 （1）具有较好的识图能力； （2）学会数字万用表判断双向晶闸管的管脚和检测其好坏。 【素养目标】 （1）团队协作与沟通能力； （2）分析和解决问题能力
知识链接	普源示波器用来观察和测量正弦波信号、直流信号的电压和波形。数字万用表用来测各点的电压值。电流表用来测流过负载回路的电流
仪器器材	直流稳压电源、面包板、普源示波器、信号发生器、数字万用表、插线、双向晶闸管

续表

技能训练	1. 双向晶闸管引脚判别及好坏检测。 （1）画出双向晶闸管符号并标注引脚。   （2）简述用数字万用表判断晶闸管引脚及好坏的方法。 2. 双向晶闸管触发特性测试 （1）请试述右图电路的工作原理。 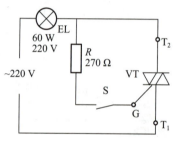 （2）S断开，接入220 V电源，灯应不亮，但这时灯轻微发光，为什么？ （3）S断开，接入220 V电源，灯应不亮，但这时灯正常发光，为什么？ （4）接入220 V电源，闭合开关S，灯不亮，为什么？

教师评价	教师评语	成绩

任务二　交流调压电路

一、单相交流调压电路

电风扇无级调速器实际上就是负载为电感性的单相交流调压电路。交流调压是将一种幅值的交流电能转化为同频率的另一种幅值的交流电能。

1. 电阻性负载

图 4 - 7（a）所示为一双向晶闸管与电阻性负载 R_L 组成的交流调压主电路，图中双向晶闸管也可改用两只反并联的普通晶闸管，但需要两组独立的触发电路分别控制两只晶闸管。

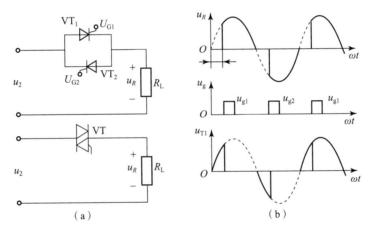

图 4 - 7　单相交流调压电路电阻性负载电路及波形
（a）电路图；（b）波形图

在电源电压 u_i 的正半周内，晶闸管 VT_1 承受正向电压，在电源电压 u_i 的负半周，VT_2 晶闸管承受正向电压。

当 $\omega t = 0 \sim \alpha$ 时，VT_1、VT_2 处于截止状态，输出电压 $u_o = 0$，$i_o = 0$。

当 $\omega t = \alpha$ 时，触发 VT_1 导通，则负载上得到缺 α 角的正弦半波电压，输出电压 $u_o = u_i$，由于是电阻性负载，负载电流 $i_o = u_i/R$。

当 $\omega t = \alpha \sim \pi$ 时，VT_1 继续导通，输出电压 $u_o = u_i$，$i_o = u_i/R$。

当 $\omega t = \pi$ 时，正半周结束 $u_o = 0$，$i_o = 0$，电源电压过零，VT_1 管电流 i_o 下降为零而关断，输出电压 $u_o = 0$，$i_o = 0$。

当 $\omega t = \pi \sim (\pi + \alpha)$ 时，VT_1、VT_2 处于截止状态，输出电压 $u_o = 0$，$i_o = 0$。

当 $\omega t = \pi + \alpha$ 时，触发 VT_2 导通，则负载上又得到缺 α 角的正弦负半波电压，输出电压 $u_o = u_i$，$i_o = u_i/R$。

当 $\omega t = (\pi + \alpha) \sim 2\pi$ 时，VT_2 继续导通，输出电压 $u_o = u_i$，$i_o = u_i/R$。

当 $\omega t = 2\pi$ 时，$u_o = 0$，$i_o = 0$，VT_2 截止，输出电压 $u_o = 0$，$i_o = 0$。

电源电压正半周触发 VT_1，负半周触发 VT_2 时，持续这样的控制，在负载电阻上便得到每半波缺 α 角的正弦电压，如同一个无触点开关，允许频繁操作，因为无电弧，寿命较长。若正、负半周以同样的移相角 α 触发 VT$_1$ 和 VT$_2$，则负载电压有效值可以随 α 角而改变，实现交流调压。

从图 4-7（b）可以看出，随着 α 的逐渐增大，电阻 R_L 上的电压 u_R 逐渐减小。当 α=0 时，u_o=u_i；当 α=π 时，u_o=0。因此，单相交流调压电路对电阻性负载，其电压可调范围为 0~U_i，控制角的移相范围为 0≤α≤π，晶闸管导通角 θ=π-α。这种电路为 α=0 时，功率因数 cos φ=1，随着 α 的增大，相控作用使输入电流滞后于电压且畸变，电路的功率因数也随之降低，这是相控电路普遍存在的一个缺点。

电阻负载上交流电压有效值

$$U_R = \sqrt{\frac{1}{\pi}\int_{\alpha}^{\pi}(\sqrt{2}U_2\sin\omega t)^2 \mathrm{d}(\omega t)} = U_2\sqrt{\frac{1}{2\pi}\sin2\alpha\frac{\pi-\alpha}{\pi}}$$

电流有效值

$$I = \frac{U_R}{R} = \frac{U_2}{R}\sqrt{\frac{1}{2\pi}\sin2\alpha+\frac{\pi-\alpha}{\pi}}$$

电路功率因数

$$\cos\varphi = \frac{P}{S} = \frac{U_R I}{U_2 I} = \sqrt{\frac{1}{2\pi}\sin2\alpha+\frac{\pi-\alpha}{\pi}}$$

电路的移相范围为 0~π。

总结：通过改变 α 可得到不同的输出电压有效值，从而达到交流调压的目的。由双向晶闸管组成的电路，只要在正负半周对称的相应时刻（α、π+α）给予触发脉冲，则和反并联电路一样可得到同样的可调交流电压。

交流调压电路的触发电路完全可以套用整流移相触发电路，但是脉冲的输出必须通过脉冲变压器，其两个二次线圈之间要有足够的绝缘。

2. 电感性负载

图 4-8 所示为单相交流调压电感性负载电路。由于电感的作用，在电源电压由正向负过零时，负载中电流要滞后一定 φ 角度才能到零，即管子要继续导通到电源电压的负半周才能关断。晶闸管的导通角 θ 不仅与控制角 α 有关，而且与负载的功率因数角 φ 有关。控制角越小则导通角越大，因为负载的功率因数角 φ 越大，表明负载感抗大，自感电动势使电流过零的时间越长，因而导通角 θ 越大。

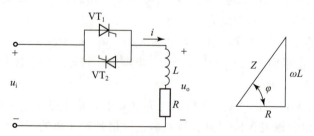

图 4-8 单相交流调压电感性负载电路

下面分三种情况加以讨论。

（1）α>φ。由图 4-9（a）可知，当 α>φ 时，θ<180°，即正负半周电流断续，且 α 越大，θ 越小。可见，α 在 φ~180° 范围内，交流电压连续可调。

（2）$\alpha = \varphi$。由图 4 - 9（b）可知，当 $\alpha = \varphi$ 时，$\theta = 180°$，即正负半周电流临界连续，相当于晶闸管失去控制。

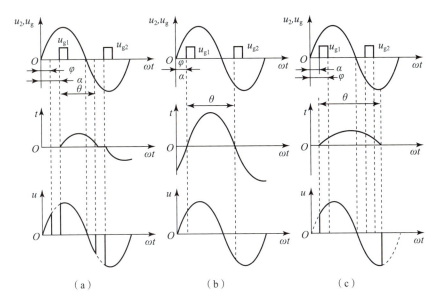

图 4 - 9　单相交流调压电感性负载波形
（a）$\alpha > \varphi$；（b）$\alpha = \varphi$；（c）$\alpha < \varphi$

（3）$\alpha < \varphi$。假设触发脉冲为窄脉冲，并设 VT_1 先被触发导通，此时有 $\theta > 180°$，当 VT_2 的触发脉冲 u_{g2} 出现时，VT_1 管的电流尚未降为零，VT_1 管关断，VT_2 受反压不能被触发导通。当 VT_1 管电流降到零关断时，u_{g2} 脉冲已消失，此时 VT_2 管虽已受正压，但也无法导通。到第三个半波时，u_{g1} 又触发 VT_1 导通。如此，造成仅有一个管多次导通而另一个管不能导通的结果。这样负载电流只有正半波部分出现很大直流分量，电路不能正常工作，甚至会烧毁晶闸管。因此，这种有电感负载的单相交流调压电路，不能用窄脉冲触发，而应该用宽脉冲或脉冲列触发，以保证 VT_1 管电流下降到零时，VT_2 管的触发脉冲信号还未消失，VT_2 可在 VT_1 电流为零关断后接着导通。但 VT_2 的初始触发控制角 $\alpha + \theta - \pi > \varphi$，即 VT_2 的导通角 $\theta < 180°$。从第二周期开始，由于 VT_2 的关断时刻向后移，因此 VT_1 的导通角逐渐减小，VT_2 的导通角逐渐增大，虽然在刚开始触发晶闸管的几个周期内，两管的电流波形是不对称的，但当负载电流中的自由分量（i_o 由两个分量组成，即正弦稳态分量和指数衰减分量）衰减后，负载电流即能得到完全对称连续的波形，这时两个晶闸管的导通角 $\theta = 180°$，达到平衡。电流滞后电源电压角 φ 如图 4 - 9（c）所示。

根据以上分析，当 $\alpha \leqslant \varphi$ 并采用宽脉冲触发时，负载电压、电流总是完整的正弦波，改变控制角 α，负载电压、电流的有效值不变，即电路失去交流调压作用。在感性负载时，要实现交流调压的目的，则最小控制角 $\alpha = \varphi$，所以移相范围为 $\varphi \leqslant \alpha \leqslant \pi$。

输出电压与 α 的关系：移相范围为 $\varphi \leqslant \alpha \leqslant \pi$。当 $\alpha = \varphi$ 时，输出电压为最大，$U_o = U_i$。随着 α 的增大，U_o 降低；当 $\alpha = \pi$ 时，$U_o = 0$。

$\cos\varphi$ 与 α 的关系：$\alpha = 0°$ 时，功率因数 $\cos\varphi = 1$，α 增大，输入电流滞后于电压且畸变，$\cos\varphi$ 降低。

综上所述，单相交流调压有如下特点：

①电阻性负载时，负载电流波形与单相桥式可控整流交流侧电流一致。改变控制角 α 可以连续改变负载电压有效值，达到交流调压的目的。

②电感性负载时，不能用窄脉冲触发。否则，当 $\alpha < \varphi$ 时，会出现一个晶闸管无法导通，产生很大直流分量电流，烧毁熔断器或晶闸管。

③电感性负载时，最小控制角 $\alpha_{\min} = \varphi$（阻抗角），所以 α 的移相范围为 $\varphi \sim 180°$，电阻负载时移相范围为 $0° \sim 180°$。

【例 4-1】 图 4-8 所示为单相交流调压电路，$U_o = 220\ V$，$L = 5.516\ mH$，$R = 1\ \Omega$。试求：

（1）控制角 α 的移相范围；

（2）负载电流最大有效值；

（3）最大输出功率和功率因数。

解 （1）单相交流调压电感性负载时，控制角 α 的移相范围是 $\varphi \sim 180°$，则

$$\begin{aligned}\varphi &= \arctan \frac{\omega L}{R} \\ &= \arctan \frac{2\pi \times 50 \times 5.516 \times 10^{-3}}{1} \\ &= 60°\end{aligned}$$

所以控制角 α 的移相范围是 $60° \sim 180°$。

（2）因 $\alpha = \varphi$ 时，电流为连续状态，此时最大负载电流为

$$I = \frac{U_o}{Z} = \frac{U_o}{\sqrt{R^2 + (\omega L)^2}} = \frac{220}{\sqrt{1 + 1.732^2}} \approx 110\ （A）$$

（3）最大功率为

$$\begin{aligned}P &= U_o I \cos \varphi \\ &= 220 \times 110 \times \cos 60° \\ &= 12.1\ （kW）\end{aligned}$$

$$\cos \varphi = \cos 60° = 0.5$$

二、三相交流调压

单相交流调压器的主电路和控制电路都比较简单，因此成本低，但是只适用于单相负载和中、小容量的应用场所。如果单相负载容量过大，就会造成三相不平衡，影响电网供电质量，因而容量较大的负载大部分为三相负载。要适应三相负载的要求就需用三相交流调压。三相交流调压的电路是对三相交流电的电压进行调节的电路。

图 4-10 所示为三相交流调压电路。用晶闸管或其他功率开关元件组成的双向开关接至三相交流电源和三相负载之间，当开关导通时，电源电压通过开关加到负载上；当开关阻断时，电源电压被开关所隔离，负载上电电压为零。这样一来，通过控制双向开关的通断，可控制输出的三相交流电压。负载的连接方式可分为星形带中性线、星形不带中性线和三角形等，其中以不带中性线的星形连接和三角形连接较常用。

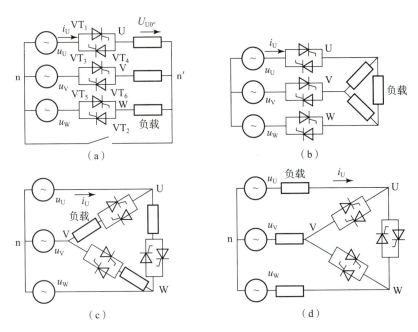

图 4 – 10 三相交流调压电路

(a) 带中性线的三相全波星形连接调压电路;(b) 不带中性线的三相全波负载三角形连接调压电路;
(c) 晶闸管与负载接成内三角形的调压电路;(d) 三相晶闸管三角形连接调压电路

下面只介绍常用的不带中性线的三相全波相位控制的星形连接调压电路,即三相三线制调压电路。

1. 电路结构

图 4 –11 所示为负载星形连接时的三相分支双向控制电路,用 3 对晶闸管反并联或 3 个双向晶闸管分别串接在每相负载上。

2. 工作过程

1) 电阻负载

由于不带中性线,为了保证电路的正常工作,在三相电路中,至少有一相正向晶闸管导通与另一相反向晶闸管导通,所以应采用双脉冲或宽脉冲触发。三相的触发脉冲依次相差 120°,同一相的两个反并联晶闸管触发脉冲相差 π。

(1) 当 $0° \leqslant \alpha < 60°$ 时,三管导通与两管导通交替,每管导通 $180° \sim \alpha$。

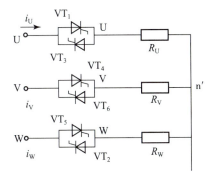

图 4 –11 星形连接三相交流调压电路

$\alpha = 30°$ 时的波形如图 4 – 12 所示。各相电压过零 30°后触发相应晶闸管。以 U 相为例,u_U 过零变正 30°后发出 VT_1 的触发脉冲 u_{g1},u_U 过零变负 30°后发出 VT_4 的触发脉冲 u_{g2}。

当 $\omega t = 0$ 时,u_U 变正,VT_4 关断,但 VT_1 无触发脉冲,继续截止,VT_5、VT_6 继续导通,这时 U 相负载电压 $u_{R_U} = 0$。

当 $\omega t = \pi/6$ 时,触发 VT_1 导通,VT_5、VT_6 继续导通,三相均有电流,这时 U 相负载

电压 $u_{R_U} = u_U$。

当 $\omega t = \pi/3$ 时，$u_W = 0$，VT$_5$ 关断，VT$_2$ 无触发脉冲，继续截止，VT$_1$、VT$_6$ 继续导通，这时 U 相负载电压 $u_{R_U} = u_{UV}/2$。

当 $\omega t = \pi/2$ 时，触发 VT$_2$ 导通，VT$_1$、VT$_6$ 继续导通，这时 U 相负载电压 $u_{R_U} = u_U$。

当 $\omega t = 2\pi/3$ 时，$u_V = 0$，VT$_6$ 关断，VT$_1$、VT$_2$ 继续导通，这时 U 相负载电压 $u_{R_U} = u_{UW}/2$。

当 $\omega t = 5\pi/6$ 时，触发 VT$_3$ 导通，VT$_1$、VT$_2$ 继续导通，这时 U 相负载电压 $u_{R_U} = u_U$。负半周 U 相负载电压可按相同的方式分析。

归纳 $\alpha = 30°$ 时的导通特点：每管持续导通 150°；有的区间由两个晶闸管同时导通构成两相流通回路，有的区间由 3 个晶闸管同时导通构成三相流通回路。图 4-12（c）所示为 $\alpha = 30°$ 时 U 相负载电压波形。

（2）用同样的分析方法可以得到，当 $\alpha = \pi/3$、$2\pi/3$ 时 U 相负载电压波形。

2）电感性负载

三相交流调压电路在电感性负载下的情况要比单相电路复杂得多，很难用数学表达式进行描述。由实验可知，当三相交流调压电路带电感性负载时，同样要求触发脉冲为宽脉冲，而脉冲移相范围为 $0° \leqslant \alpha \leqslant 150°$。随着 α 的增大，输出电压将减小。

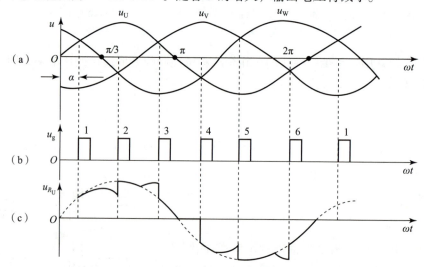

图 4-12 三相全波星形不带中性线调压电路 $\alpha = 30°$ 时的波形

任务工单

课程名称		专业班级		日期	
上课地点		参考学时	2 学时	指导教师	
任务名称		单相交流调压电路调试			
小组基本资料					
小组台号	关系	姓名	学号	姓名	学号
	成员				

续表

学习目标	【知识目标】 1. 懂得交流调压、调功的概念。 2. 会分析单相交流调压电路的工作原理。 3. 研究交流调压感性负载时对移相范围要求。 4. 学会双踪示波器在电力电子线路中的使用特点与方法。 【能力目标】 （1）具有较好的识图能力； （2）会单相交流调压电路的调试方法。 【素养目标】 （1）团队协作与沟通能力； （2）分析和解决问题能力
知识链接	普源示波器用来观察和测量正弦波信号、直流信号的电压和波形。数字万用表用来测各点的电压值。电流表用来测流过负载回路的电流
仪器器材	电力电子实验台、普源示波器、数字万用表
技能训练	1. 按下图所示的电路接线。 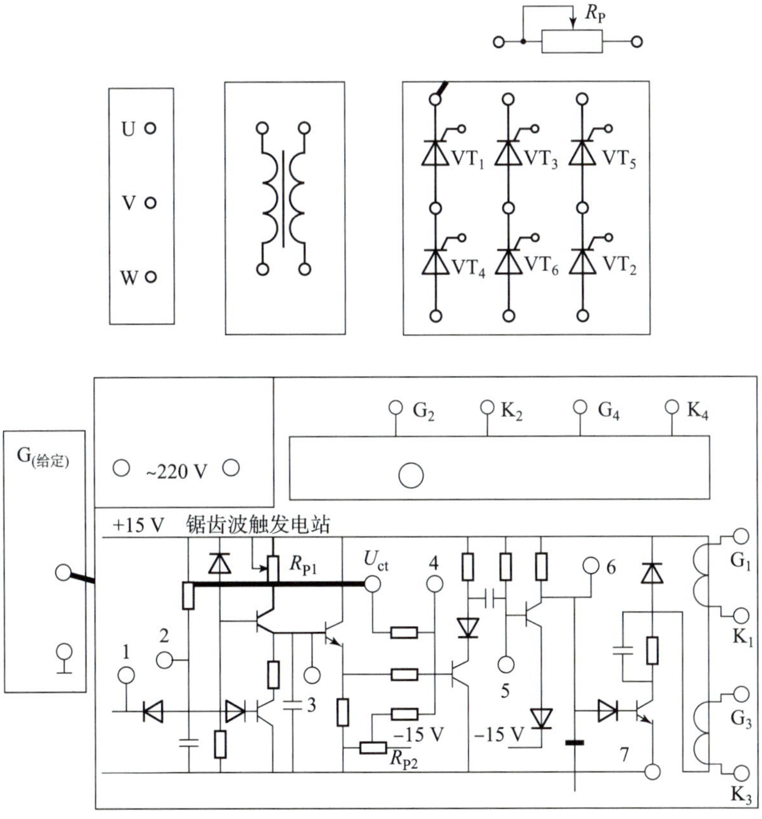 2. 合上主电源，调节脉冲移相电位器 R_P，分别用示波器观察 $\alpha = 60°$、$90°$、$120°$时负载电压 U_d，晶闸管 VT 的阳极、阴极电压波形 U_T 并测定 U_d 及电源电压 U_2。

α U_2，U_d	60°	90°	120°
U_2（测量值）			
U_d（理论值）			
U_d（测量值）			

技能训练

3. 画出电阻性负载，$\alpha = 90°$时，$U_d = f(t)$，$u_{VT} = f(t)$ 的波形。

教师评价	教师评语	成绩

任务三　晶闸管交流开关及应用电路

一、晶闸管交流开关的基本形式

晶闸管交流开关是以其门极中毫安级的触发电流来控制其阳极中几安至几百安大电流通断的装置。在电源电压为正半周时，晶闸管承受正向电压并触发导通，在电源电压过零或为负时晶闸管承受反向电压，在电流过零时自然关断。由于晶闸管总是在电流过零时关断，因而在关断时不会因负载或线路中电感储能而造成暂态过电压。

图4-13所示为几种晶闸管交流开关的基本形式。图4-13（a）所示为普通晶闸管反并联形式，当开关S闭合时，两只晶闸管均以管子本身的阳极电压作为触发电压进行触发，这种触发属于强触发，对要求大触发电流的晶闸管也能可靠触发。随着交流电源的正负交变，两管轮流导通，在负载上得到基本为正弦波的电压。图4-13（b）所示为双向晶闸管交流开关，双向晶闸管工作于I+、Ⅲ-触发方式，这种线路比较简单，但其工作频率低于反并联电路。图4-13（c）所示为带整流桥的晶闸管交流开关，该电路只用一只普通晶闸管，且晶闸管不受反压，其缺点是串联元件多，压降损耗较大。

图4-14所示为一个三相自动控温电热炉电路，它采用双向晶闸管作为功率开关，与KT温控仪配合，实现三相电热炉的温度自动控制。控制开关S有三个挡位：自动、手动、停止。当S拨至"手动"位置时，中间继电器KA得电，主电路中三个本相强触发电路工作，$VT_1 \sim VT_3$导通，电路一直处于加热状态，需由人工控制SB按钮来调节温度。当S拨至"自动"位置时，温控仪KT自动控制晶闸管的通断，使炉温自动保持在设定温度上。

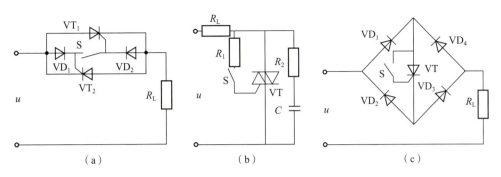

图 4-13　几种晶闸管交流开关的基本形式

（a）普通晶闸管反并联形式；（b）双向晶闸管交流开关；（c）带整流桥的晶闸管交流开关

若炉温低于设定温度，温控仪 KT 使常开触点闭合，晶闸管 VT$_4$ 被触发，KA 得电，使 VT$_1$ ~ VT$_3$ 导通，R_L 发热使炉温升高。炉温至设定温度时，温控仪 KT 控制触点断开，KA 失电，VT$_1$ ~ VT$_3$ 关断，停止加热。待炉温降至设定温度以下时，再次加热。如此反复，则炉温被控制在设定温度附近的小范围内。由于继电器线圈 KA 导通电流不大，故 VT$_4$ 采用小容量的双向晶闸管即可。各双向晶闸管的门极限流电流可由实验确定，其值以使双向晶闸管两端交流电压减到 2 ~ 5 V 为宜，通常为 30 Ω ~ 3 kΩ。

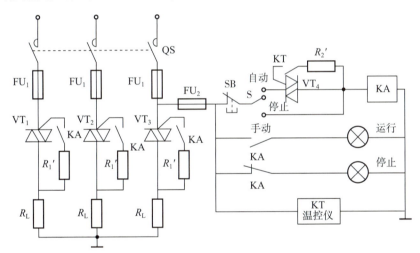

图 4-14　三相自动控温电热炉电路

二、交流调功器

前述各种晶闸管可控整流电路都是采用移相触发控制。这种触发方式的主要缺点是其所产生的缺角正弦波中包含较大的高次谐波，对电力系统形成干扰。过零触发（也称零触发）方式则可克服这种缺点。晶闸管过零触发开关是在电源电压为零或接近零的瞬时给晶闸管以触发脉冲使之导通，利用管子电流小于维持电流使管子自行关断。这样，晶闸管的导通角是 2π 的整数倍，不再出现缺角正弦波，因而对外界的电磁干扰最小。

利用晶闸管的过零控制可以实现交流功率调节，这种装置称为调功器或周波控制器。其控制方式有全周波连续式和全周波断续式两种，如图 4-15 所示。如果在设定周期内，将电路接通几个周波，然后断开几个周波，通过改变晶闸管在设定周期内通断时间的比例，达到调节负载两端交流电压有效值，即负载功率的目的。

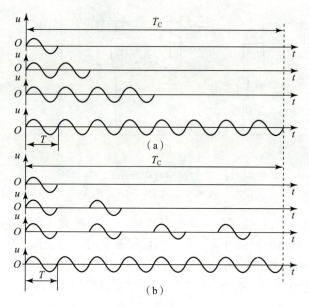

图4-15　全周波过零触发输出电压波形

（a）全周波连续式；（b）全周波断续式

如在设定周期 T_C 内导通的周波数为 n，每个周波的周期为 T（50 Hz，$T=20$ ms），则调功器的输出功率为

$$P = \frac{nT}{T_C}P_n$$

调功器输出电压有效值为

$$U = \sqrt{\frac{nT}{T_C}}U_n$$

式中　P_n、U_n——在设定周期 T_C 内晶闸管全导通时调功器输出的功率与电压有效值。显然，改变导通的周波数 n 就可改变输出电压或功率。

调功器可以用双向晶闸管，也可以用两只晶闸管反并联连接，其触发电路可以采用集成过零触发器，也可利用分立元件组成的过零触发电路。图4-16所示为全周波连续式过零触发电路，电路由锯齿波发生器、信号综合、直流开关、同步电压与过零脉冲输出5个环节组成。

（1）锯齿波是由单结晶体管 V_6 和 R_1、R_2、R_3、R_{P1} 和 C_1 组成张弛振荡器产生的，经射极跟随器（V_1、R_4）输出。其波形如图4-17（a）所示。锯齿波的底宽对应一定的时间间隔（T_C）。调节电位器 R_{P1} 即可改变锯齿波的斜率。由于单结晶体管的分压比一定，故电容 C_1 放电电压一定，斜率的减小，就意味着锯齿波底宽增大（T_C 增大），反之底宽减小。

（2）控制电压（U_C）与锯齿波电压进行叠加后送至 V_2 基极，合成电压为 u_S。若 $u_S > 0$（0.7 V），则 V_2 导通；若 $u_S < 0$，则 V_2 截止，如图4-17（b）所示。

（3）由 V_2、V_3 及 R_8、R_9、VD_6 组成一直流开关。当 V_2 基极电压 $U_{be2} > 0$（0.7 V）时，V_2 管导通，U_{be3} 接近零电位，V_3 管截止，直流开关阻断。

当 $U_{be2} < 0$ 时，V_2 截止，由 R_8、VD_6 和 R_9 组成的分压电路使 V_3 导通，直流开关导通，输出24 V直流电压，V_3 通断时刻如图4-17（c）所示。VD_6 为 V_3 基极提供一阈值

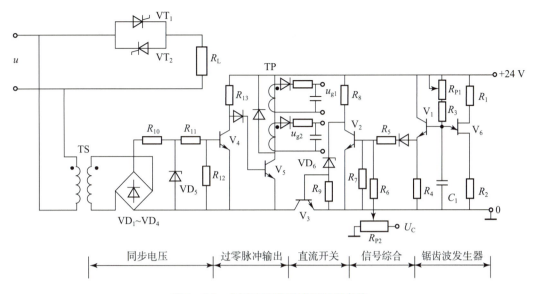

图 4 – 16　全周波连续式过零触发电路

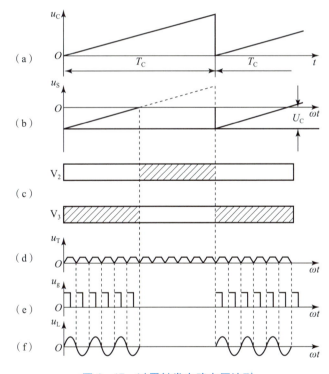

图 4 – 17　过零触发电路电压波形

电压，使 V_2 导通时，V_3 更可靠地截止。

（4）过零脉冲输出。由同步变压器 TS，整流桥 $VD_1 \sim VD_4$ 及 R_{10}、R_{11}、VD_5 组成一削波同步电源，如图 4 – 17（d）所示。它与直流开关输出电压共同控制 V_4 和 V_5，只有在直流开关导通期间，V_4 和 V_5 集电极和发射极之间才有工作电压，才能进行工作。在这期间，同步电压每次过零时，V_4 截止，其集电极输出一正电压，使 V_5 由截止转为导通，经脉冲变压器输出触发脉冲。此脉冲使晶闸管导通，如图 4 – 17（e）所示。于是在直流开关导通期间，便输出连续的正弦波，如图 4 – 17（f）所示。增大控制电压，便可加长开关导通的时间，也就增多了导通的周波数，从而增加了输出的平均功率。

过零触发虽然没有移相触发高频干扰的问题，但其通断频率比电源频率低，特别是当通断比较小时，会出现低频干扰，使照明出现人眼能觉察到的闪烁，电表指针的摇摆等，所以调功器通常用于热惯性较大的电热负载。

三、固态开关

固态开关是一种以双向晶闸管为基础构成的无触点开关组件，包括固态继电器和固态接触器。固态开关一般采用环氧树脂封装，体积小、工作频率高，在频繁通断及潮湿、腐蚀性、易燃的环境中也可使用。

图4-18所示为固态开关电路。1、2为控制信号输入端，3、4为固态开关输出端。各种电路中均采用光电耦合技术，既实现了控制端与负载端的电隔离，也便于计算机控制。

图4-18（a）所示为光电晶体管耦合器零电压开关。当1、2端无输入信号时，V_1 截止，V_2 导通，R_5 两端无电压降，VT_2 不被触发而处于截止状态。当1、2端加上控制信号后，V_1 阻值减小，V_2 截止，VT_1 通过 R_4 被触发导通，交流电源形成回路，R_5 上的电压降提供 VT_2 触发信号使之导通。在电路设计时已对 R_2、R_3 的阻值做适当选择，使得只有在交流电源电压处于零值附近时 V_2 才能截止，因此，不论何时加上输入信号，开关也只能在电源电压过零附近使 VT_1、VT_2 导通。因此本开关为零电压开关。

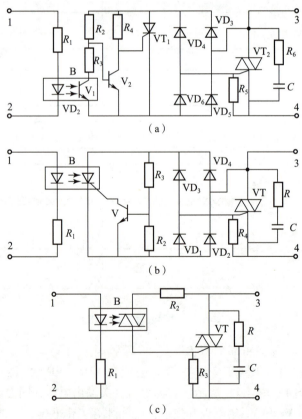

（a）

（b）

（c）

图4-18　固态开关电路
（a）光电晶体管耦合器零电压开关；（b）光电晶闸管耦合器零电压开关；
（c）光电双向二极管耦合器非零电压开关

图 4-18（b）所示为光电晶闸管耦合器零电压开关。当 1、2 端有电压输入，且光控晶闸管门极不被短路时，B 导通，经 3 端→VD_4→B→VD_1→R_4→4 端或 4 端→R_4→VD_3→B→VD_2→3 端形成回路，借助 R_4 上的压降向双向晶闸管 VT 的控制极提供分流，使 VT 导通。由 R_3、R_2、V_1 组成的电路可以看出，只有电源电压过零时 V_1 才会截止，B 中光控晶闸管门极才不会短接。也就是说，只有当电源电压过零同时 1、2 端有控制信号时光控晶闸管才导通，才可触发 VT 导通。因此，这种开关是零电压开关。当 1、2 端无控制信号时，光控晶闸管不能导通，双向晶闸管 VT 零电流时关断。

图 4-18（c）所示为光电双向二极管耦合器非零电压开关。由 1、2 端输入信号时，光电双向晶闸管耦合器 B 导通，输出端交流电源经 3 端→R_2→B→R_3→4 端形成回路，R_3 提供双向晶闸管 VT 的触发信号，以 I+、Ⅲ- 方式触发。这种电路只要输入端 1、2 有输入信号，在交流电源的任意相位均可触发导通，称为非零电压开关。

任务工单

课程名称		专业班级		日期	
上课地点		参考学时	2 学时	指导教师	
任务名称		三相交流调压电路调试			
小组基本资料					
小组台号	关系	姓名	学号	姓名	学号
	成员				
学习目标	**【知识目标】** 1. 懂得交流调压、调功的概念。 2. 懂得三相交流调压电路的工作过程。 3. 会分析三相交流调压电路触发原理。 4. 学会双踪示波器在电力电子线路中的使用特点与方法。 **【能力目标】** （1）具有较好的识图能力； （2）会单相交流调压电路的调试方法。 **【素养目标】** （1）团队协作与沟通能力； （2）分析和解决问题能力				
知识链接	普源示波器用来观察和测量正弦波信号、直流信号的电压和波形。数字万用表用来测各点的电压值。电流表用来测流过负载回路的电流				
仪器器材	电力电子实验台、普源示波器、数字万用表				

续表

技能训练	1. 按下图所示的电路接线。 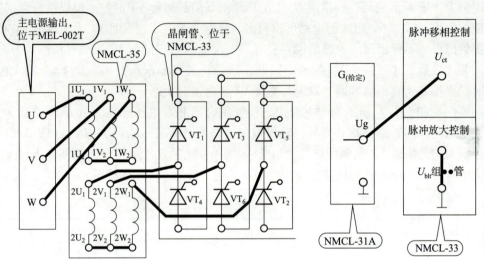 2. 合上主电源，调节脉冲移相电位器 R_P，分别用示波器观察 $\alpha = 60°$、$90°$、$120°$ 时负载电压 U_d，晶闸管 VT 的阳极、阴极电压波形 U_T，并测定 U_d 及电源电压 U_2。

α U_2，U_d	60°	90°	120°
U_2（测量值）			
U_d（理论值）			
U_d（测量值）			

3. 画出电阻性负载，$\alpha = 90°$ 时，$U_d = f(t)$，$u_{VT} = f(t)$ 的波形。

	教师评语	成绩
教师评价		

任务四　电风扇无级调速控制器的装配与调试

一、电风扇无级调速控制器装配使用的工具与仪器仪表

（1）电路焊接使用的工具：电烙铁（20～35 W）、烙铁架、焊锡丝、松香、砂纸。

（2）机加工工具：剥线钳、尖嘴钳、平口钳、镊子、一字螺丝刀、十字螺丝刀、电钻。

（3）测量仪器仪表：直流稳压电源、数字万用表、数字示波器。

（4）电源设备：220 V 正弦交流电。

二、电风扇无级调速控制器元件清单与检测

在电路装配之前先根据电路原理图清点元件，并列出元件明细表，见表 4 - 6。

表 4 - 6　元件清单表

序号	元件名称	编号	规　　格	备注
1	变压器	T	220 V/36 V	
2	二极管	$V_1 \sim V_6$	IN 4007	
3	稳压二极管	V_7	2CW64（18 V）	
4	晶闸管	V_8、V_9	MCR100 - 6	
5	熔断器	FU	0.5 A	
6	电容	C	0.1 μF	
7	单结晶体管	V_{10}	BT33	
8	电位器	R_P	0～100 kΩ	
9	灯泡	H	220 V/40 W	
10	电阻	$R_1 \sim R_5$	1 kΩ、5.1 kΩ、330 Ω、100 Ω、41 Ω	

三、电风扇无级调速控制器的组装与制作

按照印制电路板图焊接好所有元件。装配过程如下：

（1）印制电路板如图 4 - 19 所示。首先检查印制电路板有无破损和缺失，核对印制电路与原理图电路是否一致。

（2）按印制电路板图正确安装元件，一般先安装体积小的元件（如电阻、电容、晶体管等），然后安装体积大的元件（如晶闸管、变压器等）。

（3）安装元件时，要注意：

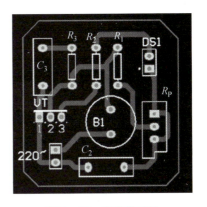

图 4 - 19　电风扇无级
调速控制器印制电路板

①元件不能装错，注意整流二极管、稳压二极管、单结晶体管和晶闸管的极性。

②元件引脚长度适当。

③焊接要牢固，不能存在虚焊、假焊和漏焊现象。

（4）完成装配后进行整体检查和修整。

任务工单

课程名称			专业班级		日期	
上课地点			参考学时	2学时	指导教师	
项目名称			电风扇无级调速控制器			
小组基本资料						

小组台号	关系	姓名	学号	姓名	学号
	成员				

学习目标	1. 学会双向晶闸管的识别与检测。 2. 会分析交流调压电路
知识链接	普源示波器用来观察和测量正弦波信号、直流信号的电压和波形。数字万用表用来测各点的电压值。电流表用来测流过负载回路的电流
仪器器材	函数信号发生器、普源示波器、数字万用表、双向晶闸管、电阻、电容等

技能训练

1. 电路选择与确定，画出电路设计原理图。

2. 填写元器件清单表。

序号	器件名称	规格型号	标称值	实测值	数量	结论

技能训练

3. 元器件检测

（1）测试电阻阻值并填写上表。

（2）检测电位器阻值并填写上表。

（3）电容的检测。

（4）双向晶闸管引脚判别及好坏检测。

①简述用数字万用表判别双向晶闸管引脚的方法。

②绘出双向晶闸管外形图，并标明管脚。

教师评价

教师评语	成绩

📀 项目小结

本项目通过电力电子装置电风扇无级调速器的制作，介绍了双向晶闸管的结构、工作原理、伏安特性、正确选择与使用器件的方法。

交流调压电路的作用是将一定频率和电压的交流电转换为频率不变、电压可调的交流电。交流调压技术普遍应用于交流电动机调速，电能变换系统中的恒压交流电压，高性能不间断交流电压，航天、航海、车辆等特殊应用领域的交流通用电源，蓄电池充电电源等各领域。

自我检测

一、填空题

1. 双向晶闸管的图形符号是_____，三个电极分别是_____、_____和_____。

2. 双向晶闸管的触发方式有_____、_____、_____、_____四种。

3. 型号为 KS100 – 8 的元件表示_____晶闸管，它的额定电压为_____、额定有效电流为_____。

4. 双向晶闸管的触发方式有：

（1）I+ 触发：第一阳极 T_1 接_____电压，第二阳极 T_2 接_____电压；门极 G 接_____电压，T_2 接_____电压。

（2）I– 触发：第一阳极 T_1 接_____电压，第二阳极 T_2 接_____电压；门极 G 接_____电压，T_2 接_____电压。

（3）Ⅲ+ 触发：第一阳极 T_1 接_____电压，第二阳极 T_2 接_____电压，门极 G 接_____电压，T_2 接_____电压。

（4）Ⅲ– 触发：第一阳极 T_1 接_____电压，第二阳极 T_2 接_____电压；门极 G 接_____电压，T_2 接_____电压。

5. 在单相交流调压电路中，负载为电阻性时移相范围是_____，负载是电感性时移相范围是_____。

6. 双向晶闸管的图形符号是_____，三个电极分别是_____、_____和_____。

7. 交流零触发开关电路就是利用_____方式来控制晶闸管导通与关断的。

二、判断题

（　　）1. 双向晶闸管与普通晶闸管一样，额定电流也用通态电流平均值表示。

（　　）2. 双向晶闸管的额定电流是用有效值来表示的。

（　　）3. 型号为 KS50 – 7 的半导体器件，是一个额定电流为 50 A 的普通晶闸管。

（　　）4. 普通单向晶闸管不能进行交流调压。

（　　）5. 两只反并联 50 A 的普通晶闸管可以用一只额定电流为 100 A 的双向晶闸管来替代。

（　　）6. 双向晶闸管的结构与普通晶闸管一样，也是由四层半导体（$P_1N_1P_2N_2$）材料构成的。

（　　）7. 普通单向晶闸管不能进行交流调压。

三、选择题

1. 双向晶闸管的额定电流是用电流的（　　）来表示的。

    A. 有效值　　　　　B. 最大值　　　　　C. 平均值　　　　　D. 峰值

2. 双向晶闸管是用于交流电路中的，其外部有（　　）电极。

    A. 一个　　　　　　B. 两个　　　　　　C. 三个　　　　　　D. 四个

3. 双向晶闸管的四种触发方式中，灵敏度最低的是（　　）。

    A. Ⅰ+　　　　　　B. Ⅱ-　　　　　　C. Ⅲ+　　　　　　D. Ⅲ-

思考与练习

4-1　双向晶闸管有哪几种触发方式？使用时要注意什么问题？

4-2　某一双向晶闸管的额定电流为 200 A，问它可以代替两只反并联的额定电流为多少的普通型晶闸管？

4-3　图 4-20 所示为采用双向晶闸管的单相电源漏电检测原理图，试分析其工作原理。

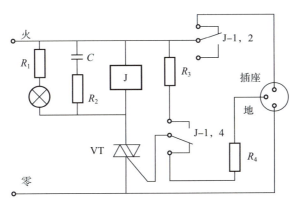

图 4-20　采用双向晶闸管的单相电源漏电检测原理图

4-4　图 4-21 所示为一单相交流调压电路，试分析当开关 Q 置于 1、2、3 位置时电路的工作情况，并画出开关置于不同位置时负载上得到的电压波形。

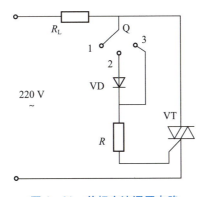

图 4-21　单相交流调压电路

4-5　单相交流调压电路中，对于电阻-电感负载，为什么晶闸管的触发脉冲要用宽脉冲或脉冲列？

4-6 单相交流调压电路，负载阻抗角为30°，问控制角 α 的有效移相范围有多大？

4-7 调压电路和交流调功电路有何区别？二者各应用于什么样的负载？为什么？

4-8 单相交流调压电路带电阻负载和电感负载时所产生的谐波有何异同？

4-9 三相交流调压电路采用三相四线接法时，存在哪些问题？

4-10 一单相交流调压器，电源为工频 220 V，电阻、电感串联作为负载，其中 $R = 0.5\ \Omega$，$L = 2\text{mH}$，试求：

（1）控制角的变化范围；

（2）负载电流的最大有效值；

（3）最大输出功率及此时电源侧的功率因数；

（4）当 $\alpha = \dfrac{\pi}{2}$ 时，晶闸管电流有效值、晶闸管导通角和电源侧功率因数。

项目五

开关电源

学习目标

1. 会用万用表检测电力二极管和晶闸管的引脚及好坏。
2. 懂得电力二极管的导通和关断原理。
3. 懂得晶闸管的工作原理。
4. 会分析单相半波整流电路的工作原理。

项目描述

开关电源是一种高效率、高可靠性、小型化、轻型化的稳压电源，是电子设备的主流电源，广泛应用于生活、生产、军事等各个领域。各种计算机设备、彩色电视机等家用电器等都大量采用了开关电源。图 5 - 1 所示为常见的 PC 主机开关电源。

图 5 - 1　常见的 PC 主机开关电源

项目分析

PC 主机开关电源的基本作用是通过控制功率开关管的导通与截止，将直流电压变成连续的脉冲，在经变压器隔离降压及输出滤波后变为低压的直流电。一般有四路输出，分别是 + 5 V、- 5 V、+ 12 V、- 12 V。

知识链接

任务一　认识电力晶体管

一、电力晶体管的结构和工作原理

1. 基本结构

通常把集电极最大允许耗散功率在 1 W 以上，或最大集电极电流在 1 A 以上的三极管称为大功率晶体管，其结构和工作原理都和小功率晶体管非常相似。由三层半导体、两个 PN 结组成，有 PNP 和 NPN 两种结构，其电流由两种载流子（电子和空穴）的运动形成，所以称为双极型晶体管。

图 5 - 2（a）所示为 NPN 型功率晶体管的内部结构，电气图形符号如图 5 - 2（b）所示。大多数 GTR 是用三重扩散法制成的，或者是在集电极高掺杂的 N^+ 硅衬底上用外延生长法生长一层 N 漂移层，然后在上面扩散 P 基区，接着扩散掺杂的 N^+ 发射区。

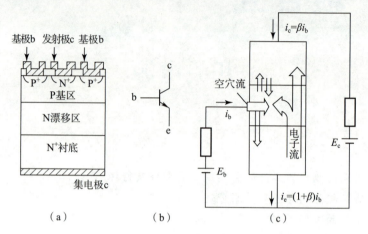

图 5 - 2　GTR 的结构、电气图形符号和内部载流子流动
(a) GTR 的结构；(b) 电气图形符号；(c) 内部载流子的流动

大功率晶体管通常采用共发射极接法，图 5 - 2（c）所示为共发射极接法时的功率晶体管内部主要载流子流动示意图。

常见大功率晶体管如图 5 - 3 所示，从图中可见，大功率晶体管的外形除体积比较大外，其外壳上都有安装孔或安装螺钉，便于将其安装在外加的散热器上。因为对于大功率晶体管来说，单靠外壳散热是远远不够的。例如，50 W 的硅低频大功率晶体管，如果不加散热器工作，其最大允许耗散功率仅为 2 ~ 3 W。

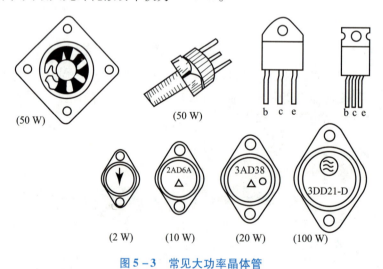

图 5 - 3　常见大功率晶体管

2. 工作原理

在电力电子技术中，GTR 主要工作在开关状态。晶体管通常连接成共发射极电路，NPN 型 GTR 通常工作在正偏（$I_b > 0$）时大电流导通；反偏（$I_b < 0$）时处于截止高电压状态。因此，给 GTR 的基极施加幅度足够大的脉冲驱动信号，它将工作于导通和截止的

开关工作状态。

二、GTR 的特性

1. 静态特性

共发射极接法时，GTR 的输出特性如图 5-4 所示，可分为 3 个工作区。

（1）截止区。$i_b \leq 0$，$u_{be} \leq 0$，$u_{bc} < 0$，集电极只有漏电流流过。

（2）放大区。$i_b > 0$，$u_{be} > 0$，$u_{bc} < 0$，$i_c = \beta i_b$。

（3）饱和区。$i_b > i_{cs}/\beta$，$u_{be} > 0$，$u_{bc} > 0$。其中 i_{cs} 是集电极饱和电流，其值由外电路决定。

两个 PN 结都为正向偏置，这是饱和的特征。饱和时，集电极、发射极间的管压降 u_{ce} 很小，相当于开关接通，这时尽管电流很大，但损耗并不大。GTR 刚进入饱和时为临界饱和，如 i_b 继续增加，则为过饱和，用作开关时，应工作在深度饱和状态，这有利于降低 u_{ce} 和减小导通时的损耗。

2. 动态特性

动态特性描述 GTR 开关过程的瞬态性能，又称为开关特性。GTR 在实际应用中，通常工作在频繁开关状态。为正确、有效地使用 GTR，应了解其开关特性。图 5-5 所示为 GTR 开关特性的基极、集电极电流波形。

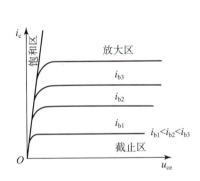

图 5-4 GTR 共发射极接法的输出特性

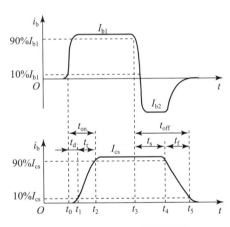

图 5-5 GTR 开关特性的基极、集电极电流波形

整个工作过程分为开通过程、导通状态、关断过程、阻断状态 4 个不同的阶段。图 5-5 中开通时间 t_{on} 对应着 GTR 由截止到饱和的开通过程，关断时间 t_{off} 对应着 GTR 由饱和到截止的关断过程。

GTR 的开通过程是从 t_0 时刻起注入基极驱动电流，这时并不能立刻产生集电极电流，过一小段时间后，集电极电流开始上升，逐渐增至饱和电流值 I_{cs}。把 i_c 达到 10% I_{cs} 的时刻定为 t_1，达到 90% I_{cs} 的时刻定为 t_2，则把 t_0 到 t_1 这段时间称为延迟时间，以 t_d 表示，把 t_1 到 t_2 这段时间称为上升时间，以 t_r 表示。

要关断 GTR，通常给基极加一个负的电流脉冲，但集电极电流并不能立即减小，而要经过一段时间才能开始减小，再逐渐降为零。把 i_b 降为稳态值 $90\% I_{b1}$ 的时刻定为 t_3，把 i_c 下降到 $90\% I_{cs}$ 的时刻定为 t_4，把下降到 $10\% I_{cs}$ 的时刻定为 t_5，则把 t_3 到 t_4 这段时间称为储存时间，以 t_s 表示，把 t_4 到 t_5 这段时间称为下降时间，以 t_f 表示。

延迟时间 t_d 和上升时间 t_r 之和是 GTR 从关断到导通所需要的时间，称为开通时间，以 t_{on} 表示，则 $t_{on} = t_d + t_r$。

储存时间 t_s 和下降时间 t_f 之和是 GTR 从导通到关断所需要的时间，称为关断时间，以 t_{off} 表示，则 $t_{off} = t_s + t_f$。

GTR 在关断时漏电流很小，导通时饱和压降很小。因此，GTR 在导通和关断状态下损耗都很小，但在关断和导通的转换过程中，电流和电压都较大，随意开关过程中损耗也较大。当开关频率较高时，开关损耗是总损耗的主要部分。因此，缩短开通和关断时间对降低损耗、提高效率和运行可靠性很有意义。

三、GTR 的主要参数

这里主要讲述 GTR 的极限参数，即最高工作电压、集电极最大允许电流、集电极最大耗散功率和最高工作结温等。

1. 最高工作电压

GTR 上所施加的电压超过规定值时，就会发生击穿。击穿电压不仅和晶体管本身特性有关，还与外电路接法有关。

（1）BU_{cbo}：发射极开路时，集电极和基极间的反向击穿电压。

（2）BU_{ceo}：基极开路时，集电极和发射极之间的击穿电压。

（3）BU_{cer}：实际电路中，GTR 的发射极和基极之间常接有电阻 R，这时用 BU_{cer} 表示集电极和发射极之间的击穿电压。

（4）BU_{ces}：当 R 为 0，即发射极和基极短路时，用 BU_{ces} 表示其击穿电压。

（5）BU_{cex}：发射极反向偏置时，集电极和发射极之间的击穿电压。

其中 $BU_{cbo} > BU_{cex} > BU_{ces} > BU_{cer} > BU_{ceo}$，实际使用时，为确保安全，最高工作电压要比 BU_{ceo} 低得多。

2. 集电极最大允许电流 I_{cm}

GTR 流过的电流过大，会使 GTR 参数劣化，性能将变得不稳定，尤其是发射极的集边效应可能导致 GTR 损坏。因此，必须规定集电极最大允许电流值。通常规定共发射极电流放大系数 β 下降到规定值的 $1/3 \sim 1/2$ 时，所对应的电流 I_c 为集电极最大允许电流，以 I_{cm} 表示。实际使用时还要留有较大的安全裕量，一般只能用到 I_{cm} 值的一半或稍多一点，否则 GTR 的性能将变坏。

3. 集电极最大耗散功率 P_{cm}

集电极最大耗散功率是指 GTR 在最高允许结温时所对应的耗散功率，它等于集电结工作电压与集电极工作电流的乘积，用 P_{cm} 表示。产品说明书中在给出 P_{cm} 时总是同时给出壳温，间接表示了最高结温的参数。由于这部分能量将转化为热量使 GTR 发热，因此 GTR 在使用时应采用必要的散热技术。如果散热条件不好，其会促使 GTR 的平均寿命下降。实践表明，工作结温每增加 20 ℃，GTR 的平均寿命大约下降一个数量级，有时会因温度过高而使 GTR 迅速损坏。

4. 最高工作结温 T_{JM}

GTR 正常工作允许的最高结温，以 T_{JM} 表示。GTR 结温过高时，会导致热击穿而烧坏。

四、GTR 的二次击穿问题和安全工作区

1. 二次击穿问题

实践表明，GTR 即使工作在最大耗散功率范围内，仍有可能突然损坏，其原因一般是由二次击穿引起的，二次击穿是影响 GTR 安全可靠工作的一个重要因素。

二次击穿是由于集电极电压升高到一定值（未达到极限值）时，发生雪崩效应造成的。理论上，只要功耗不超过极限，管子是可以承受的，但是在实际使用中，会出现负阻效应，I_e 进一步剧增。由于管子结面的缺陷、结构参数的不均匀，使局部电流密度剧增，形成恶性循环，导致管子损坏。

二次击穿的持续时间在纳秒到微秒之间完成，由于管子的材料、工艺等因素的分散性，二次击穿难以计算和预测。防止二次击穿的办法是：①应使实际使用的工作电压比反向击穿电压低得多；②必须有电压电流缓冲保护措施。

2. 安全工作区

以直流极限参数 I_{cM}、P_{cM}、U_{ceM} 构成的工作区为一次击穿工作区，如图 5-6 所示。以 U_{SB}（二次击穿电压）与 I_{SB}（二次击穿电流）组成的 P_{SB}（二次击穿功率）是一个不等功率曲线。以 3DD8E 晶体管测试数据为例，$P_{cM} = 100$ W，$BU_{ceo} \geqslant 200$ V，但由于受到击穿的限制，当 $U_{ce} = 100$ V，$P_{SB} = 60$ W，$U_{ce} = 200$ V 时，$P_{SB} = 28$ W。因此，为防止二次击穿，要选用足够大功率的管子，实际使用的最高电压通常比管子的极限电压低很多。

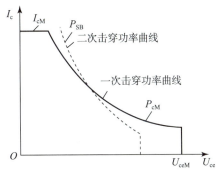

图 5-6 GTR 安全工作区

安全工作区是在一定的温度条件下得出的，如环境温度 25 ℃或壳温 75 ℃等，使用时若超过上述指定温度值，允许功耗和二次击穿耐量都必须降低。

五、GTR 的驱动与保护

1. GTR 基极驱动电路

1) 对基极驱动电路的要求

由于 GTR 主电路电压较高，控制电路电压较低，所以应实现主电路与控制电路间的电隔离。

在使 GTR 导通时，基极正向驱动电流应有足够陡的前沿，并有一定幅度的强制电流，以加速开通过程，减小开通损耗，如图 5 – 7 所示。

GTR 导通期间，在任何负载下，基极电流都应使 GTR 处在临界饱和状态，这样既可降低导通饱和压降，又可缩短关断时间。

在使 GTR 关断时，应向基极提供足够大的反向基极电流（图 5 – 7），以加快关断速度，减小关断损耗。

应有较强的抗干扰能力，并有一定的保护功能。

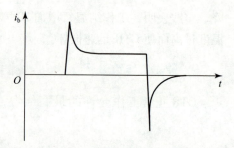

图 5 – 7　GTR 基极驱动电流波形

2）基极驱动电路

图 5 – 8 所示为一个实用的 GTR 驱动电路。该电路采用正、负双电源供电。当输入信号为高电平时，三极管 V_1、V_2 和 V_3 导通，而 V_4 截止，这时 V_5 导通。二极管 VD_3 可以保证 GTR 导通时工作在临界饱和状态。流过二极管 VD_3 的电流随 GTR 的临界饱和程度而改变，自动调节基极电流。当输入低电平时，V_1、V_2、V_3 截止，而 V_4 导通，这就给 GTR 的基极一个负电流，使 GTR 截止。在 V_4 导通期间，GTR 的基极 – 发射极一直处于负偏置状态，这就避免了反向电流的通过，从而防止同一桥臂另一个 GTR 导通产生过电流。

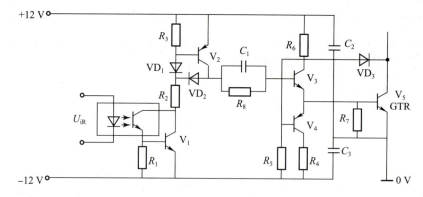

图 5 – 8　实用的 GTR 驱动电路

3）集成化驱动

集成化驱动电路克服了一般电路元件多、电路复杂、稳定性差和使用不便的缺点，还增加了保护功能。如法国 THOMSON 公司为 GTR 专门设计的基极驱动芯片 UAA4002。采用此芯片可以简化基极驱动电路，提高基极驱动电路的集成度、可靠性、快速性。它把对 GTR 的完整保护和最优驱动结合起来，使 GTR 运行于自身可保护的准饱和最佳状态。

2. GTR 的保护电路

为使 GTR 在厂家规定的安全工作区内可靠的工作，必须对其采用必要的保护措施。而对 GTR 的保护相对来说比较复杂，因为它的开关频率较高，采用快熔保护是无效的。一般采用缓冲电路，主要有 RC 缓冲电路、充放电型 R – C – VD 缓冲电路和阻止放电型 R – C – VD 缓冲电路三种形式，如图 5 – 9 所示。

RC 缓冲电路简单，对关断时基极 – 发射极间电压上升有抑制作用。这种电路只适用于小容量的 GTR（电流 10 A 以下）。

充放电型 R – C – VD 缓冲电路增加了缓冲二极管 VD_2，可以用于大容量的 GTR。但它

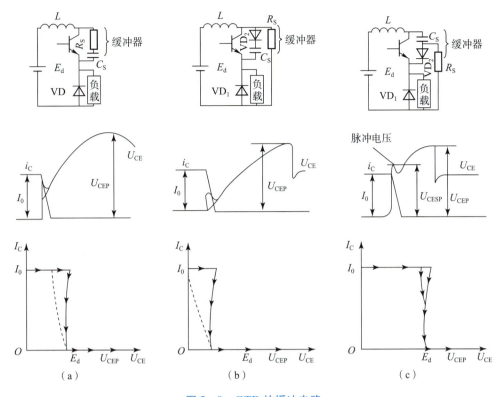

图 5 – 9　GTR 的缓冲电路

（a）*RC* 缓冲电路；（b）充放电型 *R* – *C* – VD 缓冲电路；（c）阻止放电型 *R* – *C* – VD 缓冲电路

的损耗（在缓冲电路的电阻上产生的）较大，不适用于高频开关电路。

阻止放电型 *R* – *C* – VD 缓冲电路较常用于大容量 GTR 和高频开关电路的缓冲器中，其最大优点是缓冲产生的损耗小。

为使 GTR 正常可靠地工作，除采用缓冲电路之外，还应设计最佳驱动电路，并使 GTR 工作于准饱和状态。另外，采用电流检测环节，在故障时封锁 GTR 的控制脉冲，使其及时关断，保证 GTR 电控装置安全可靠地工作；在 GTR 电控系统中设置过压、欠压和过热保护单元，以保证安全可靠地工作。

任务二　认识电力场效应晶体管

电力场效应晶体管（Metal Oxide Semiconductor Field Effect Transistor，MOSFET）与 GTR 相比，功率 MOSFET 具有开关速度快、损耗低、驱动电流小、无二次击穿现象等优点。它的缺点是电压不能太高、电流容量也不能太大，所以目前它只适用于小功率电力电子变流装置。

一、MOSFET 的结构及工作原理

1. 结构

功率场效应晶体管是压控型器件，其门极控制信号是电压。它的三个极分别是：栅极 G、源极 S、漏极 D。功率场效应晶体管有 N 沟道和 P 沟道两种。N 沟道中载流子是电子，

P沟道中载流子是空穴，都是多数载流子。其中每一类又可分为增强型和耗尽型两种。耗尽型，当栅源间电压$U_{GS}=0$时存在导电沟道，漏极电流$I_D \neq 0$；增强型，当$U_{GS}=0$时没有导电沟道，$I_D=0$，只有当$U_{GS}>0$（N沟道）或$U_{GS}<0$（P沟道）时才开始有I_D。功率MOSFET绝大多数是N沟道增强型，这是因为电子作用比空穴大得多。N沟道和P沟道MOSFET的电气图形符号如图5-10所示。

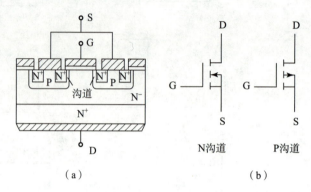

图5-10 功率MOSFET的结构和电气图形符号
（a）功率MOSFET的结构；（b）电气图形符号

大功率场效应晶体管与小功率场效应晶体管的原理基本相同，但是为了提高电流容量和耐压能力，在芯片结构上却有很大不同：电力场效应晶体管采用小单元集成结构来提高电流容量和耐压能力，并且采用垂直导电排列来提高耐压能力。几种功率场效应晶体管的外形如图5-11所示。

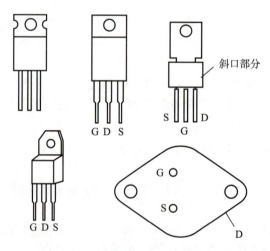

图5-11 几种功率场效应晶体管的外形

2. 工作原理

当D、S加正电压（漏极为正，源极为负），$u_{GS}=0$时，P体区和N漏区的PN结反偏，D、S之间无电流通过；如果在G、S之间加一正电压u_{GS}，由于栅极是绝缘的，所以不会有电流流过，但栅极的正电压会将其下面P区中的空穴推开，而将P区中的少数载流子电子吸引到栅极下面的P区表面。当u_{GS}大于某一电压U_T时，栅极下P区表面的电子浓度将超过空穴浓度，从而使P型半导体反型成N型半导体而成为反型层，该反型层形成N

沟道而使 PN 结 J_1 消失，漏极和源极导电。电压 U_T 称为开启电压或阈值电压，u_{GS} 超过 U_T 越多，导电能力越强，漏极电流越大。

二、MOSFET 的特性

1. 转移特性

转移特性是指在输出特性的饱和区内，u_{DS} 维持不变时，u_{GS} 与 i_D 之间的关系曲线，称为 MOSFET 的转移特性，如图 5 – 12（a）所示，图中 U_T 是功率 MOSFET 的开启电压。转移特性表征器件输入电压 u_{GS} 对输出电流 i_D 的控制作用和放大能力。

2. 输出特性

图 5 – 12（b）所示为 MOSFET 的漏极伏安特性，即输出特性。它是以栅源电压 U_{GS} 为参变量，反映漏极电流 I_D 与漏极电压 U_{DS} 之间关系的曲线族。

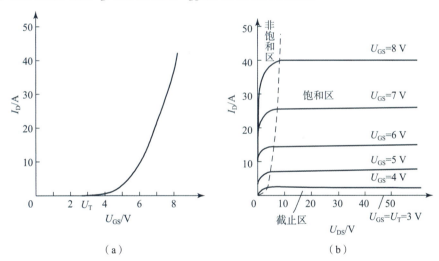

（a）   （b）

图 5 – 12 电力 MOSFET 的转移特性和输出特性
（a）转移特性；（b）输出特性

输出特性可以分三个区域：

（1）截止区。$U_{GS} \leqslant U_T$，$I_D = 0$，这和电力晶体管的截止区相对应。

（2）饱和区。$U_{GS} > U_T$，$U_{DS} \geqslant U_{GS} - U_T$，当 U_{GS} 不变时，I_D 几乎不随 U_{DS} 的增加而增加，近似为一常数，故称饱和区。这里的饱和区并不和电力晶体管的饱和区对应，而对应于后者的放大区。当用作线性放大时，MOSFET 工作在该区。

（3）非饱和区。$U_{GS} > U_T$，$U_{DS} < U_{GS} - U_T$，漏源电压 U_{DS} 和漏极电流 I_D 之比近似为常数。该区对应于电力晶体管的饱和区。当 MOSFET 作开关应用而导通时即工作在该区。

在制造功率 MOSFET 时，为提高跨导并减少导通电阻，在保证所需耐压的条件下，应尽量减小沟道长度。因此，每个 MOSFET 单元都要做得很小，每个单元能通过的电流也很小。为能使器件通过较大的电流，每个器件由许多个 MOSFET 单元组成。

3. 开关特性

图 5 – 13（a）所示为用来测试 MOSFET 开关特性的电路，其中 u_p 为矩形脉冲电压信

号源，其波形如图 5-13（b）所示，R_S 为信号源内阻，R_G 为栅极电阻，R_L 为漏极负载电阻，R_F 用于检测漏极电流。因为 MOSFET 存在输入电容 C_{in}，所以当脉冲电压 u_p 的前沿到来时，C_{in} 有充电过程，栅极电压 U_{GS} 呈指数曲线上升。当 U_{GS} 上升到开启电压 U_T 时开始出现漏极电流 i_D。从 u_p 的前沿时刻到 $u_{GS} = U_T$ 的时刻，这段时间称为开通延迟时间 $t_{d(on)}$。此后，i_D 随 U_{GS} 的上升而上升。u_{GS} 从开启电压上升到 MOSFET 进入非饱和区的栅压 U_{GPS}，这段时间称为上升时间 t_r，这时相当于电力晶体管的临界饱和，漏极电流 i_D 也达到稳态值。i_D 的稳态值由漏极电压和漏极负载电阻所决定，U_{GPS} 的大小和 i_D 的稳态值有关。u_{GS} 的值达 U_{GPS} 后，在脉冲信号源 u_p 的作用下继续升高直至到达稳态值，但 i_D 已不再变化，相当于电力晶体管处于饱和状态。MOSFET 的开通时间 t_{on} 为开通延迟时间 $t_{d(on)}$ 与上升时间 t_r 之和，即

$$t_{on} = t_{d(on)} + t_r$$

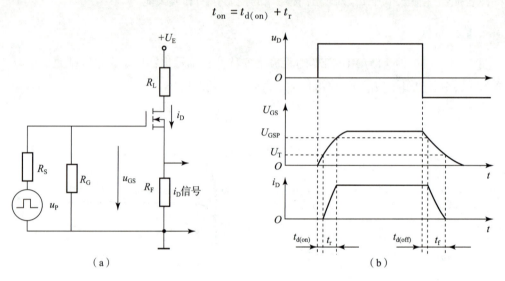

图 5-13　功率 MOSFET 开关特性

（a）MOSFET 开关特性的测试电路；（b）波形

当脉冲电压 u_p 下降到零时，栅极输入电容 C_{in} 通过信号源内阻 R_S 和栅极电阻 R_G（$\geqslant R_S$）开始放电，栅极电压 u_{GS} 按指数曲线下降，当下降到 U_{GPS} 时，漏极电流 i_D 才开始减小，这段时间称为关断延迟时间 $t_{d(off)}$。此后，C_{in} 继续放电，u_{GS} 从 U_{GPS} 继续下降，i_D 减小，到 u_{GS} 小于 U_T 时沟道消失，i_D 下降到零，这段时间称为下降时间 t_f。关断延迟时间 $t_{d(off)}$ 和下降时间 t_f 之和为关断时间 t_{off}，即

$$t_{off} = t_{d(off)} + t_f$$

从上面的分析可以看出，MOSFET 的开关速度和其输入电容的充放电有很大关系。使用者虽然无法降低其 C_{in} 值，但可以降低栅极驱动回路信号源内阻 R_S 的值，从而减小栅极回路的充放电时间常数，加快开关速度。MOSFET 的工作频率可达 100 kHz 以上。

MOSFET 是场控型器件，在静态时几乎不需要输入电流。但是在开关过程中需要对输入电容充放电，仍需要一定的驱动功率。开关频率越高，所需的驱动功率越大。

三、MOSFET 的主要参数

1. U_{DS}

漏极电压是 MOSFET 的额定电压，选用时必须留有较大安全余量。

2. I_{DM}

漏极最大允许电流是 MOSFET 的额定电流，其大小主要受管子的温升限制。

3. 栅源电压 U_{GS}

栅极与源极之间的绝缘层很薄，承受电压很低，一般不得超过 20 V，否则绝缘层可能被击穿而损坏，使用中应加以注意。

4. 开通时间 t_{on} 和关断时间 t_{off}

功率 MOSFET 的开通时间 t_{on} 定义为开通延迟时间 $t_{d(on)}$ 和上升时间 t_r 之和，即

$$t_{on} = t_{d(on)} + t_r$$

功率 MOSFET 的关断时间 t_{off} 定义为关断延迟时间 $t_{d(off)}$ 和下降时间 t_f 之和，即

$$t_{off} = t_{d(off)} + t_f$$

总之，为了安全可靠，在选用 MOSFET 时，对电压、电流的额定等级都应留有较大余量。

四、功率 MOSFET 的驱动

1. 对栅极驱动电路的要求

（1）能向栅极提供需要的栅压，以保证可靠开通和关断 MOSFET。

（2）减小驱动电路的输出电阻，以提高栅极充放电速度，从而提高 MOSFET 的开关速度。主电路与控制电路需要电的隔离。

（3）应具有较强的抗干扰能力，这是由于 MOSFET 通常工作频率高、输入电阻大、易被干扰。

理想的栅极控制电压波形如图 5－14 所示。提高正栅压上升率可缩短开通时间，但也不宜过高，以免 MOSFET 开通瞬间承受过高的电流冲击。正负栅压幅值应要小于所规定的允许值。

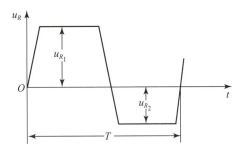

图 5－14　理想的栅极控制电压波形

2. 栅极驱动电路举例

图 5－15 所示为功率 MOSFET 的一种驱动电路，它由隔离电路与放大电路两部分组成。隔离电路的作用是将控制电路和功率电路隔离开；放大电路则是将控制信号进行功率放大后驱动功率 MOSFET，推挽输出级的目的是进行功率放大和降低驱动源内阻，以减小功率 MOSFET 的开关时间和降低其开关损耗。

驱动电路的工作原理：当无控制信号输入时（$u_i =$ "0"），放大器 A 输出低电平，V_3 导通，输出负驱动电压，MOSFET 关断；当有控制信号输入时（$u_i =$ "1"），放大器 A 输出高电平，V_2 导通，输出正驱动电压，MOSFET 导通。

实际应用中，功率 MOSFET 多采用集成驱动电路，如日本三菱公司专为 MOSFET 设计

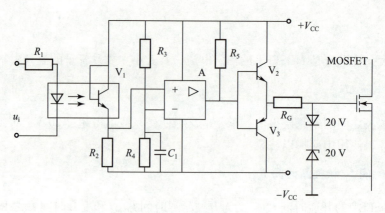

图 5 – 15　功率 MOSFET 的一种驱动电路

的专用集成驱动电路 M57918L，其输入电流幅值为 16 mA，输出最大脉冲电流为 + 2 A 和 − 3 A，输出驱动电压为 + 15 V 和 − 10 V。

3. MOSFET 的保护电路

功率 MOSFET 的薄弱之处是栅极绝缘层易被击穿损坏。一般认为绝缘栅场效应管易受各种静电感应而击穿栅极绝缘层，实际上这种损坏的可能性还与器件的大小有关，管芯尺寸大，栅极输入电容也大，受静电电荷充电而使栅源间电压超过 ± 20 V，而击穿的可能性相对小些。此外，栅极输入电容可能经受多次静电电荷充电，电荷积累使栅极电压超过 ± 20 V，而击穿的可能性也是实际存在的。

为此，在使用时必须注意采取保护措施。

1）防止静电击穿

功率 MOSFET 的最大优点是具有极高的输入阻抗，因此在静电较强的场合难于释放电荷，而容易引起静电击穿。防止静电击穿时应注意：

①在测试和接入电路之前器件应存放在静电包装袋、导电材料或金属容器中，不得放在塑料盒或塑料袋中，取用时应拿管壳部分而不是引线部分。工作人员需通过腕带良好接地。

②将器件接入电路时，工作台和烙铁都必须良好接地，焊接时烙铁应断电。

③在测试器件时，测量仪器和工作台都必须良好接地。器件的三个电极未全部接入测试仪器或电路之前不得施加电压。改换测试范围时，电压和电流都必须先恢复到零。

④注意栅极电压不要过限。

2）防止偶然性振荡损坏器件

功率 MOSFET 与测试仪器、接插盒等的输入电容、输入电阻匹配不当时，可能出现偶然性振荡，造成器件损坏。因此在用图示仪等仪器测试时，在器件的栅极端子处外接 10 kΩ 串联电阻，也可在栅极源极之间外接 0.5 μF 的电容器。

3）防止过电压

首先是栅源间的过电压保护。如果栅源间的阻抗过高，则漏源间电压的突变会通过极间电容耦合到栅极而产生相当高的 U_{GS} 电压，这一电压会引起栅极氧化层永久性损坏，如果是正方向的 U_{GS} 瞬态电压，还会导致器件的误导通。为此，要适当降低栅极驱动电压的阻抗，在栅源之间并联阻尼电阻或约 20 V 的稳压管。特别要防止栅极开路工作。

其次是漏源间的过电压保护。如果电路中有电感性负载，则当器件关断时，漏极电流的突变会产生比电源电压高得多的漏极电压，导致器件损坏，应采取稳压管钳位、二极

管 – RC 箝位或 RC 抑制电路等保护措施。

4）防止过电流

若干负载的接入或切除都可能产生很高的冲击电流，以致超过电流极限值，此时必须用控制电路使器件回路迅速断开。

5）消除寄生晶体管和二极管的影响

由于功率 MOSFET 内部构成寄生晶体管和二极管，通常若短接该寄生晶体管的基极和发射极就会造成二次击穿。另外，寄生二极管的恢复时间为 150 ns，当耐压为 450 V 时恢复时间为 500 ~ 1 000 ns。因此，在桥式开关电路中功率 MOSFET 应外接快速恢复的并联二极管，以免发生桥臂直通短路故障。

任务工单

课程名称		日期		照片
专业班级		上课地点		
参考学时		指导教师		
任务名称	GTR 和 MOSFET 特性测试			

小组基本资料				
小组台号	关系	姓名	学号	联系方式
	成员			

学习目标	【知识目标】 （1）懂得 GTR、MOSFET 的开关特性。 （2）懂得 GTR、MOSFET 对驱动电路的要求。 （3）会 GTR、MOSFET 主要参数的测量方法。 【能力目标】 （1）会用示波器测试阻性和感性负载波形，并能绘制负载直流输出电压、电流及晶闸管两端的波形。 （2）会用万用表测试单相半波整流电路各点电压。 【素养目标】 （1）团队协作与沟通能力。 （2）分析和解决问题能力
知识链接	全桥 DC/DC 变换脉宽调速系统的原理，可逆 PWM 变换器主电路是采用 MOSFET 所构成的 H 形结构形式，UPW 为脉宽调制器，DLD 为逻辑延时环节，GD 为 MOS 管的栅极驱动电路，FA 为瞬时动作的过流保护。 全桥 DC/DC 变换脉宽调制器、控制器 UPW 采用美国硅通用公司（Silicon General）的第二代产品 SG3525，这是一种性能优良，功能全、通用性强的单片集成 PWM 控制器。由于它简单、可靠及使用方便灵活，大大简化了脉宽调制器的设计及调试，故获得广泛使用
仪器器材	电力电子实验台、双踪示波器、数字万用表
	1. GTR 的特性与驱动电路研究 （1）GTR 的贝克箝位电路性能测试。 ①不加贝克箝位电路时的 GTR 存储时间测试。 将开关 S$_1$ 拨到 + 15 V，S$_2$ 接地，PWM 波形发生器的输出端"21"（占空比为 50%）与面板上的"20"相连，"24"与"10"、"11"与"15"、"17"与 GTR 的"B"端，"14"与 GTR 的"E"端、"18"与主回路的"3"、"19"与主回路"1"、GTR 的"C"端相连。

| 技能训练 | 用双踪示波器观察基极驱动信号 U_B（"15"与"18"之间）及集电极电流 I_E（"14"与"18"之间）的波形，记录存储时间 t_s。

$t_s =$

②加上贝克箝位电路后的 GTR 存储时间测试。
在上述条件下，将"15"与"16"相连，观察与记录 t_s 的变化。

$t_s =$

（2）不同负载时 GTR 的开关特性测试。
①电阻负载时的开关特性测试。
GTR：将开关 S_1 拨到 +15 V，S_2 接地，PWM 波形发生器的"21"与面板上的"20"相连，"24"与"10"、"12"、"13"、"15"、"17"与 GTR 的"B"端、14"和 GTR 的"E"端、"18"与主回路的"3"相连、GTR "C"端与主回路的"1"相连。
E 用示波器分别观察基极驱动信号 I_B（"15"与"18"之间）的波形及集电极电流 I_E（"14"与"18"之间）的波形，记录开通时间 t_{on}、存储时间 t_s、下降时间 t_f。

$t_{on} =$ μs, $t_s =$ μs, $t_f =$ μs

②电阻、电感性负载时的开关特性测试。
除了将主回路部分由电阻性负载改为电阻、电感性负载以外（即将"1"断开，而将"2"相连），其余接线与测试方法同上。

$t_{on} =$ μs, $t_s =$ μs, $t_f =$ μs

（3）不同基极电流时的开关特性测试。
①断开"13"与"15"的连接，将基极回路的"12"与"15"相连，其余接线同上，测量并记录基极驱动信号 I_B（"15"与"18"之间）及集电极电流 I_E（"14"与"18"之间）的波形，记录开通时间 t_{on}、存储时间 t_s、下降时间 t_f。

$t_{on} =$ μs, $t_s =$ μs, $t_f =$ μs

②将 GTR 的"12"与"15"的连线断开，将"11"与"15"相连，其余接线与测试方法同上。

$t_{on} =$ μs, $t_s =$ μs, $t_f =$ μs

（4）GTR 有无基极反压时的开关过程比较。
①无基极反压时的开关过程测试，与上述（3）测试方法相同。
②有基极反压时的开关过程测试。
GTR：将原来的"18"与"3"断开，并将"18"与"9"以及"8"与"3"相连，其余接线同上，测量并记录基极驱动信号 I_B（"15"与"8"之间）及集电极电流 I_E（"14"与"8"之间）的波形，记录开通时间 t_{on}、存储时间 t_s、下降时间 t_f。

$t_{on} =$ μs, $t_s =$ μs, $t_f =$ μs

（5）并联缓冲电路作用测试。
①带电阻负载。
GTR："4"与 GTR 的"C"端相连、"5"与 GTR 的"E"端相连，观察有无缓冲电路时"18"与"15"及"18"与 GTR 的"C"端之间波形。
②带电阻、电感负载。
将 1 断开，将 2 接入，观察有无缓冲电路时"18"与"15"及"18"与 GTR "C"端之间的波形。
2. MOSFET 的特性与驱动电路研究
（1）不同负载时 MOSFET 的开关特性测试。
①电阻负载时的开关特性测试。
MOSFET：将开关 S_1 拨到 +15 V，S_2 接地，PWM 波形发生器的"21"与面板上的"20"相连，"26"与功率器件 MOSFET 的"G"端、"D"端与主回路的"1"、"S"端与"14"、"18"与主回路的"3"端相连。
用示波器分别观察栅极驱动信号 I_B（"G"端与"18"之间）的波形及电流 I_C（"14"与"18"之间）的波形，记录开通时间 t_{on}、存储时间 t_s、下降时间 t_f。

$t_{on} =$ μs, $t_s =$ μs, $t_f =$ μs |

续表

②电阻、电感性负载时的开关特性测试。

除了将主回路部分由电阻性负载改为电阻、电感性负载以外（即将"1"断开，而将"2"相连），其余接线与测试方法同上。

$t_{on}=$　　μs，$t_s=$　　μs，$t_f=$　　μs

（2）不同栅极电流时的开关特性测试。

①断开"26"与"G"端的连接，将栅极回路的"27"与"G"端相连，其余接线同上，测量并记录栅极驱动信号 I_G（"G"端与"18"之间）及电流 I_S（"14"与"18"之间）波形，记录开通时间 t_{on}、存储时间 t_s、下降时间 t_f。

$t_{on}=$　　μs，$t_s=$　　μs，$t_f=$　　μs

②断开"27"与"G"端的连接，将栅极回路的"28"与"G"端相连，其余接线与测试方法同上。

$t_{on}=$　　μs，$t_s=$　　μs，$t_f=$　　μs

（3）MOSFET 有无栅极反压时的开关过程比较。

①无栅极反压时的开关过程测试，与上述（2）测试方法相同。

②有栅极反压时的开关过程测试。

MOSFET：将原来的"18"与"3"断开，并将"18"与"9"及"8"与"3"相连，其余接线与测试方法同上。

$t_{on}=$　　μs，$t_s=$　　μs，$t=$　　μs

（4）并联缓冲电路作用测试。

①带电阻负载。

MOSFET："6"与 MOSFET 的"D"端相连、"7"与"S"端相连，观察有无缓冲电路时"G"端与"18"及 MOSFET 的"D"端与"29"之间波形。

②带电阻，电感负载。

将1断开，将2接入，有无缓冲电路时，观察波形的方法同上

教师评价	教师评语	成绩
		教师签字

任务三　DC/DC 变换电路

开关电源的核心技术是 DC/DC 变换电路。DC/DC 变换电路是将直流电压变成另一个固定电压或大小可调的直流电压，也称为直流斩波电路。直流电压变换电路一般是指直接将一个直流电变为另一固定或可调电压的直流电，不包括直流－交流－直流的情况。其基本工作原理是，利用电力电子器件来实现通断，将输入的恒定直流电压变换成脉冲加到负载上，通过通、断时间的变化来改变输出电压的大小。DC/DC 变换电路广泛应用于开关电源、无轨电车、地铁列车、蓄电池供电的机车车辆的无级变速以及 20 世纪 80 年代兴起的电动汽车的调速及控制。

一、非隔离型电路

非隔离型电路即各种直流斩波电路，根据电路形式的不同可以分为降压式电路、升压式电路、升降压式电路、库克式斩波电路和全桥式斩波电路。其中降压式和升压式斩波电

路是基本形式，升降压式和库克式是它们的组合，而全桥式则属于降压式。下面重点介绍斩波电路的工作原理、升压及降压式斩波电路。

1. 直流斩波器的工作原理

最基本的直流斩波电路如图 5-16（a）所示，负载为纯电阻 R。当开关 S 闭合时，负载电压 $u_o = E$，并持续时间 T_{ON}；当开关 S 断开时，负载上的电压 $u_o = 0$，并持续时间 T_{OFF}，则 $T = T_{ON} + T_{OFF}$ 为斩波电路的工作周期。斩波器的输出电压波形如图 5-16（b）所示。若定义斩波器的占空比 $k = \dfrac{T_{ON}}{t}$，则由波形图可得输出电压的平均值为

$$U_o = \frac{T_{ON}}{T_{ON} + T_{OFF}}E = \frac{T_{ON}}{T}U_d = kE$$

只要调节 k，即可调节负载的平均电压。

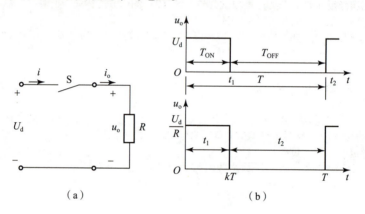

图 5-16　基本的斩波电路及波形

（a）电路图；（b）波形（R 负载）图

2. 降压式斩波电路

1）电路的结构

降压式斩波电路是一种输出电压的平均值低于输入直流电压的电路。它主要用于直流稳压电源和直流电动机的调速。降压式斩波电路的原理图及工作波形如图 5-17 所示，其中 U 为固定电压的直流电源，V 为晶体管开关（可以是大功率晶体管，也可以是功率场效应晶体管）。L、R、电动机为负载，为在 V 关断时给负载中的电感电流提供通道，另外还设置了续流二极管 VD。

2）电路的工作原理

$t = 0$ 时刻，驱动 V 导通，电源 U 向负载供电，忽略 V 的导通压降，负载电压 $U_o = U$，负载电流按指数规律上升。

$t = t_1$ 时刻，撤去 V 的驱动使其关断，因感性负载电流不能突变，负载电流通过续流二极管 VD 续流，忽略 VD 导通压降，负载电压 $U_o = 0$，负载电流按指数规律下降。为使负载电流连续且脉动小，一般需串联较大的电感 L，L 也称为平波电感。

$t = t_2$ 时刻，再次驱动 V 导通，重复上述工作过程。

由上述分析可知，这个电路的输出电压的平均值为

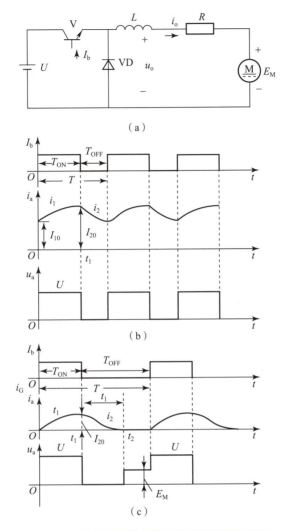

图 5－17　降压式斩波电路的原理图及工作波形
（a）电路图；（b）电流连续时的波形；（c）电流断续时的波形

$$U_o = \frac{T_{ON}}{T_{ON} + T_{OFF}} U = \frac{T_{ON}}{T} U = kU$$

由于 $k < 1$，所以 $U_o < U$，即斩波器输出电压平均值小于输入电压，故称为降压斩波电路。而负载平均电流为

$$I_o = \frac{U_o - U}{R}$$

当平波电感 L 较小时，在 V 关断后，未到 t_2 时刻，负载电流已下降到零，负载电流发生断续。负载电流断续时，其波形如图 5－17（c）所示，负载电流断续期间，负载电压 $u_o = E_M$。因此，负载电流断续时，负载平均电压 U_o 升高，带直流电动机负载时特性变软，是我们所不希望的，所以在选择平波电感 L 时，要确保电流断续点不在电动机的正常工作区域。

3. 升压式斩波电路

1）电路的结构

升压式斩波电路的输出电压总是高于输入电压。升压式斩波电路与降压式斩波电路最大的不同点是，斩波控制开关 V 与负载呈并联式连接，出能电感与负载呈串联式连接。升压式斩波电路及工作波形如图 5-18 所示。

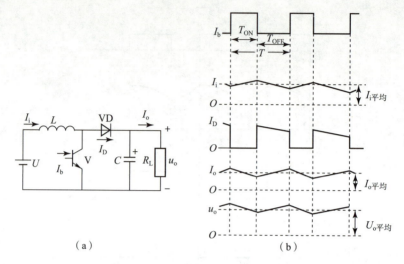

图5-18　升压式斩波电路及工作波形
（a）电路图；（b）波形

2）电路的工作原理

当 V 导通时（T_{ON}），能量储存在 L 中。由于 VD 截止，所以 T_{ON} 期间负载电流由 C 供给。在 T_{OFF} 期间，V 截止，储存在 L 中的能量通过 VD 传送到负载 R_L 和 C 上，其电压的极性与 U 相同，且与 U 相串联，起到升压作用。

如果忽略损耗和开关器件上的电压降，则有

$$U_o = \frac{T_{ON} + T_{OFF}}{T_{OFF}} U = \frac{T}{T_{OFF}} U = \frac{1}{1-k} U$$

式中，$T/T_{OFF} \geqslant 1$，输出电压高于电源电压，故称该电路为升压式斩波电路。T/T_{OFF} 表示升压比，调节其大小，即可改变输出电压 U_o 的大小。

4. 升降压式斩波电路

1）电路的结构

升降压式斩波电路可以得到高于或低于输入电压的输出电压。升降压式斩波电路及工作波形如图 5-19 所示，该电路的结构特征是储能电感与负载并联，续流二极管 VD 反向串联接在储能电感与负载之间。电路分析前可先假设电路中电感 L 很大，使电感电流 i_L 和电容电压及负载电压 u_o 基本稳定。

2）电路的工作原理

电路的基本工作原理：V 导通时，电源 U 经 V 向 L 供电使其储能，此时二极管 VD 反偏，流过 V 的电流为 i_1。由于 VD 反偏截止，电容 C 向负载 R 提供能量并维持输出电压基本稳定，负载 R 及电容 C 上的电压极性为上负下正，与电源极性相反。

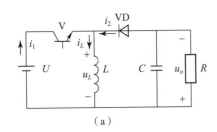
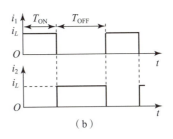

（a）　　　　　　　　　　　　　（b）

图 5-19　升降压式斩波电路及工作波形
（a）电路图；（b）工作波形

V 关断时，电感 L 极性变反，VD 正偏导通，L 中储存的能量通过 VD 向负载 R 释放，电流为 i_2，同时电容 C 被充电储能。负载 R 电压极性为上负下正，与电源电压极性相反，该电路也称作反极性斩波电路。稳态时，一个周期 T 内电感 L 两端电压 u_L 对时间的积分为零，即

$$\int_0^T u_L \mathrm{d}t = 0$$

当 V 处于通态期间，$u_L = U$；而当 V 处于断态期间，$u_L = -u_\mathrm{o}$，于是有

$$UT_\mathrm{ON} = U_\mathrm{o}T_\mathrm{OFF}$$

所以输出电压为

$$U_\mathrm{o} = \frac{T_\mathrm{ON}}{T_\mathrm{OFF}}U = \frac{T_\mathrm{ON}}{T - T_\mathrm{ON}}U = \frac{k}{1-k}U$$

式中，若改变占空比 k，则输出电压既可能高于电源电压，也可能低于电源电压。

由此可知，当 $0 < k < 1/2$ 时，斩波器输出电压低于直流电源输入，此时为降压式斩波器；当 $1/2 < k < 1$ 时，斩波器输出电压高于直流电源输入，此时为升压式斩波器。

二、隔离型电路

1. 正激电路

正激电路包含多种不同结构，典型的单开关正激电路及其波形如图 5-20 所示。

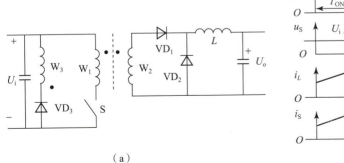
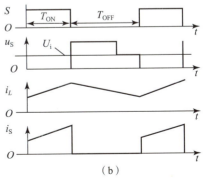

（a）　　　　　　　　　　　　　（b）

图 5-20　正激电路及其波形
（a）电路图；（b）波形

电路的简单工作过程：开关 S 开通后，变压器绕组 W_1 两端的电压为上正下负，与其耦合的绕组 W_2 两端的电压也是上正下负。因此，VD_1 处于通态，VD_2 为断态，电感上的电流逐渐增长；S 关断后，电感 L 通过 VD_2 续流，VD_1 关断，L 的电流逐渐下降。S 关断

后变压器的励磁电流经绕组 W_3 和 VD_3 流回电源，所以 S 关断后承受的电压为

$$u_s = \left(1 + \frac{N_1}{N_3}\right)U_i$$

式中　N_1——变压器绕组 W_1 的匝数；

　　　N_3——变压器绕组 W_3 的匝数。

变压器中各物理量的变化过程如图 5-21 所示。

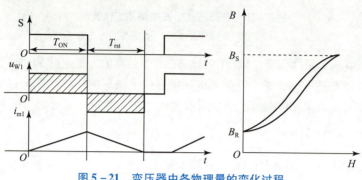

图 5-21　变压器中各物理量的变化过程

开关 S 开通后，变压器的励磁电流 i_{m1} 由零开始，随着时间的增加而线性地增长，直到 S 关断。S 关断后到下一次再开通的一段时间内，必须设法使励磁电流降回零，否则下一个开关周期中，励磁电流将在本周期结束时的剩余值基础上继续增加，并在以后的开关周期中依次累积起来，变得越来越大，从而导致变压器的励磁电感饱和。励磁电感饱和后，励磁电流会更加迅速地增长，最终损坏电路中的开关器件。因此在 S 关断后使励磁电流降回零是非常重要的，这一过程称为变压器的磁芯复位。

在正激电路中，变压器的绕组 W_3 和二极管 VD_3 组成复位电路。下面简单分析其工作原理。

开关 S 关断后，变压器励磁电流通过 W_3 绕组和 VD_3 流回电源，并逐渐线性地下降为零。从 S 关断到 W_3 绕组的电流下降到零所需的时间 $T_{rst} = \frac{N_3}{N_1}T_{ON}$。S 处于断态的时间必须大于 T_{rst}，以保证 S 下次开通前励磁电流能够降为零，使变压器磁芯可靠复位。

在输出滤波电感电流连续的情况下，即 S 开通时电感 L 的电流不为零，输出电压与输入电压的比为

$$\frac{U_o}{U_i} = \frac{N_2}{N_1} \cdot \frac{T_{ON}}{T}$$

如果输出电感电路电流不连续，输出电压 U_o 将高于上式的计算值，并随负载减小而升高，在负载为零的极限情况下，$U_o = \frac{N_2}{N_1}U_i$。

2. 反激电路

反激电路及理想化工作波形如图 5-22 所示。

与正激电路不同的是，反激电路中的变压器起储能元件的作用，可以看作一对相互耦合的电感。

S 开通后，VD 处于断态，绕组 W_1 的电流线性增长，电感储能增加；S 关断后，绕组 W_1 的电流被切断，变压器中的磁场能量通过绕组 W_2 和 VD 向输出端释放。S 关断后承受

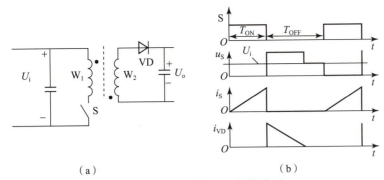

图 5 – 22 反激电路及理想化波形

（a）电路图；（b）理想化波形

的电压为

$$u_s = \left(U_i + \frac{N_1}{N_2} \right) U_o$$

反激电路可以工作在电流断续和电流连续两种模式下：

（1）如果 S 开通时，绕组 W_2 中的电流尚未下降到零，则称电路工作于电流连续模式；

（2）如果 S 开通前，绕组 W_2 中的电流已经下降到零，则称电路工作于电流断续模式。

当工作于电流连续模式时，$\dfrac{U_o}{U_i} = \dfrac{N_2}{N_1} \cdot \dfrac{T_{ON}}{T_{OFF}}$。

当电路工作在断续模式时，输出电压高于上式的计算值，并随负载减小而升高，在负载电流为零的极限情况下，$U_o \rightarrow \infty$，这将损坏电路中的器件，因此反激电路不应工作于负载开路状态。

3. 半桥电路

半桥电路及工作波形如图 5 – 23 所示。

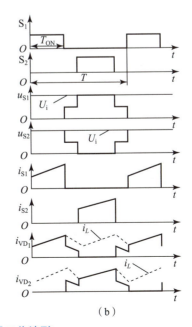

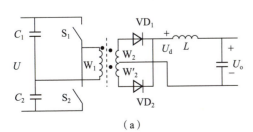

图 5 – 23 半桥电路及工作波形

（a）电路图；（b）工作波形

在半桥电路中，变压器一次绕组两端分别连接在电容 C_1、C_2 的中点和开关 S_1、S_2 的中点。电容 C_1、C_2 的中点电压为 $U_i/2$。S_1 与 S_2 交替导通，使变压器一次侧形成幅值为 $U_i/2$ 的交流电压。改变开关的占空比，就可改变二次整流电压 U_d 的平均值，也就改变了输出电压 U_o。

当 S_1 导通时，二极管 VD_1 处于通态；当 S_2 导通时，二极管 VD_2 处于通态，当两个开关都关断时，变压器绕组 W_1 中的电流为零，根据变压器的磁动势平衡方程，绕组 W_2 和 W_3 中的电流大小相等、方向相反，所以 VD_1 和 VD_2 都处于通态，各分担一半的电流。S_1 或 S_2 导通时，电感上的电流逐渐上升；两个开关都关断时，电感上的电流逐渐下降。S_1 和 S_2 断态时，承受的峰值电压均为 U_i。

由于电容的隔离作用，半桥电路对由于两个开关导通时间不对称而造成的变压器一次电压的直流分量有自动平衡作用，因此不容易发生变压器的偏磁和直流磁饱和。

为了避免上下两开关在换流的过程中发生短暂的同时导通现象而造成短路，损坏开关器件，每个开关各自的占空比不能超过 50%，并应留有裕量。

当滤波电感 L 的电流连续时，有

$$\frac{U_o}{U_i} = \frac{N_2}{N_1} \cdot \frac{T_{ON}}{T}$$

如果输出电感电流不连续，输出电压 U_o 将高于上式中的计算值，并随负载减小而升高，在负载电流为零的极限情况下，有

$$U_o = \frac{N_2}{N_1} \cdot \frac{U_i}{2}$$

4. 全桥电路

全桥电路及工作波形如图 5-24 所示。

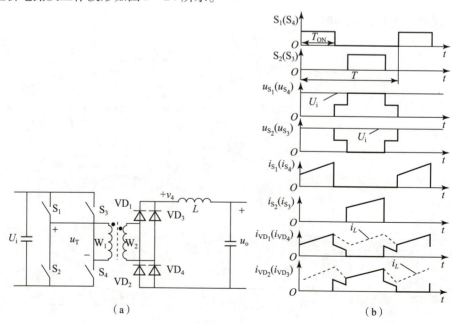

图 5-24 全桥电路及工作波形
（a）电路图；（b）工作波形

全桥电路中互为对角的两个开关同时导通，而同一侧半桥上下两开关交替导通，将直流电压幅值为 U_i 的交流电压加在变压器一次侧。改变开关的占空比，就可以改变 U_d 的平均值，也就改变了输出电压 U_o。

当 S_1 与 S_4 开通后，二极管 VD_1 和 VD_4 处于通态，电感 L 的电流逐渐上升；S_2 与 S_3 开通后，二极管 VD_2 和 VD_3 处于通态，电感 L 的电流也上升。当 4 个开关都关断时，4 个二极管都处于通态，各分担一半的电感电流，电感 L 的电流逐渐下降。S_1 和 S_4 断态时，承受的峰值电压均为 U_i。

若 S_1、S_4 与 S_2、S_3 的导通时间不对称，则交流电压 u_T 中将含有直流分量，会在变压器一次电流中产生很大的直流分量，并可能造成磁路饱和，因此全桥电路应注意避免电压直流分量的产生。也可以在一次回路电路中串联一个电容，以阻断直流电流。

为避免同一侧半桥中上下两个开关在换流的过程中发生短暂的同时导通现象而损坏开关，每个开关各自的占空比不能超过 50%，并应留有裕量。

当滤波电感 L 的电流连续时，有

$$\frac{U_o}{U_i} = \frac{N_2}{N_1} \cdot \frac{2T_{ON}}{T}$$

如果输出电感电流不连续，输出电压 U_o 将高于上式中的计算值，并随负载减小而升高，在负载电流为零的极限情况下，有

$$U_o = \frac{N_2}{N_1} U_i$$

5. 推挽电路

推挽电路及工作波形如图 5 – 25 所示。

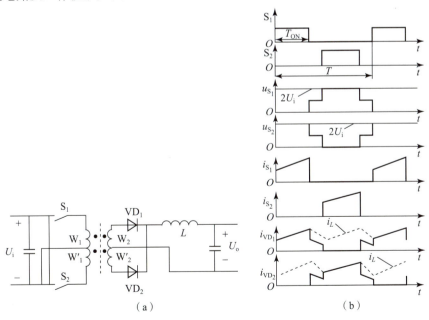

图 5 – 25　推挽电路及工作波形
（a）电路原理图；（b）工作波形

推挽电路中两个开关 S_1 和 S_2 交替导通，在绕组 W_1 和 W_2 两端分别形成相位相反的

交流电压。当 S_1 导通时，二极管 VD_1 处于通态；当 S_2 导通时，二极管 VD_2 处于通态；当两个开关都关断时，VD_1 和 VD_2 都处于通态，各分担一半的电流。当 S_1 或 S_2 导通时，电感 L 的电流逐渐上升，两个开关都关断时，电感 L 的电流逐渐下降。当 S_1 和 S_2 断态时，承受的峰值电压均为 $2U_i$。

如果 S_1 和 S_2 同时导通，就相当于变压器一次绕组短路，因此应避免两个开关同时导通，每个开关各自的占空比不能超过 50%，还要留有裕量。

当滤波电感 L 的电流连续时，有

$$\frac{U_o}{U_i} = \frac{N_2}{N_1} \cdot \frac{2T_{ON}}{T}$$

如果输出电感电流不连续，输出电压 U_o 将高于上式中的计算值，并随负载减小而升高，在负载电流为零的极限情况下，有

$$U_o = \frac{N_2}{N_1} U_i$$

任务四 开关电源的装配与调试

典型故障现象及检修方法如下。

1. 通电后无任何反应

（1）故障现象。PC 机系统通电后，主机指示灯不亮，显示器屏幕无光栅，整个系统无任何反应。

（2）检修方法。通电后无任何反应，是 PC 机主机电源最常见的故障，对此首先应采用直观法查看电源盒有无烧坏元件，接着采用万用表电阻挡检测法逐个单元地进行静态电阻检测，看有无明显短路。若无明显元件烧坏，也没有明显过电流，则可通电，采用动态电压对电源中各关键点的电压进行检修。

2. 一通电就熔断交流熔丝管

1）故障现象

接通电源开关后，电源盒内发出"叭"的一声，交流熔丝管随即熔断。

2）检修方法

一通电就熔断交流熔丝管，说明电源盒内有严重过电流元件，除短路之外，故障部位一般在高频开关变压器一次绕组之前，通常有以下三种情况：

（1）输入桥式整流二极管中的某个二极管被击穿。由于 PC 机电源的高压滤波电容一般都是 220 μF 左右的大容量电解电容，瞬间工作充电电流达 20 A 以上，所以瞬间大容量的浪涌电流将会造成桥堆中某个质量较差的整流管过电流工作，尽管有限流电阻限流，但也会发生一些整流管被击穿的现象，造成熔丝烧毁。

（2）高压滤波电解电容 C_5、C_6 被击穿，甚至发生爆裂现象。由于大容量的电解电容工作电压一般均接近 200 V，而实际工作电压均已接近额定值。因此当输入电压产生波动或某些电解电容质量较差时，就极容易发生电容被击穿现象。更换电容时最好选择耐压高的，如 300 μF/450 V 的电解电容。

（3）开关管 V_1、V_2 损坏。由于高压整流后的输出电压一般达 300 V 左右，逆变功率

开关管的负载又是感性负载，漏感所形成的电压尖峰将有可能使功率开关管的 V_{CEO} 值接近 600 V，而 V_1、V_2 的 2SC3039 所标 V_{CEO} 只有 400 V 左右。因此当输入电压偏高时，某些质量较差的开关管将会发生 E – C 之间击穿现象，从而烧毁熔丝。在选择逆变功率开关管时，对单管自激式电路中的 V_1，要求 V_{CEO} 必须大于 800 V，最好在 1 000 V 以上，而且截止频率越高越好。另外常要注意的是，由于某些开关功率管是与激励推挽管直接耦合的，故往往是变压器一次侧电路中的大、小晶体管同时击穿。因此，在检修这种电源时应将前级的激励管一同进行检测。

3. 熔丝管完好但各路直流电压均为零

1）故障现象

接通电源开关后，主机不启动，用万用表测 ±5 V、±12 V 均无输出。

2）检修方法

主机电源直流输出的四组电压：+5 V、–5 V、+12 V、–12 V，其中 +5 V 电源输出功率最大（满载时达 20 A），故障率最高，一旦 +5 V 电路有故障时，整个电源电路往往自动保护，其他电路也无输出，因此，+5 V 形成及输出电路应重点检查。

当电源在有负载情况下测量不出各输出端的直流电压时，认为电源无输出。这时应先打开电源检查熔丝，如果熔丝完好，应检查电源中是否有开路、短路现象，过电压、过电流保护电路是否发生误动作等。这类故障常见的有以下三种情况：

（1）限流电阻 R_1、R_2 开路。开关电源采用电容输入式滤波电路，当接通交流电压时，会有较大的合闸浪涌电源（电容充电电流），而且由于输出保持能力等的需要，输入滤波电容也较大，因而合闸浪涌电流比一般稳压电源高得多，电流的持续时间也长。这样大的浪涌电流不仅使限流电阻或输入熔丝熔断，还会因为虚焊或焊点不饱满、有空隙而引起长时间的放电电流，导致焊点脱落，使电源无法输出。一般扼流圈引脚因清漆不净，常会发生该类故障，重焊即可。

（2）+12 V 整流半桥块击穿。+12 V 整流二极管采用快速恢复二极管 FRD，而 +5 V 整流二极管采用肖基特二极管 SBD。由于 FRD 的正向压降比 SBD 大，当输出电流增大时，正向压降引起的功耗也大，所以 +12 V 整流二极管的故障率较高，选择整流二极管时，应尽可能选用正向压降低的整流器件。

（3）晶闸管损坏。在检查中发现开关振荡电路丝毫没有振荡现象。从电路上分析能够影响振荡电路的只有 +5 V 和 +12 V，它是通过发光二极管来控制振荡电路的，如果发光二极管不工作，那么光耦合器将处于截止状态，开关晶体管因无触发信号始终处于截止状态。影响发光二极管不能工作的最常见元件是晶闸管 VS_1 损坏。

4. 启动电源时发出"嘀嗒"声

1）故障现象

开启主机电源开关后，主机不启动，电源盒内发出"嘀嗒"的怪声响。

2）检修方法

这种故障一般是输入的电压过高或某处的短路造成的大电流使 +5 V 处输出电压过高，这样引起过电压保护动作，晶闸管也随之截止，短路消失，使电源重新启动供电。如此周而复始地循环，将会使电源发生"嘀嗒、嘀嗒"的开关声，此时关闭电源进行仔细检查，找出短路故障处，从而修复整个电源。

另外一种原因是控制集成电路的定时元件发生了变化或内部不良。用示波器测量集成控制器 TL494 输出的⑧脚和⑩脚，其工作频率只有 8 kHz，而正常工作时近 20 kHz。经检查发现，定时元件电容器的容量变大，导致集成控制器定时振荡频率变低，使电源产生重复性"嘀嗒"声，整个电源不能正常工作，只要更换定时电容即可恢复正常。

5. 某一路无直流输出

1）故障现象

开机后，主机不启动，用万用表检测 ±5 V、±12 V，其中一路无输出。

2）检修方法

在主机电源中，±5 V 和 ±12 V 四组直流电源，若有一路或一路以上因故障无电压输出时，整个电源将因缺相而进入保护状态。这时，可用万用表测量各输出端，开启电源，观察在启动瞬间哪一路电源无输出，则故障就出在这一路电压形成或输出电路上。

6. 电源负载能力差

1）故障现象

主机电源如果仅向主机板和软驱供电显示正常，但当电源增接上硬盘或扩满内存情况下，屏幕变白或根本不工作。

2）检修方法

在不配硬盘或未扩满内存等轻负载情况下能工作，说明主机电源无本质性故障，主要是工作点未选择好。当振荡放大环节中增益偏低，检测放大电路处于非线性工作状态时，均会产生此故障。解决此故障的办法：可适当调换振荡电路中各晶体管，使其增益提高，或者调整各放大晶体管的工作特点，使它们都工作于线性区，从而提高电源的负载能力。

极端的情况是，即使不接硬盘，电源也不能正常地工作下去。这类故障常见的有以下三种情况：

（1）电源开机正常，工作一段时间后电源保护，这种现象大都发生在 +5 V 输出端有晶闸管 VS 作过电压保护的电路。其中原因是晶闸管或稳压二极管漏电太大，工作一段时间后，晶闸管或稳压管发热，漏电急剧增加，需要更换晶闸管或二极管。

（2）带负载后各挡电压稍下降，开关变压器发出轻微的"吱吱"声，这种现象大都是滤波电容器（300 μF/200 V）坏了一个。原因是漏电流大导致这种现象的发生。更换滤波器电容时应注意两只电容容量和耐压值必须一致。

（3）电源开机正常，当主机读软盘后电源保护。这种现象大都是 +12 V 整流二极管 FRD 性能变劣，调换同样型号的二极管即可恢复正常。

7. 直流电压偏离正常值

1）故障现象

开机后，四组电压均有输出，或高或低的偏离 ±5 V、±12 V 很多。

2）检修方法

直流输出电压偏离正常值，一般可通过调节检测电路中的基准电压调节电位器 R_{P1} 能使 +5 V 等各挡电压调至标准值。如果调节失灵或调不到标准值，则是检测晶体管 VT_4 和基准电压可调稳压管 IC_2 损坏，换上相同或适当的器件，一般均能正常工作。

如果只有一挡电压偏高太大，而其他各挡电压均正常，则是该挡电压的集成稳压器或整流二极管损坏。检查方法是用电压表接 − 5 V 或 − 12 V 的输出端进行监测。开启电源时，哪路输出电压无反应，则哪路集成稳压器可能损坏，若集成稳压器是好的，则整流二极管损坏的可能性最大，其原因是输出负载可能太重，另外负载电流也较大，故在 PC 机电源电路中 +5 V 挡采用带肖特基特性的高频整流二极管 SBD，其余各挡也采用快恢复特性的高频整流二极管 FRD。在更换时要尽可能找到相同类型的整流二极管，以免再次损坏。

8. 直流输出不稳定

1）故障现象

刚开机时，整个系统工作正常，但工作一段时间后，输出电压下降，甚至无输出或时好时坏。

2）检修方法

主机电源四组输出均时好时坏，这一般是电源电路中元件虚焊、接插件接触不良，或大功率元件热稳定性差、电容漏电等原因造成的。

9. 风扇转动异常

1）故障现象

风扇不转动，或虽能旋转，但发出尖叫声。

2）检修方法

PC 机主机电源风扇的连接及供电有两种情况：一种是直接使用市电给交流电风扇供电；另一种是接在 12 V 直流输出端直流风扇。如果发现电源输入输出一切正常，而风扇不转，要立即停机检查。这类故障大都由风扇电动机线圈烧断而引起的，这时必须更换新的风扇。如果发出响声，其原因之一是由于机器长期的运转或传输过程中的激烈振动而引起风扇的四个固定螺钉松动，这时只要紧固其螺钉即可。如果是由于风扇内部灰尘太多或含油轴承缺油而引起的，只要清理或经常用高级润滑油补充，故障就可排除。

任务工单

课程名称		日期		照片
专业班级		上课地点		
参考学时		指导教师		
任务名称		直流斩波电路调试		
小组基本资料				

小组台号	关系	姓名	学号	联系方式
	成员			
学习目标	【知识目标】 （1）懂得可逆直流脉宽调速系统主电路的组成、原理及各主要单元部件的工作原理。 （2）掌握直流 PWM 专用集成电路 SG3525 的组成、功能与工作原理。 （3）掌握 H 形 PWM 变换器的各种控制方式的原理与特点。			

学习目标	**【能力目标】** （1）会用示波器测试电阻性和电感性负载波形，并能绘制负载直流输出电压、电流及晶闸管两端的波形。 （2）会用万用表测试单相半波整流电路各点电压。 **【素养目标】** （1）团队协作与沟通能力。 （2）分析和解决问题能力
知识链接	全桥 DC/DC 变换脉宽调速系统的原理框图，可逆 PWM 变换器主电路是采用 MOSFET 所构成的 H 形结构形式，UPW 为脉宽调制器，DLD 为逻辑延时环节，GD 为 MOS 管的栅极驱动电路，FA 为瞬时动作的过流保护。 全桥 DC/DC 变换脉宽调制器、控制器 UPW 采用美国硅通用公司（Silicon General）的第二代产品 SG3525，这是一种性能优良，功能全、通用性强的单片集成 PWM 控制器。由于它简单、可靠及使用方便灵活，大大简化了脉宽调制器的设计及调试，故获得广泛使用
仪器器材	电力电子实验台、普源示波器、数字万用表
技能训练	（1）按下图所示的电路接线。 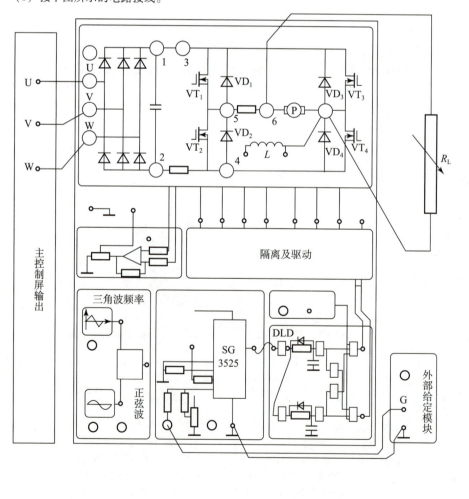

续表

| | （2）UPW 模块的 SG3525 性能测试。
①用示波器观察 UPW 模块的"1"端的电压波形，记录波形的周期、幅度。
②用示波器观察"2"端的电压波形，调节 R_{P2} 电位器，使方波的占空比为 50%。
③用导线将给定模块"G"的"1"和"UPW"的"3"相连，分别调节正负给定，记录"2"端输出波形的最大占空比和最小占空比。
（3）控制电路测试。
①逻辑延时时间测试。
在上述实验的基础上，分别将正、负给定均调到零，用示波器观察"DLD"的"1"和"2"端的输出波形，并记录延时时间。
$t_d =$
②同一桥臂上下管子驱动信号列区时间测试；
分别将"隔离驱动"的 G 和主回路的 G 相连，用双踪示波器分别测量 $V_{VT1.GS}$ 和 $V_{VT2.GS}$ 以及 $V_{VT3.GS}$ 和 $V_{VT4.GS}$ 的列区时间。
$t_{dVT1,VT2} =$　　　　$t_{dVT3,VT4} =$
（4）DC/DC 波形观察。
波形的测试：
①将正、负给定均调到零，交流电压开关合向 AC 200 V，合上主控制屏电源开关。
②调节正给定，观察电阻负载上的波形。
③调节给定值的大小，观察占空比的大小变化 |

教师 评价	教师评语	成绩
		教师签字

🌀 项目小结

GTR 也称为电力晶体管，是一种双极性全控型器件，多作为功率开关使用，它具有控制方便、开关时间短、高频特性好、通态压降低等优点，在中小功率应用方面，具有极强的竞争力，是电力电子技术不可缺少的器件，也是电力半导体器件的重要组成部分。

功率 MOSFET 是对小功率场效应晶体管的工艺结构进行改进，在功率上有所突破的单极型半导体器件，属于电压控制，具有驱动功率小、工作频率高、控制线路简单、抗干扰能力强等特点，是速度最快的功率器件。在低压 100 V 以下，是比较理想的器件。在中小功率、开关频率较高的变流装置中得到广泛应用。

直流斩波电路是将一个固定的直流电压变换成可调的直流电压的电路。它不仅能起到调压的作用，还能有效抑制电网侧谐波电流，已被广泛地应用于开关电源及直流电动机驱动中。

自我检测

一、填空题

1. 大功率晶体管简称_____，通常指耗散功率_____以上的晶体管。

2. 功率场效应管是一种性能优良的电子器件，缺点是_____和_____。

3. 功率 MOSFET 的种类按导电沟道可分为_____和 P 沟道，管脚分别为源极_____、_____和漏极。

4. 将直流电源的恒定电压，通过电子器件的开关控制，变换为可调的直流电压的装置称为_____器。

5. 由普通晶闸管组成的直流斩波器通常有_____式、_____式和_____式三种工作方式。

6. 开关型 DC/DC 变换电路的 3 个基本元件是_____、_____和_____。

7. 开关器件的导通时间与工作周期的比值定义为斩波器工作的_____。

8. 常见的基本直流斩波电路有_____斩波电路、_____斩波电路、升降压式斩波电路。

9. 升压式斩波电路之所以能使输出电压高于电源电压，关键在于：一是_____储能之后具有使电压上升的作用；二是_____可将输出电压保持不变。

10. 直流斩波电路通过控制开关器件的_____时间比就可以在输出端得到不同的直流电。

二、判断题

（　　）1. 工作温度升高，会导致 GTR 的寿命减短。

（　　）2. 使用大功率晶体管时，必须要注意"二次击穿"问题。

（　　）3. 电力场效应晶体管属于电流型控制元件。

（　　）4. 实际使用电力晶体管时，必须要有电压电流缓冲保护措施。

（　　）5. 功率 MOSFET 是单极型电流控制器件。

（　　）6. 直流斩波电路中功率 MOSFET 工作在饱和区。

（　　）7. 功率 MOSFET 开关频率越高，所需要的驱动功率越大。

（　　）8. 直流斩波电路的作用是将交流电压变换成一种幅值可调的直流电压。

（　　）9. 直流斩波电路采用的电力电子器件多以晶闸管为主。

（　　）10. 升降压式斩波电路又称为反极性直流电压变换电路。

思考与练习

5-1　直流电压变换电路有哪几种控制方式？常采用的是哪种控制方式？

5-2　为什么升压式斩波电路能使输出电压高于输入电压？

5-3　正激电路的工作过程中为什么需要磁芯复位？

5-4　简述反激电路的工作原理。

5-5　根据图 5-26 简述升压斩波电路的基本工作原理（设电感 L 与电容 C 足够大）。

5-6　在图 5-27 所示升压式斩波电路中，已知 $E = 50$ V，负载电阻 $R = 20$ Ω，L 值和 C 值极大，采用脉宽调制控制方式，当 $T = 40$ μs，$t_{on} = 25$ μs 时，计算输出电压平均值 U_o、输出电流平均值 I_o。

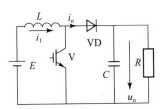

图 5 - 26　升压式斩波电路

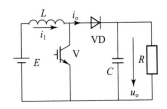

图 5 - 27　升压式斩波电路

项目六

变 频 器

🎯 学习目标

1. 了解变频器的发展和应用。
2. 掌握变频器的基本工作原理。
3. 初步懂得变频器的参数设置。
4. 懂得 IGBT 器件的基本原理及常用的驱动保护电路的工作原理。
5. 会分析脉宽调制（PWM）型逆变电路的工作原理。

🎯 项目描述

　　变频器是一种静止的频率变换器，可将电网电源的 50 Hz 频率交流电变成频率可调的交流电，作为电动机的电源装置，目前在国内外使用广泛。使用变频器可以节能、提高产品质量和劳动生产率等。图 6-1 所示为工业用西门子变频器。

🎯 知 识 链 接

图 6-1　工业用西门子变频器

任务一　认识绝缘栅双极晶体管

　　绝缘门极晶体管（Insulated Gate Bipolar Transistor，IGBT）也称绝缘栅双极晶体管，是一种新发展起来的复合型电力电子器件。由于它综合了 GTR 和 MOSFET 的优点，既具有输入阻抗高、速度快、热稳定性好和驱动电路简单的优点，又具有输入通态电压低，耐压高和承受电流大的优点，这些都使 IGBT 比 GTR 有更大的吸引力。在变频器驱动电动机，中频和开关电源以及要求快速、低损耗的领域，IGBT 有着主导地位。

一、IGBT 的结构和工作原理

1. 基本结构

　　IGBT 也是三端器件，它的三个极为漏极（D）、栅极（G）和源极（S）。有时也将 IGBT 的漏极称为集电极（C），源极称为发射极（E）。图 6-2（a）所示为一种由 N 沟道功率 MOSFET 与晶体管复合而成的 IGBT 的基本结构。IGBT 比功率 MOSFET 多一层 P^+ 注入区，因而形成了一个大面积的 P^+N^+ 结 J_1，这样使得 IGBT 导通时由 P^+ 注入区向 N 基区发射少数载流子，从而对漂移区电导率进行调制，使得 IGBT 具有很强的流通能力。其简化等值电路如图 6 - 2（b）所示。可见，IGBT 是以 GTR 为主导器件，MOSFET 为驱动器件的复合管，R_N 为晶体管基区内的调制电阻。图 6 - 2（c）所示为 IGBT 的电气图形符号。

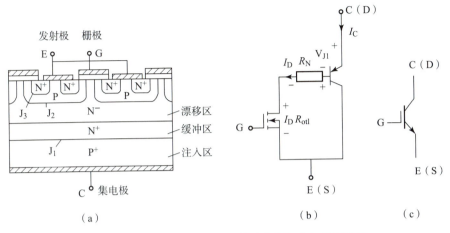

图 6 - 2　IGBT 的结构、简化等效电路和电气图形符号
（a）内部结构；（b）简化等效电路；（c）电气图形符号

2. 工作原理

IGBT 的驱动原理与功率 MOSFET 基本相同，它是一种压控型器件。其开通和关断是由栅极和发射极间的电压 U_{GE} 决定的，当 U_{GE} 为正且大于开启电压 $U_{GE(th)}$ 时，MOSFET 内形成沟道，并为晶体管提供基极电流使其导通。当栅极与发射极之间加反向电压或不加电压时，MOSFET 内的沟道消失，晶体管无基极电流，IGBT 关断。

上面介绍的 PNP 晶体管与 N 沟道 MOSFET 组合而成的 IGBT 称为 N 沟道 IGBT，记为 N - IGBT，其电气图形符号如图 6 - 2（c）所示。对应的还有 P 沟道 IGBT，记为 P - IGBT。N - IGBT 和 P - IGBT 统称为 IGBT。由于实际应用中以 N 沟道 IGBT 为多，因此下面仍以 N 沟道 IGBT 为例进行介绍。

二、IGBT 的基本特性

1. 静态特性

与功率 MOSFET 相似，IGBT 的转移特性和输出特性分别描述器件的控制能力和工作状态。图 6 - 3（a）所示为 IGBT 的转移特性，它描述的是集电极电流 I_C 与栅射电压 U_{GE} 之间的关系，与功率 MOSFET 的转移特性相似。开启电压 $U_{GE(th)}$ 是 IGBT 能实现电导调制而导通的最低栅射电压。$U_{GE(th)}$ 随温度升高而略有下降，温度升高 1 ℃，其值下降 5 mV 左右。在 25 ℃时，$U_{GE(th)}$ 的值一般为 2 ~ 6 V。

图 6 - 3（b）所示为 IGBT 的输出特性，也称伏安特性，它描述的是以栅射电压为参考变量时，集电极电流 I_C 与集射极间电压 U_{CE} 之间的关系。此特性与 GTR 的输出特性相似，不同的是参考变量，IGBT 为栅射电压 U_{GE}，GTR 为基极电流 I_B。IGBT 的输出特性也分为 3 个区域：正向阻断区、有源区和饱和区。这分别与 GTR 的截止区、放大区和饱和区相对应。此外，当 $u_{CE} < 0$ 时，IGBT 为反向阻断工作状态。在电力电子电路中，IGBT 工

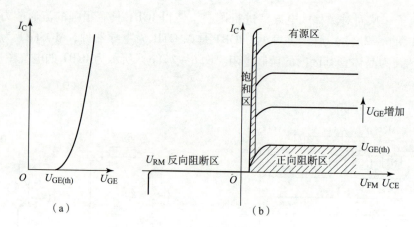

图 6 - 3 IGBT 的转移特性和输出特性

(a) 转移特性；(b) 输出特性

作在开关状态，因而是在正向阻断区和饱和区之间来回转换的。

2. 动态特性

图 6 - 4 所示为 IGBT 开关过程的波形。IGBT 的开通过程与功率 MOSFET 的开通过程很相似，这是因为 IGBT 在开通过程中大部分时间是作为 MOSFET 来运行的。从驱动电压 u_{GE} 的前沿上升至其幅度的 10% 时刻起，到集电极电流 I_C 上升至其幅度的 10% 时刻止，这段时间为开通延迟时间 $t_{d(on)}$。而 I_C 从 10% I_{CM} 上升至 90% I_{CM} 所需要的时间为电流上升时间 t_r。同样，开通时间 t_{on} 为开通延迟时间 $t_{d(on)}$ 与上升时间 t_r 之和。开通时，集射电压 u_{CE} 的下降过程分为 t_{fv1} 和 t_{fv2} 两段。前者为 IGBT 中 MOSFET 单独工作的电压下降过程；后者为 MOSFET 和 PNP 晶体管同时工作的电压下降过程。由于 u_{CE} 下降时 IGBT 中 MOSFET 的栅漏电容增加，而且 IGBT 中的 PNP 晶体管由放大状态转入饱和状态也需要一个过程，因此 t_{fv2} 段电压下降过程变缓。只有在 t_{fv2} 段结束时，IGBT 才完全进入饱和状态。

IGBT 关断时，从驱动电压 u_{GE} 的脉冲后沿下降到其幅值的 90% 时刻起，到集电极电

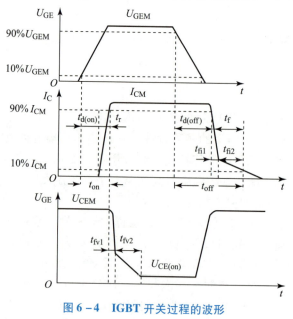

图 6 - 4 IGBT 开关过程的波形

流下降至 90% I_{CM} 止，这段时间称为关断延迟时间 $t_{d(off)}$。集电极电流从 90% I_{CM} 下降至 10% I_{CM} 的这段时间为电流下降时间 t_f，二者之和为关断时间 t_{off}。电流下降时间可分为 t_{fi1} 和 t_{fi2} 两段。其中 t_{fi1} 对应 IGBT 内部 MOSFET 的关断过程，这段时间集电极电流 I_C 下降较快；t_{fi2} 对应 IGBT 内部 PNP 晶体管的关断过程，这段时间内 MOSFET 已经关断，IGBT 又无反向电压，所以 N 基区内的载流子复合缓慢，造成 I_C 下降较慢。由于此时集射电压已经建立，因此较长的电流下降时间会产生较大的关断损耗。为解决这一问题，可以与 GTR 一样通过减轻饱和程度来缩短电流下降时间。

可以看出，IGBT 中双极型 PNP 晶体管的存在，虽然带来了电导调制效应的好处，但也引入了少数载流子储存现象，因而 IGBT 的开关速度要低于功率 MOSFET。

三、IGBT 的主要参数

（1）集电极 – 发射极额定电压 U_{CES}。这个电压值是厂家根据器件的雪崩击穿电压而规定的，是栅极 – 发射极短路时 IGBT 能承受的耐压值，即 U_{CES} 值不大于雪崩击穿电压。

（2）栅极 – 发射极额定电压 U_{GES}。IGBT 是电压控制器件，靠加到栅极的电压信号控制 IGBT 的导通和关断，而 U_{GES} 就是栅极控制信号的电压额定值。目前，IGBT 的 U_{GES} 值大部分为 +20 V，使用中不能超过该值。

（3）集电极额定电流 I_{CN}。它是指在额定的测试温度条件下，元件所允许的集电极最大直流电流。该参数给出了 IGBT 在导通时能流过管子的持续最大电流。

（4）集电极脉冲峰值电流 I_{CP}。它是指在一定脉冲宽度时（常指 1 ms 脉冲），IGBT 的集电极所允许的最大脉冲峰值电流。

（5）最大集电极功耗 P_{CN}。它是指在额定的测试温度条件下，元件允许的最大耗散功率。

四、IGBT 的擎住效应和安全工作区

从图 6 – 2（a）中 IGBT 的结构可以发现，在 IGBT 内部寄生着一个 N^-PN^+ 晶体管和作为主开关器件的 P^+N^-P 晶体管组成的寄生晶体管。其中 NPN 晶体管基极与发射极之间存在体区短路电阻，P 形体区的横向空穴电流会在该电阻上产生压降，相当于对 J_3 结施加正偏压，在额定集电极电流范围内，这个偏压很小，不足以使 J_3 开通，然而一旦 J_3 开通，栅极就会失去对集电极电流的控制作用，导致集电极电流增大，造成器件功耗过高而损坏。这种电流失控的现象，就像普通晶闸管被触发以后，即使撤销触发信号晶闸管仍然因进入正反馈过程而维持导通的机理一样，因此被称为擎住效应或自锁效应。引发擎住效应的原因，可能是集电极电流过大（静态擎住效应），也可能是最大允许电压上升率 du_{CE}/dt 过大（动态擎住效应），温度升高也会加重发生擎住效应的危险。

动态擎住效应比静态擎住效应所允许的集电极电流小，因此所允许的最大集电极电流实际上是根据动态擎住效应而确定的。

根据最大集电极电流、最大集电极间电压和最大集电极功耗可以确定 IGBT 在导通工作状态的参数极限范围，即正向偏置安全工作电压（FBSOA）；根据最大集电极电流、最大集射极间电压和最大允许电压上升率可以确定 IGBT 在阻断工作状态下的参数极限范围，即反向偏置安全工作电压（RBSOA）。

擎住效应曾经是限制 IGBT 电流容量进一步提高的主要因素之一，但经过多年的努力，

自 20 世纪 90 年代中后期开始，这个问题已得到了极大的改善，促进了 IGBT 研究和制造水平的迅速提高。

此外，为满足实际电路中的要求，IGBT 往往与反并联的快速二极管封装在一起制成模块，成为逆导器件，选用时应加以注意。

五、IGBT 的驱动电路

1. 对驱动电路的要求

（1）IGBT 是电压驱动的，具有一个 2.5～5.0 V 的阈值电压，有一个容性输入阻抗，因此 IGBT 对栅极电荷非常敏感，故驱动电路必须很可靠，保证有一条低阻抗值的放电回路，即驱动电路与 IGBT 的连线要尽量短。

（2）用内阻小的驱动源对栅极电容充放电，以保证栅极控制电压 U_{CE} 有足够陡的前后沿，使 IGBT 的开关损耗尽量小。另外，IGBT 开通后，栅极驱动源应能提供足够的功率，使 IGBT 不退出饱和而损坏。

（3）驱动电路中的正偏压为 12～15 V，负偏压应为 –10～–2 V。

（4）IGBT 多用于高压场合，故驱动电路应整个控制电路在电位上严格隔离。

（5）驱动电路应尽可能简单实用，具有对 IGBT 的自保护功能，并有较强的抗干扰能力。

（6）若为大电感负载，IGBT 的关断时间不宜过短，以限制 di/dt 所形成的尖峰电压，保证 IGBT 的安全。

2. 驱动电路

因为 IGBT 的输入特性几乎与 MOSFET 相同，所以用于 MOSFET 的驱动电路同样可以用于 IGBT。

在用于驱动电动机的逆变器电路中，为使 IGBT 能够稳定工作，要求 IGBT 的驱动电路采用正负偏压双电源的工作方式。为使驱动电路与信号电隔离，应采用抗噪声能力强、信号传输时间短的光耦合器件。基极和发射极的引线应尽量短，基极驱动电路的输入线应为绞合线，其具体电路如图 6–5 所示。为抑制输入信号的振荡现象，在图 6–5（a）中的基极和发射极并联一阻尼网络。图 6–5（b）所示为采用光耦合器使信号电路与驱动电路进行隔离。驱动电路的输出级采用互补电路的形式以降低驱动源的内阻，同时加速 IGBT 的关断过程。

3. 集成化驱动电路

大多数 IGBT 生产厂家为了解决 IGBT 的可靠性问题，都生产与其配套的集成驱动电路。这些专用驱动电路抗干扰能力强、集成化程度高、速度快、保护功能完善，可实现 IGBT 的最优驱动。目前，国内市场应用最多的 IGBT 驱动模块是富士公司开发的 EXB 系列，它包括标准型和高速型。EXB 系列驱动模块可以驱动全部的 IGBT 产品范围，特点是驱动模块内部装有 2 500 V 的高隔离电压的光耦合器，有过电流保护电路和过电流保护输出端子，另外，可以单电源供电。标准型的驱动电路信号延迟最大为 4 μs，高速型的驱动电路信号延迟最大为 1.5 μs。

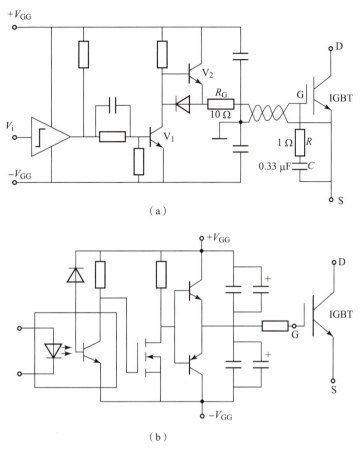

图 6 – 5　IGBT 基极驱动电路

（a）阻尼滤波；（b）光电隔离

六、IGBT 的保护电路

因为 IGBT 是由 MOSFET 和 GTR 复合而成的，所以 IGBT 的保护可按 GTR、MOSFET 保护电路来考虑，主要是栅源过电压保护、静电保护、采用 $R - C - \text{VD}$ 缓冲电路等。另外，也应在 IGBT 电控系统中设置过压、欠压、过流和过热保护单元，以保证安全可靠工作。应该指出的是，必须保证 IGBT 不发生擎住效应，具体做法是，实际中 IGBT 使用的最大电流不超过其额定电流。

1. 缓冲电路

图 6 – 6 所示为 IGBT 桥臂的典型缓冲电路。其中图 6 – 6（a）所示为最简单的单电容电路，适用于 50 A 以下的小容量 IGBT 模块，由于电路无阻尼组件，易产生 LC 振荡，故应选择无感电容或串入阻尼电阻 R_S；图 6 – 6（b）所示为将 RCD 缓冲电路用于双桥臂的 IGBT 模块上，适用于 200 A 以下的中等容量 IGBT；在图 6 – 6（c）中，将两个 RCD 缓冲电路分别用在两个桥臂上，该电路将电容上过冲的能量部分送回电源，因此损耗较小，广泛应用于 200 A 以上的大容量 IGBT。

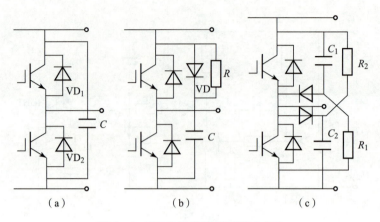

图 6 - 6　IGBT 桥臂的典型缓冲电路

（a）小容量；（b）中容量；（c）大容量

2. IGBT 的保护

　　IGBT 的过电压保护措施已在前面的缓冲电路部分做了介绍，这里只讨论 IGBT 的过电流保护措施。过电流保护措施主要是检测出过电流信号后迅速切断栅极控制信号来关断 IGBT。实际使用中，当出现负载电路接地、输出短路、桥臂某组件损坏、驱动电路故障等情况时，都可能使得一桥臂的两个 IGBT 同时导通，主电路短路，集电极电流过大，器件功耗增大。为此，就要求在检测到过电流后，通过控制电路产生负的栅极驱动信号来关断 IGBT。尽管检测和切断过电流需要一定的时间延迟，但只要 IGBT 的额定参数选择合理，10 μs 内的过电流一般不会使之损坏。

　　图 6 - 7 所示为采用集电极电压识别方法的过电流保护电路。IGBT 的集电极通态饱和压降 U_{CES} 与集电极电流 I_C 呈近似线性关系，I_C 越大，U_{CES} 越高，因此，可通过检测 U_{CES} 的大小来判断 I_C 的大小。图 6 - 7 中，脉冲变压器的①、②端输入开通驱动脉冲，③、④端输入关断信号脉冲。IGBT 正常导通时，U_{CE} 低，C 点电位低，VD 导通并将 M 点电位箝位于低电平，晶体管 V_2 处于截止状态。若 I_C 出现过电流，则 U_{CE} 升高，C 点电位升高，VD 反向关断，M 点电位便随电容 C_M 充电电压上升，很快达到稳压管 V_1 阈值使 V_1 导通，进而使 V_2 导通，封锁栅极驱动信号，同时光耦合器 B 也发生过流信号。

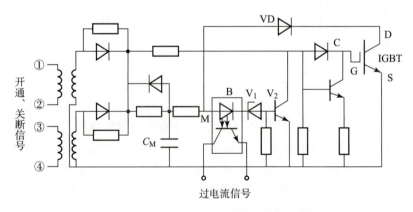

图 6 - 7　采用集电极电压识别方法的过电流保护电路

为了避免 IGBT 过电流的时间超过允许的短路过电流时间，保护电路应当采用快速光耦合器等快速传送组件及电路。不过，切断很大的 IGBT 集电极过电流时，速度不能过快，否则会由于 di/dt 值过大，在主电路分布电感中产生过高的感应电动势，损坏 IGBT。为此，应当在允许的短路时间之内，采取低速切断措施将 IGBT 集电极电流切断。

图 6 - 8 所示为检测发射极电流过流的保护电路。在 IGBT 的发射极电流未超过限流阈值时，比较器 LM311 的同相端电位低于反相端电位，其输出为低电平，V_1 截止，VD_1 导通，将 V_3 管关断。此时，IGBT 的导通与关断仅受驱动信号控制：当驱动信号为高电平时，V_2 导通，驱动信号将 IGBT 导通；当驱动信号变为低电平时，V_2 管的寄生二极管导通，驱动信号将 IGBT 关断。

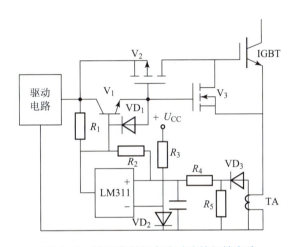

图 6 - 8　检测发射极电流过流的保护电路

在 IGBT 的发射极电流超过限流阈值时，电流互感器 TA 二次侧在电阻 R_S 上产生的电压降经 R_4 送到比较器 LM311 的同相端，使该端电位高于反相端，比较器输出翻转为高电平，VD_1 截止，V_1 导通。一方面，导通的 V_1 迅速释放 V_2 管上的栅极电荷，使 V_2 迅速关断，驱动信号不能传送到 IGBT 的栅极；另一方面，导通的 V_1 还驱动 V_3 迅速导通，将 IGBT 的栅极电荷迅速释放，使 IGBT 关断。为了确保关断的 IGBT 在本次开关周期内不再导通，比较器加有正反馈电阻 R_2，这样，在 IGBT 的过电流被关断后比较器仍保持输出高电平。当驱动信号由高变低时，比较器输出端随之变低，同相端电位也随之下降并低于反相端电位。此时，整个过电流保护电路已重新复位，IGBT 又仅受驱动信号控制：驱动信号再次变高（或变低）时，仍可驱动 IGBT 导通（或关断）。如果 IGBT 射极电流未超限值，过流保护电路不动作；如果超了限值，过流保护电路再次关断 IGBT。可见，过流保护电路实施的是逐个脉冲电流限制。实施了逐个脉冲电流限制，可将电流限值设置在最大工作电流以上，这样，既可保证在任何负载状态甚至是短路状态下都将电流限制在允许值之内，又不会影响电路的正常工作。电流限值可通过调整电阻 R_5 来设置。

任务二　认识变频电路

一、变频器的基本原理

1. 变频器组成原理

1）变频器的基本结构

调速用变频器通常由主电路、控制电路和保护电路组成。其基本结构和各部分的基本功能如图6-9所示。

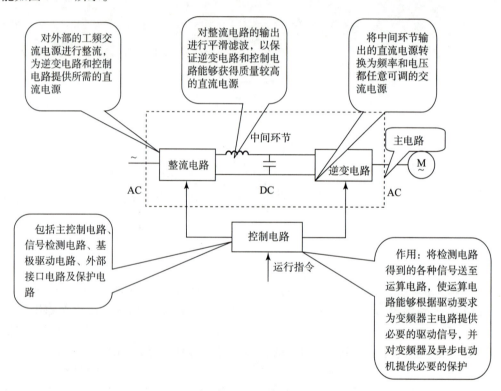

图6-9　变频器的基本结构和各部分的基本功能

典型的电压控制型通用变频器的原理框图如图6-10所示。

2）变频器主电路的工作原理

目前已被广泛地应用在交流电动机变频调速中的变频器是交-直-交变频器，它是先将恒压恒频（Constant Voltage Constant Frequecy，CVCF）的交流电通过整流器变成直流电，再经过逆变器将直流电变换成可控交流电的间接型变频电路。

在交流电动机的变频调速控制中，为了保持额定磁通基本不变，在调节定子频率的同时必须同时改变定子的电压。因此，必须配备变压变频（Variable Voltage and Variable Frequency，VVVF）装置。它的核心部分是变频电路，其结构框图如图6-11所示。

按照不同的控制方式，交-直-交变频器可分成以下三种方式：

（1）采用可控整流器调压、逆变器调频的控制方式，其结构框图如图6-12所示。在这种装置中，调压和调频在两个环节上分别进行，在控制电路上协调配合，结构简单，控

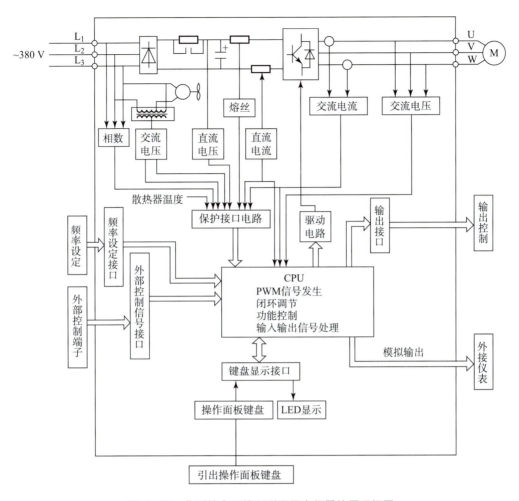

图 6-10 典型的电压控制型通用变频器的原理框图

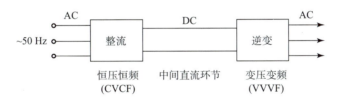

图 6-11 VVVF 变频器主电路的结构框图

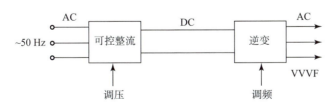

图 6-12 可控整流器调压、逆变器的结构框图

制方便。但是，由于输入环节采用晶闸管可控整流器，当电压调得较低时，电网端功率因数较低。而输出环节多用由晶闸管组成多拍逆变器，每周换相 6 次，输出的谐波较大，因此这类控制方式目前用得较少。

（2）采用不控整流器整流、斩波器调压，再用逆变器调频的控制方式，其结构框图如图 6 – 13 所示。整流环节采用二极管不控整流器，只整流不调压，再单独设置斩波器，用脉宽调压，这种方法克服功率因数较低的缺点，但输出逆变环节未变，仍有谐波较大的缺点。

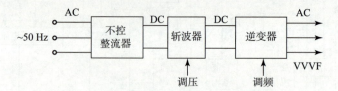

图 6 – 13　不控整流器整流、斩波器调压、再用逆变器的结构框图

（3）采用不控整流器整流、脉宽调制（PWM）逆变器同时调压调频的控制方式，其结构框图如图 6 – 14 所示。在这类装置中，用不控整流器，则输入功率因数不变；用 PWM 逆变，则输出谐波可以减小。这样图 6 – 14 装置的两个缺点都消除了。PWM 逆变器需要全控型电力半导体器件，其输出谐波减少的程度取决于 PWM 的开关频率，而开关频率则受器件开关时间的限制。采用绝缘双极型晶体管 IGBT 时，开关频率可达 10 kHz 以上，输出波形已经非常逼近正弦波，因而又称为 SPWM 逆变器，成为当前最有发展前途的一种装置形式。

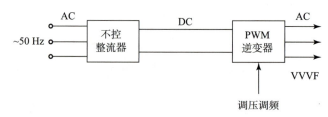

图 6 – 14　不控整流器整流、脉宽调制（PWM）逆变器的结构框图

在交 – 直 – 交变频器中，当中间直流环节采用大电容滤波时，直流电压波形比较平直，在理想情况下是一个内阻抗为零的恒压源，输出交流电压是矩形波或阶梯波，这类变频器叫作电压型变频器，如图 6 – 15（a）所示。当交 – 直 – 交变频器的中间直流环节采用大电感滤波时，直流电流波形比较平直，因而电源内阻抗很大，对负载来说基本上是一个电流源，输出交流电流是矩形波或阶梯波，这类变频器叫作电流型变频器，如图 6 – 15（b）所示。

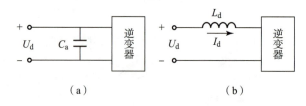

图 6 – 15　变频器的结构框图
（a）电压型变频器；（b）电流型变频器

下面给出几种典型的交 – 直 – 交变频器的主电路。

（1）交 – 直 – 交电压型变频电路。图 6 – 16 所示为一种常用的交 – 直 – 交电压型 PWM 变频电路。它采用二极管构成整流器，完成交流到直流的变换，其输出直流电压 U_d 是不可控的；中间直流环节用大电容 C 滤波；电力晶体管 $V_1 \sim V_6$ 构成 PWM 逆变器，完成直流到交流的变换，并能实现输出频率和电压的同时调节，$VD_1 \sim VD_6$ 是电压型逆变器

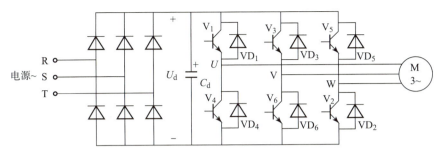

图 6 – 16　交 – 直 – 交电压型 PWM 变频电路

所需的反馈二极管。

从图 6 – 16 可以看出，出于整流电路输出的电压和电流极性都不能改变，因此该电路只能从交流电源向中间直流电路传输功率，进而再向交流电动机传输功率，而不能从直流中间电路向交流电源反馈能量。当负载电动机由电动状态转入制动运行时，电动机变为发电状态，其能量通过逆变电路中的反馈二极管流入直流中间电路，使直流电压升高而产生过电压，这种过电压称为泵升电压。为了限制泵升电压，如图 6 – 17 所示，可给直流侧电容并联一个由电力晶体管 V_0 和能耗电阻 R 组成的泵升电压限制电路。当泵升电压超过一定数值时，使 V_0 导通，能量消耗在 R 上。这种电路可运用于对制动时间有一定要求的调速系统中。

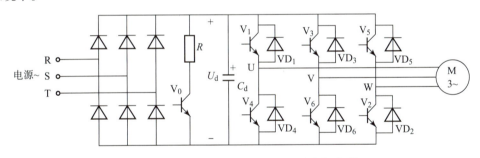

图 6 – 17　带有泵升电压限制电路的变频电路

在要求电动机频繁快速加减的场合，上述带有泵升电压限制电路的变频电路耗能较多，能耗电阻 R 也需较大的功率。因此，希望在制动时把电动机的动能反馈回电网。这时，需要增加一套有源逆变电路，以实现再生制动，如图 6 – 18 所示。

（2）交 – 直 – 交电流型变频电路。图 6 – 19 所示为一种常用的交 – 直 – 交电流型变频电路。其中，整流器采用晶闸管构成的可控整流电路，完成交流到直流的变换，输出可控的直流电压 U，实现调压功能；中间直流环节用大电感 L 滤波；逆变器采用晶闸管构成的串联二极管式电流型逆变电路，完成直流到交流的变换，并实现输出频率的调节。

由图 6 – 19 可以看出，电力电子器件的单向导向性使得电流 I_d 不能反向，而中间直流环节采用的大电感滤波保证了 I_d 的不变，但可控整流器的输出电压 U_d 是可以迅速反向的。因此，电流型变频电路很容易实现能量回馈。图 6 – 20 所示为电流型变频调速系统的电动运行和回馈制动两种运行状态。其中，UR 为晶闸管可控整流器，UI 为电流型逆变器。当可控整流器 UR 工作在整流状态（$\alpha < 90°$）、逆变器工作在逆变状态时，电动机在电动状态下运行，如图 6 – 20（a）所示。这时，直流回路电压 U_d 的极性为上正下负，电流由 U_d 的正端流入逆变器，电能由交流电网经变频器传送给电动机，变频器的转速 $\omega_1 > \omega$，电动

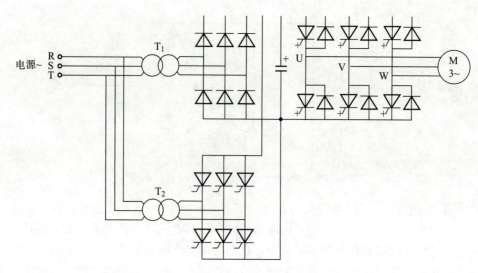

图 6 - 18　可以再生制动的变频电路

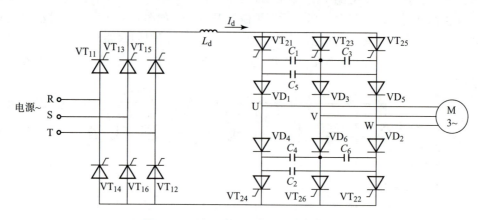

图 6 - 19　交 - 直 - 交电流型变频电路

机处于发电状态，如图 6 - 20（b）所示。此时如果降低变频器的输出频率，或从机械上抬高电动机转速 ω，使 $\omega_1 < \omega$，同时使可控整流器的控制角 $\alpha > 90°$，则异步电动机进入发电状态，且直流回路电压 U_d 立即反向，而电流 I_d 方向不变。于是，逆变器 UI 变成整流器，而可控整流器 UR 转入有源逆变状态，电能由电动机回馈给交流电网。

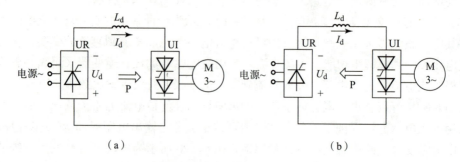

图 6 - 20　电流型变频调速系统的两种运行状态
（a）电动运行；（b）发电制动

　　图 6 - 21 所示为一种交 - 直 - 交电流型 PWM 变频电路，负载为三相异步电动机。逆变器为采用 GTO 作为功率开关器件的电流型 PWM 逆变电路，图中的 GTO 用的是反向导

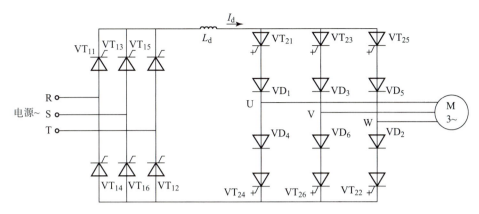

图 6-21 交-直-交电流型 PWM 变频电路

电型器件，因此，给每个 GTO 串联二极管以承受反向电压。逆变电路输出端的电容 C 是为吸收 GTO 关断时所产生的过电压而设置的，它也可以对输出的 PWM 电流波形起滤波作用。整流电路采用晶闸管而不是二极管，这样在负载电动机需要制动时，可以使整流部分工作在有源逆变状态，把电动机的机械能反馈给交流电网，从而实现快速制动。

（3）交-直-交电压型变频器与电流型变频器的性能比较。电压型变频器和电流型变频器的区别仅在于中间直流环节滤波器的形式不同，但是这样一来，却造成两类变频器在性能上相当大的差异，见表 6-1。

表 6-1 电压型变频器与电流型变频器的性能比较

特点名称	电压型变频器	电流型变频器
储能元件	电容器	电抗器
输出波形的特点	电压波形为矩形波 电流波形近似正弦波	电流波形为矩形波 电压波形为近似正弦波
回路构成上的特点	有反馈二极管 直流电源并联大容量 电容（低阻抗电压源） 电动机四象限运转需要再生用变流器	无反馈二极管 直流电源串联大电感 （高阻抗电流源） 电动机四象限运转容易
特性上的特点	负载短路时产生过电流 开环电动机也可能稳定运转	负载短路时能抑制过电流 电动机运转不稳定需要反馈控制
适用范围	适用于作为多台电动机同步运行时的供电电源但不要求快速加减的场合	适用于一台变频器给一台电动机供电的单电动机传动，但可以满足快速制动和可逆运行的要求

任务三 脉宽调制（PWM）型变频电路

一、PWM 控制的基本原理

在采样控制理论中有一个重要结论：冲量（脉冲的面积）相等而形状不同窄脉冲（图 6-22），分别加在具有惯性环节的输入端，其输出响应波形基本相同，也就是说，尽管脉冲形状不同，但只要脉冲面积相等，其作用的效果基本相同。这就是 PWM 控制的重要理论依据。如图 6 – 23 所示，一个正弦半波完全可以用等幅不等宽的脉冲列来等效，但必须做到正弦半波所等分的 6 块阴影面积与相对应的 6 个脉冲列的阴影面积相等，其作用的效果就基本相同，对于正弦波的负半周，用同样方法可得到 PWM 波形来取代正弦负半波。

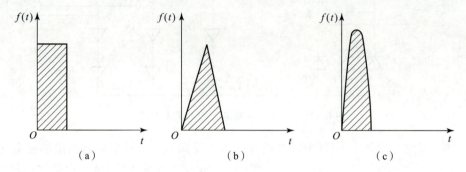

图 6 – 22　形状不同而冲量相等的各种窄脉冲

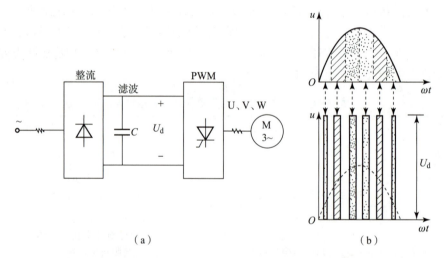

图 6 – 23　PWM 控制的基本原理示意图

在 PWM 波形中，各脉冲的幅值是相等的，若要改变输出电压等效正弦波的幅值，只要按同一比例改变脉冲列中各脉冲的宽度即可。所以 U_d 直流电源采用不可控整流电路获得，不但使电路输入功率因数接近 1，而且整个装置控制简单，可靠性高。

下面分别介绍单相和三相桥式 PWM 变频电路的控制方法及工作原理。

1. 单相桥式 PWM 变频电路的工作原理

单相桥式 PWM 变频电路如图 6 – 24 所示，采用 GTR 作为逆变电路的自关断开关器件。设负载为电感性，控制方法可以有单极性和双极性两种。

1）单极性 PWM 控制方式的工作原理

按照 PWM 控制的基本原理，如果给定正弦波频率、幅值和半个周期内的脉冲个数，PWM 波形各脉冲的宽度和间隔就可以准确地计算出来。依据计算结果来控制逆变电路中各开关器件的通断，就可以得到所需要的 PWM 波形，但是这种计算很烦琐，较为实用的方法是采用调制控制，如图 6 – 25 所示。把所希望输出的正弦波作为调制信号 u_r，把接收

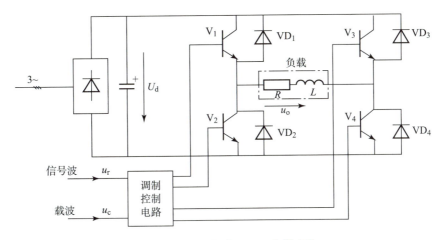

图 6 – 24　单相桥式 PWM 变频电路

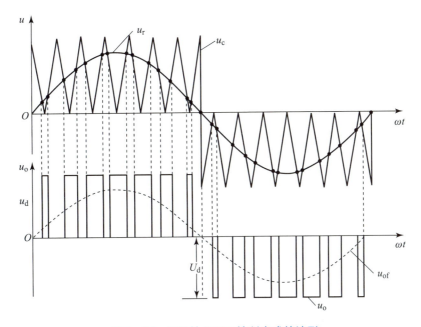

图 6 – 25　单极性 PWM 控制方式的波形

调制的等腰三角形波作为载波信号 u_c。对逆变桥 $V_1 \sim V_4$ 的控制方法是：

（1）当 u_r 正半周时，让 V_1 一直保持通态，V_2 保持断态。在 u_r 与 u_c 正极性三角波交点处控制 V_4 的通断，在 $u_r > u_c$ 各区间，控制 V_4 为通态，输出负载电压 $u_o = U_d$。在 $u_r < u_c$ 各区间，控制 V_4 为断态，输出负载电压 $u_o = 0$，此时负载电流可以经过 VD_3 与 V_1 续流。

（2）当 u_r 负半周时，让 V_2 一直保持通态，V_1 保持断态。在 u_r 与 u_c 负极性三角波交点处控制 V_3 的通断。在 $u_r < u_c$ 各区间，控制 V_3 为通态，输出负载电压 $u_o = -U_d$。在 $u_r > u_c$ 各区间，控制 V_3 为断态，输出负载电压 $u_o = 0$，此时负载电流可以经过 VD_4 与 V_2 续流。

逆变电路输出的 u_o 为 PWM 波形，如图 6 – 25 所示，u_{of} 为 u_o 的基波分量。由于在这种控制方式中的 PWM 波形只能在一个方向变化，故称为单极性 PWM 控制方式。

2）双极性 PWM 控制方式的工作原理

电路如图 6-24 所示，调制信号 u_r 仍是正弦波，而载波信号 u_c 改为正负两个方向变化的等腰三角形波，如图 6-26 所示。对逆变桥 $V_1 \sim V_4$ 的控制方法是：

（1）在 u_r 正半周，当 $u_r > u_c$ 的各区间，给 V_1 和 V_4 导通信号，而给 V_2 和 V_3 关断信号，输出负载电压 $u_o = U_d$。在 $u_r < u_c$ 的各区间，给 V_2 和 V_3 导通信号，而给 V_1 和 V_4 关断信号，输出负载电压 $u_o = -U_d$。这样逆变电路输出的 u_o 为两个方向变化等幅不等宽的脉冲列。

（2）在 u_r 负半周，当 $u_r < u_c$ 的各区间，给 V_2 和 V_3 导通信号，而给 V_1 和 V_4 关断信号，输出负载电压 $u_o = -U_d$。在 $u_r > u_c$ 的各区间，给 V_1 和 V_4 导通信号，而给 V_2 与 V_3 关断信号，输出负载电压 $u_o = U_d$。

双极性 PWM 控制的输出波形如图 6-26 所示，它为两个方向变化等幅不等宽的脉列。这种控制方式特点是：

①同一平桥上下两个桥臂晶体管的驱动信号极性恰好相反，处于互补工作方式；

②电感性负载时，若 V_1 和 V_4 处于通态，给 V_1 和 V_4 以关断信号，则 V_1 和 V_4 立即关断，而给 V_2 和 V_3 以导通信号，由于电感性负载电流不能突变，电流减小感性的电动势使 V_2 和 V_3 不可能立即导通，而是二极管 VD_2 和 VD_3 导通续流，如果续流能维持到下一次 V_1 与 V_4 重新导通，负载电流方向始终未变，V_2 和 V_3 始终未导通。只有在负载电流较小而无法连续续流情况下，在负载电流下降至零，VD_2 和 VD_3 续流完毕，V_2 和 V_3 导通，负载电流才反向流过负载。但是不论是 VD_2、VD_3 导通还是 V_2、V_3 导通，u_o 均为 $-U_d$。从 V_2、V_3 导通向 V_1、V_4 切换情况也类似。

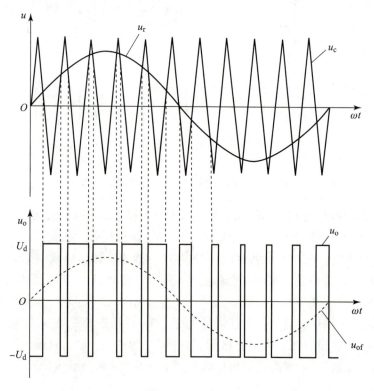

图 6-26 双极性 PWM 控制的输出波形

2. 三相桥式 PWM 变频电路的工作原理

三相桥式 PWM 变频电路如图 6-27 所示，电路采用 GTR 作为电压型三相桥式逆变电路的自关断开关器件，负载为电感性。从电路结构上看，三相桥式 PWM 变频电路只能选用双极性控制方式，其工作原理如下：

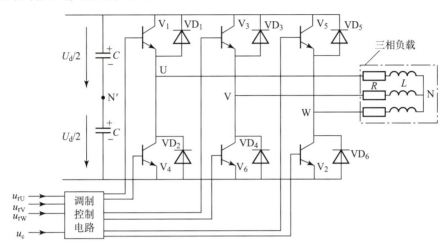

图 6-27 三相桥式 PWM 变频电路

三相调制信号 u_{rU}、u_{rV} 和 u_{rW} 为相位依次相差 120° 的正弦波，而三相载波信号是公用一个正负方向变化的三角形波 u_c，如图 6-28 所示。U、V 和 W 相自关断开关器件的

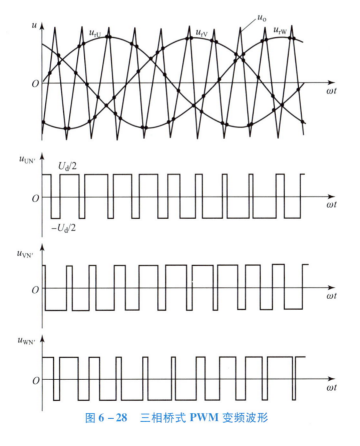

图 6-28 三相桥式 PWM 变频波形

控制方法相同，现以 U 相为例：在 $u_{rU} > u_c$ 的各区间，给上桥臂电力晶体管 V_1 以导通驱动信号，而给下桥臂 V_4 以关断信号，于是 U 相输出电压相对直流电源 U_d 中性点 N′ 为 $u_{UN'} = U_d/2$。在 $u_{rU} < u_c$ 的各区间，给 V_1 以关断信号，V_4 为导通信号，输出电压 $u_{UN'} = -U_d/2$。图 6-28 所示的 $u_{UN'}$ 波形就是三相桥式 PWM 逆变电路，U 相输出的波形（相对 N′ 点）。

图 6-27 所示电路中 $VD_1 \sim VD_6$ 二极管是为电感性负载换流过程提供续流回路，其他两相的控制原理与 U 相相同。三相桥式 PWM 变频电路三相输出的 PWM 波形分别为 $u_{UN'}$、$u_{VN'}$ 和 $u_{WN'}$，如图 6-28 所示。U、V 和 W 三相之间的线电压 PWM 波形以及输出三相相对于负载中性点 N 的相电压 PWM 波形，读者可按下列计算公式求得

线电压
$$\begin{cases} u_{UV} = u_{UN'} - u_{VN'} \\ u_{VW} = u_{VN'} - u_{WN'} \\ u_{WU} = u_{WN'} - u_{UN'} \end{cases}$$

相电压
$$\begin{cases} u_{UN} = u_{UN'} - \dfrac{1}{3}(u_{UN'} + u_{VN'} + u_{WN'}) \\ u_{VN} = u_{VN'} - \dfrac{1}{3}(u_{UN'} + u_{VN'} + u_{WN'}) \\ u_{WN} = u_{WN'} - \dfrac{1}{3}(u_{UN'} + u_{VN'} + u_{WN'}) \end{cases}$$

在双极性 PWM 控制方式中，理论上要求同一相上下两个桥臂的开关管驱动信号相反，但实际上，为防止上下两个桥臂直通造成直流电源的短路，通常要求先施加关断信号，经过 Δt 的延时才给另一个施加导通信号。延时时间的长短主要由自关断功能率开关器件的关断时间决定。这个延时将会给输出 PWM 波形带来偏离正弦波的不利影响，所以在保证安全可靠换流前提下，延时时间应尽可能取小。

二、PWM 变频电路的调制控制方式

在 PWM 变频电路中，载波频率 f_c 与调制信号频率 f_r 之比称为载波比，即 $N = f_c/f_r$。根据载波和调制信号波是否同步，PWM 逆变电路有异步调制和同步调制两种控制方式，现分别介绍如下。

1. 异步调制控制方式

当载波比 N 不是 3 的整数倍时，载波与调制信号波就存在不同步的调制，就是异步调制三相 PWM，如 $f_c = 10 f_r$，载波比 $N = 10$，不是 3 的整数倍。在异步调制控制方式中，通常 f_c 固定不变，逆变输出电压频率的调节是通过改变 f_r 的大小来实现的，所以载波比 N 也随之变化，而难以同步。

异步调制控制方式的特点是：

（1）控制相对简单。

（2）在调制信号的半个周期内，输出脉冲的个数不固定，脉冲相位也不固定，正负半周的脉冲不对称，而且半个周期内前后 1/4 周期的脉冲也不对称，输出波形偏离了正弦波。

（3）载波比 N 越大，半个周期内调制的 PWM 波形脉冲数就越多，正负半周不对称和

半周内前后 1/4 周期脉冲不对称的影响就越大，输出波形越接近正弦波。所以在采用异步调制控制方式时，要尽量提高载波频率 f_c，使不对称的影响尽量减小，输出波形接近正弦波。

2. 同步调制控制方式

在三相逆变电路中，当载波比 N 为 3 的整数倍时，载波与调制信号波能同步调制。图 6–29 所示为 $N=9$ 时的同步调制控制的三相 PWM 变频波形。

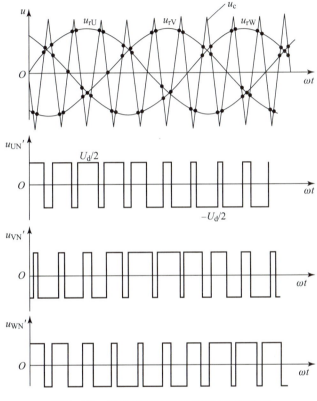

图 6–29　同步调制的三相 PWM 变频波形

在同步调制控制方式中，通常保持载波比 N 不变，若要增高逆变输出电压的频率，必须同时增高 f_c 与 f，且保持载波比 N 不变，保持同步调制不变。

同步调制控制方式的特点是：

（1）控制相对较复杂，通常采用微型计算机控制。

（2）在调制信号的半个周期内，输出脉冲的个数是固定不变的，脉冲相位也是固定的。正负半周的脉冲对称，而且半个周期脉冲排列其左右也是对称的，输出波形等效于正弦。

但是，当逆变电路要求输出频率 f_o 很低时，由于半周期内输出脉冲的个数不变，所以由 PWM 调制而产生 f_o 附近的谐波频率也相应很低，这种低频谐波通常不易滤除，而对三相异步电动机造成不利影响，如电动机噪声变大、振动加大等。

为了克服同步调制控制方式低频段的缺点，通常采用"分段同步调制"的方法，即把逆变电路的输出频率范围划分成若干个频率段，每个频率段内都保持载波比为恒定，而不同频率段所取的载波比不同：

（1）在输出高频率段时，取较小的载波比，这样载波频率不致过高，能在功率开关器件所允许的频率范围内。

（2）在输出频率为低频率段时，取较大的载波比，这样载波频率不致过低，谐波频率也较高且幅值也小，也易滤除，从而减小了对异步电动机的不利影响。

综上所述，同步调制方式效果比异步调制方式好，但同步调制控制方式较复杂，一般要用微型计算机进行控制。也有的电路在输出低频率段时采用异步调制方式，而在输出高频率段时换成同步调制控制方式。这种综合调制控制方式，其效果与分段同步调制方式相接近。

三、SPWM 波形的生成

SPWM 的控制就是根据三角波载波和正弦调制波用比较器来确定它们的交点，在交点时刻对功率开关器件的通断进行控制。这个任务可以用模拟电子电路、数字电路或专用的大规模集成电路芯片等硬件电路来完成，也可以用计算机通过软件生成 SPWM 波形。在计算机控制 SPWM 变频器中，SPWM 信号一般由软件加接口电路生成。如何计算 SPWM 的开关电，是 SPWM 信号生成中的一个难点，也是当前人们研究的一个热门课题。

四、专用大规模集成电路芯片形成 SPWM 波

HEF4725 是全数字化的生成三相 SPWM 波的集成电路。这种芯片既可以用于有换流电路的三相晶闸管变频电路，也可用于由全控型开关器件构成的变频电路。对于后者，可输出三相对称的 SPWM 波控制信号，调频范围为 0～200 Hz。由于它生成的 SPWM 波最大开关频率比较低，一般在 1 kHz 以下，所以较适用于以 BJT 或 GTO 为开关器件的变频电路，而不适用于 IGBT 变频电路。

HEF4725 采用标准的 28 脚双列直插式封装，芯片用 5 V（有的用 10 V）电源，可提供 3 组相位互差 120°的互补输出 SPWM 控制脉冲，以供驱动变频电路的 6 个功率开关器件产生对称的三相输出。当用晶闸管时，需附加产生 3 对互补换流脉冲，用以控制换流电路中的辅助晶闸管。

HEF4725 的内部逻辑框图和管脚图如图 6-30 所示。它由 3 个计数器、1 个译码器、3 个输出口和 1 个实验电路组成。3 个输出口分别对应于变频电路的 R、Y、B 三相，每个输出口包括主开关元件输出端（M_1、M_2）和换流辅助开关元件输出端两组信号。换流辅助开关信号是为晶闸管逆变器设置的。由控制输入端 I 选择晶体管/晶闸管方式。当 I 置高电平时，为晶闸管工作方式，主输出为占空比 1:3 的触发脉冲串，换流输出为单脉冲；当 I 置低电平时，为晶体管工作方式，驱动晶体管变频电路输出波形是双边缘调制的脉宽调制波。为减小低频谐波影响，在低频时适当提高开关频率与输出频率的比值，即载波比，采用多载波比分段自动切换方式，分为 8 段，载波比分别为 15、21、30、42、60、84、120、168。这种方式不但调制频率范围广，而且可与输出电压同步。

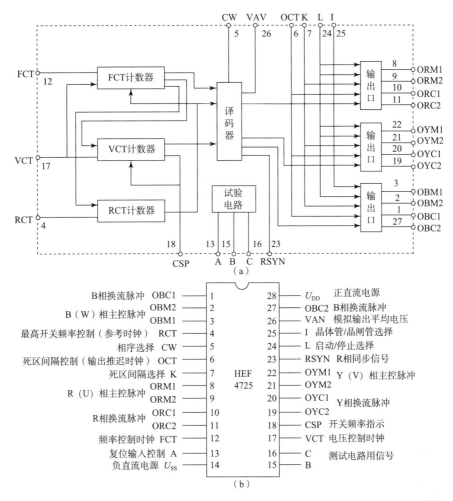

图 6-30　HEF4725 的内部逻辑框图与管脚图

(a) 内部逻辑框图；(b) 管脚图

任务四　变频器的调试

一、位置控制

位置控制是指在指定时刻将被控对象的位置自动控制到预定目标位置，并使控制后的位置与目标位置之差保持在允许偏差内，这种控制系统称为自动位置控制系统（Auto Position Control System，APCS）。

在工业生产过程中位置控制非常常见，如冶金企业的轧制过程中的轧辊辊缝和轧机导板开度的控制；各种运料、布料小车的行程控制。

在许多 APCS 应用中，位置控制部分大多由计算机或 PLC 加模块构成。传动部分对精度要求不高的采用不调速的交流传动。对定位精度和响应速度要求高的设备则采用直流调速传动。随着电子功率器件技术的发展，变频器性能不断得到提高，而价格的迅速降低使变频调速技术得到了广泛的应用，在许多场所变频调速已经取代传统的直流调速。这为构成 APCS 系统提供了一种新思路和新办法。实践证明，用 SIEMENS 通用变频器 MM440 可以构成一种实用、可靠、性能价格比很高的 APCS 系统。下面以某轧钢厂新建生产线上产品分排定尺小车的位置控制为例，介绍由 SIEMENS 通用变频器 MM440 构成的 APCS 系统。

1. 系统构成

位置控制系统的构成如图 6 – 31 所示，它主要由位控器（位置控制器）、变频器、执行机构三大部分组成。在实际工程中，计算机终端和可编程序控制器（PLC）不必为 APCS 专配，可与生产线中自动化系统共用一套终端和 PLC。

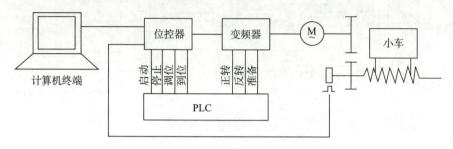

图 6 – 31　位置控制系统的构成

1）位控器

选用德国 Lenord + Bauer 公司的 GEL8310A 型产品，它采用微处理器控制、模块式结构，由 CPU 地板、开关量 I/O 板、模拟量 I/O 模板、通信接口板构成。可同时控 1 ~ 3 轴，控制器输出为 10 V 和 ± 10 V 可选。参数的输入、调整、显示均可在面板上实现，也可通过 RS232 或 RS485 由上位机上实现一对一或一对多的通信实现。

2）变频器

采用 SIEMENS 第四代通用变频器 MM440 系列。MM440 是由微处理器控制，采用 IGBT 作为功率输出器件的 SIEMENS 最新一代变频器。它们具有很高的运行可靠性和功能多样性。其脉冲宽度调制的开关频率是可选的，可以选装编码器实现真正闭环的矢量控制。MM440 具有全面而完善的控制功能，广泛适用于现代工业多种多样的电动机拖动。

3）执行机构

执行机构为普通鼠笼异步电动机，经减速箱通过丝杠带动下车往返行走。电动机功率为 5.5 kW，转速为 960 r/min。位置检测采用增量式光电编码器，安装在丝杠上，分辨率为 1 000 脉冲/r。

2. 工作原理

1）定位过程

首先，操作人员通过面板或计算机终端输入小车的预期位置，即位置设定值。当 PLC 给位控器和变频器发出启动运行命令后，位控器经运算后输出调节信号给变频器，变频器按照位控器的要求控制电动机的加速、运行、减速和制动停止，最后使小车停止在预期的设定位置上。

2）控制原理

图 6 – 32 所示为位置控制调节原理。其中：v_t 为速度预设定时间变量；S_t 为位置预设定时间变量，即 $S_t = \int v_t dt$；K_{sp} 为比例放大系数；v 为输出速度；K_{vu} 为速度/电压转换器；U_a 为输出电压。

控制器调节过程：控制器根据传动装置的机器参数、预先设定的位置和速度值，计算

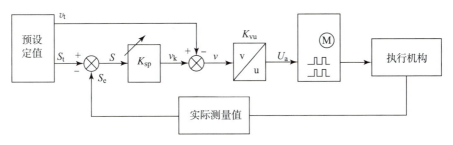

图 6 – 32　位置控制调节原理

出速度时间特性曲线 v_t 和 S_t。在每一周期的开始，传动装置先根据速度预设定进行速度预控制。同时，反馈回来的实际值与 S_t 进行比较计算，得出的偏差与 K_{sp} 相乘后叠加到 v_t 上，得出传动装置应具有的速度。经速度/电压转换和 D/A 转换向传动系统发出控制信号，至执行机构的定位。

3）对位置控制的基本要求

电动机的速度一般按梯形速度图进行控制。在不同的使用条件下，最合理的速度曲线是不一样的，图 6 – 33 所示为两种最常用的速度曲线。

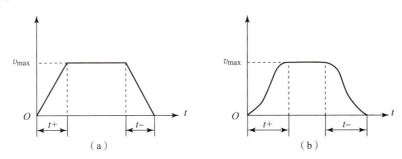

图 6 – 33　两种最常用的速度曲线

图 6 – 33 中最大速度、加减速时间需根据设备和生产工艺确定。S 形加速段，速度逐渐增加，可避免冲击；减速阶段则速度在最后阶段越来越小，有利于准确停车。为了准确对运动设备进行位置控制，一般有如下要求：

（1）电动机转矩不得超过电动机和机械设备的最大允许值；

（2）能在最短时间内完成定位动作，并且定位精度符合工艺要求；

（3）在控制过程中不能产生超调，且系统稳定重复性好。

因此，在位置调节控制器一般采用纯比例调节器。为了满足上述要求，必须按照最佳控制曲线进行控制。

4）定位过程分析

基本定位过程曲线如图 6 – 34 所示。0 ~ t_1 为加速段，加速度为 a_m；t_1 ~ t_2 为最高运转段，其速度为 v_m；t_2 ~ t_3 为减速段，加速度为 $-a_m$；t_3 ~ t_4 为自由滑行段。t_3 时刻为调整机械设备进入允许误差的起始时间，在此时刻撤销速度给定，设备依惯性继续滑行，由机械摩擦使其停车。定位运动关系如下：

$$v = a_m t$$

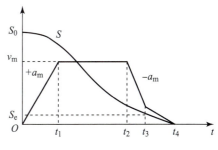

图 6 – 34　基本定位过程曲线

$$S = S_0 - \int v_t \mathrm{d}t = S_0 - \int a_m t \mathrm{d}t = S_0 - a_m t/2$$

$$t_1 = v_m/a_m$$

$$S_1 = S_0 - v_m/2a_m$$

设 $t_3 \sim t_4$ 自由滑行的行程为 S_e，摩擦力产生的减加速度为 A，则

$$S_e = v_3/2A$$

对于定位精度要求不高或机械惯性不太大，并且电动机带制动的系统，上述曲线完全能够满足生产工艺的要求。对于定位要求较高，惯性大或电动机制动能力不足的系统，由于传动系统滞后的影响和允许的误差带太窄，采用上述定位曲线还不能令人满意。要确保定位误差小于允许值，可以采取降低或提高减加速度的方法，从两方面来减小 S。在实际应用中，常利用变频器直流制动的功能增大 A 的方法，获得了很好的效果。

5）位置检测

定位控制中位置的检测一般用增量式光电编码器。编码器的输出信号有 A、B、Z 三路。A、B 两路脉冲相差 $90°$，可以方便地判断转向。脉冲也叫零脉冲，于基准的定位清零。

位置分辨率 Δu 由编码器反馈脉冲数 P_t 和编码器一转所对应的机械位移 ΔL 共同决定，即 $\Delta u = \Delta L/P_t$。

3. 变频器的主要参数

为了提高设备的整体性能，实现远端对变频的综合控制，本例采用 PROFIBUS – DP 协议，通过网络对变频控制。变频器的主要参数设置见表 6 – 2。

表 6 – 2　变频器的主要参数设置

类型	主要调节参数
P003 = 3	参数访问等级
P0100 = 0	设置变频器为 50 Hz，额定功率以 kW 设定
P0304 = 380	工作地区
P0305 = 13.2	电动机额定电流
P0307 = 5.5	电动机额定功率
P0310 = 50	电动机额定频率
P0311 = 960	电动机额定速度
P1080 = 0	最小速度 = 0
P1082 = 50	最大速度 = 50 Hz
P0700 = 6	变频命令源于通信
P1000 = 6	变频工作频率源于通信
P0719 = 66	通信参数
P0918 = 1 ~ 125	变频器站号

4. 变频调速系统（图6-35）

在位置控制中用变频调速系统取代传统的直流调速系统，不仅在技术上取得了新的跨越，而且在初期投资少、运行费用低、占地面积省等多方面收获了直接和间接的经济效益。

图6-35 变频调速系统

从 SIEMENS 变频器运行情况来看，设备运行稳定可靠，用变频技术实现工业生产中的位置控制是一种性能价格比很高的新方案。

二、生产线

高强度凹螺纹钢筋（简称 PC 棒），是一种新型的高效节省型的建筑用钢材，具有非常高的抗拉性和挺直性及其特有的凹螺纹外圈与水泥混凝土有很好的握力，主要用于建筑用地基管桩（俗称管桩钢筋）、预应力钢筋混凝土输水管、预应力钢筋混凝土电杆等，已被广泛应用于高层建筑、桥梁、港口、水利工程、高速公路、隧道背覆板、地铁、坝基、海港结构、江堤防护墙、机场跑道等重要建筑，是现代建筑不可缺少的建筑用钢材。

下面是某公司利用变频调速在螺纹钢生产线上的应用。

1. 系统配置

1）自动控制设备

（1）驱动设备。生产线驱动设备采用直流电动机调速或变频调速设备，保证生产过程中速度高低可调，运行稳定，并在钢筋加热运行过程中施加恒定的张力，保证钢筋的挺直性。

（2）测温仪表。在加热段出口及回火段出口设置非接触式测温仪表，观察监视加热段出口及回火段出口的温度，为操作人员提供操作的依据。

（3）生产线集中控制设备。生产线采用 PLC 集中控制，将生产线各部分的信号集合到 PLC 完成全线自动化控制，用于继电联锁及故障检测。

生产线设备设两个操作台，即主控操作台和成品收料控制台。主操作台设有加热、驱动设备的操作控制功能、温度显示仪表、速度显示仪表及生产长度显示仪表，并可对生产产量或长度进行计量。收料操作台设有液压冲断、收料速度操作控制功能。操作人员通过上述两个操作台实现对生产线的控制。

2）机械设备

设备组成如下：

（1）放料架；

（2）导向笼；

（3）刻痕机组（离线刻痕采用倒立式拉丝刻痕机单独离线工作）；

（4）矫直机；

（5）牵引机1；

（6）水冷淬火槽；

（7）牵引机2；

（8）液压冲剪机；

（9）收料盘。

在此生产线中共选用西门子 MM440 系列变频器 6 台。其中 75 kW 的变频器为整条生产线提供主要动力；两台 11 kW 的变频器作为牵引之用，主要产生微引力，使钢筋平直，防止打滑，使线速度稳定；一台 5.5 kW 的变频器使钢筋由光滑圆棒变成凹螺纹钢棒，要求保持一定速度，使螺纹间距相等均匀；最后两台 4 kW 的变频器作为收线之用，使最后的成品钢筋卷曲成盘。在此系统中采用了 CPU 315 - 2DP 用 PROFIBUS - DP 串行总线来控制 MICROMASTER440 变频器。

PROFIBUS - DP 是一个价格适当的高速串行通信系统，是执行机构和传感器领域最优化系统，因为这一领域的设备缩短系统的响应时间有很高的要求。采用这种简单的总线系统，可以把工程设计可视化和 PLC 控制集成在一起。

2. 系统原理图

系统原理图如图 6 - 36 所示。

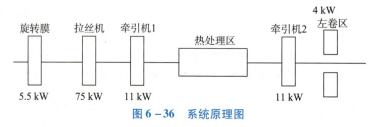

图 6 - 36　系统原理图

3. 变频器的主要调节参数

用 PROFIBUS - DP 串行总线来控制 MICROMASTER440 变频器，在变频器方面的参数设置非常简单，主要有以下几个参数需要设置：

（1）改变用户访问级 P003 = 3。

（2）确定变频命令源 P0700 = 6。

（3）确定变频运行的主设置值 P1000 = 6。

（4）参数 P719 一定要设置成 66。

（5）确定变频站地址 P918 = 1 ~ 125。

自从该公司在 PC 钢棒及相关机械设备生产线上应用 MICROMASTER440 变频器以来，由于有 MICROMASTER440 变频器性能和可靠性作为保证，不但生产速度大大提高了，而且节省了用电和维修的费用，使该公司产品国内市场占有率达35%，国外销售在同行业中名列前茅。

三、机床

长期以来，在电气传动领域交流电动机传动约占整个电气传动容量的80%以上，而直流电动机传动只有20%左右。但在电动机调速领域，直流电动机调速又占80%，而交流电动机还不到20%，特别是高性能调速系统，非直流机非调速不可，由于交流电动机的调速性能差，以至于长期无法与直流电动机匹敌。随着计算机控制技术与交流变频技术的发展，各种工业控制设备都在朝着功能完善、计算机化、智能化、高度集成化、高可靠性方向发展，变频技术的飞跃发展改变了交流变频调速系统的面貌。从近年来变频调速的应用与各种新建生产线的设备配置来看，交流传动大有取代直流传动的趋势，这其中离不了变频调速的功劳。西门子的交流变频器在我国的交流电动机调速应用中被广泛地使用。

下面介绍一下用西门子MICROMASTER440在某公司铣床上的应用实例。

1. 工艺过程

该公司压延厂具有两条铝铸锭铣面生产线，即1#、2#铣床。这两条生产线位于铝热轧生产线的龙头，从熔铸厂来的铸锭在铣床经过铣面后方可进入下一道工序。铣锭的生产工艺过程为：铸锭由天车平放到收料辊道→辊道送至垂直起落架→铸锭旋转90°送床面夹具上→夹具夹紧床面开始前进→由主轴电动机带动的刀盘铣面→机床后退至起架位置→放平铸锭→辊道将铸锭送入翻锭机内→铸锭旋转180°→辊道将铸锭送到起落架→再次铣另一面→放回辊道→天车吊起。

2. 方案选取

两条生产线设备配置基本一致，整个生产线的传动电动机使用的是交流电动机，根据实际情况，铣床有两台电动机必须调速，一台是床面移动电动机，根据铣削厚度与负载电流决定进给速度；一台是翻锭机电动机，翻转速度必须具备高、低两挡速度，才能保证生产的进度与停车的准确性。根据生产工艺要求，必须对床面移动电动机与翻锭机电动机进行速度调节，考虑到改进方案的可行性与系统运行的可靠性，本系统中采用了两台西门子的MICROMASTER440变频器（翻锭机电动机选用18 kW变频器，床面移动电动机选用22 kW变频器）对两台电动机进行变频调速。两台铣床共用了4台变频器。该方案有如下的优点：

（1）易于安装，参数设置和调试。

（2）具有多个数字和模拟的输入、输出接口。

（3）模块化设计，配置非常灵活。

（4）脉宽调制的频率高，因而电动机运行的噪声低。

（5）具有多种运行控制方式，可实现无传感器的矢量控制和各种V/f控制。

（6）内置的直流注入制动，制动快速。

（7）具有PID控制功能的闭环控制，控制器的参数可自动整定。

（8）控制线路简单，变频器各种保护功能完善，便于使用和维护。

（9）内置几组设定参数可以互相切换，一台变频器可以控制几个交替工作的电动机。

3. 系统硬件的组成

铣床的床面移动电动机原先为直流电动机，采用模拟系统做调速，由于直流电动机的维护工作量大，工作环境较差，无备件，现改为交流电动机传动，床面前进时，操作人员根据主轴电动机的电流用电位器调节床面前进速度，床面后退时，设为高、低两挡速度，先以高速退回，到减速点时，以低速退回到停车位置。系统的硬件以西门子变频调速器MICROMASTER440为传动控制设备，其硬件结构如图6－37所示。

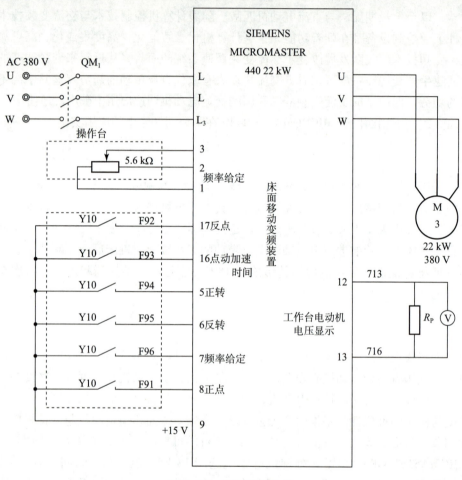

图6－37　系统硬件结构

4. 系统控制

MICROMASTER440变频器通过设置参数P1300可实现多种不同的运行方式来控制变频器输出电压和电动机转速间的关系：线性 V/f（电压/频率）关系、抛物线 V/f 控制、多点 V/f 控制、与电压设定值无关的 V/f 控制、无传感器矢量控制等。本系统中采用了无传感器矢量控制方式，在这种方式下，用固有的滑差补偿对电动机的速度进行控制。采用这种方式，可以得到大的转矩、改善瞬态响应特性，具有优良的速度稳定性，而且在低频时可以提高电动机的转矩。在变频器的 L_1、I_2、L_3 端输入交流380 V工作电源。变频器的控制接线端接收PLC的输出信号。根据实际操作需要，在不同工作方式下，变频器的速度按不同方式进行：

（1）调整方式时，PLC输出正点和反点信号到变频器的8#和17#端，变频器以固定频率进行点动。

（2）正常工作时，分为床面前进和退回。床面前进时由生产工根据主轴电流大小用电位器控制床面前进速度。床面退回时，固定高、低两挡频率，先以高速退回，到达减速点后减速到低速直到停车位置。

铣床的床面移动电动机改为交流电动机，由西门子MICROMASTER440变频器作调速器后，变频器作为数字调速器完全满足了生产的需要，发挥了很好的作用，并且维护量少，可靠性高，提高了设备的装机水平。

四、纺织

纺织过程有开纤（开棉、除尘、混棉），制纱（梳棉、制棉条），粗纺（将棉条进一步延伸，稍加搓捻），最后是精纺（将粗纱延伸、搓捻做成细纱）。细纱机是棉纺过程的最后一道工序，精纺机械的纺织时间最长且需要强驱动力。由于该道工序的好坏直接影响到棉纱的质量和产量，所以选择细纱机的传动装置是非常重要的。细纱机所需的电气传动装置应满足下列条件：

（1）高效率。细纱机所需的传动动力占棉纺过程的50%以上且连续运行，所以传动装置的效率直接影响到纺织的整个动力。

（2）可软启动。启动时如果受到过大的张力或张力变化急剧都会造成断纱。

（3）良好的速度控制性能。高生产率的纺纱速度是断纱少的最高速度，但断纱由于种种原因要变化，纺纱速度也应对应于各种条件进行调整。

（4）容易维护和检修。西门子最新推出的全新一代MM420变频器完全满足上述要求，MM420模块化设计理念、快速的I/O处理时间和良好的动态响应可使用户灵活配置其控制系统。

1. 系统配置和运行模式

本系统采用了20台250 W单相230 V内置EMC滤波器MM420变频器以及20台三相250 W电动机。控制系统采用SIMATIC S7–200 PLC，系统控制框图如图6–38所示。

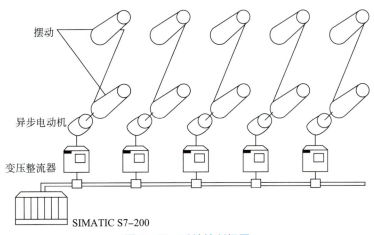

图 6 – 38 系统控制框图

一台细纱机通常有 250 ~ 400 个纱锭，纺纱锭数多用细纱机台数 × 40 来表示。细纱机本身的纺纱能力用纱锭的转速表示，对于棉纺一般是 10 000 ~ 16 000 r/min。细纱机的运行模式分为高、低速两挡。在启动开绕与绕满停车时，为防止断纱实行软启动和停车。运行模式曲线如图 6 - 39 所示。

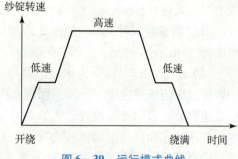

图 6 - 39　运行模式曲线

2. 系统描述

该系统采用了西门子 MM420 变频器来控制纱锭电动机。纺纱的质量取决于变频器能否在负载变化时保持稳定的运行。MM420 的 FCC 控制功能可以提供非常平稳的运行速度，也可以提供很高的并且可控的输出力矩。MM420 具有很高的动态性能容许负载快速变化，因此增强了纺纱的质量和减少断纱。MM420 具有快速的捕捉再启动功能，当电网故障时可以快速再同步纱锭速度以避免断纱发生。

MM420 变频器可以控制电动机在负载变化时从静止到输出 650 Hz 平稳地运行。所有的变频器都是由 S7-200 PLC 通过 RS485 串行通信接口使用 USS 协议来控制的。这不仅增强了系统的控制性能，而且减少了系统布线和调试时间。所有变频器和电动机的参数如电动机实际速度、电动机电流、电动机输出力矩及变频器和电动机的运行状态都可以通过串行通信接口来访问。另外，还可以实时地通过 PLC 来修改变频器和电动机的参数，如变频器的斜坡时间等。

由于 MM420 优良的速度控制性能，纺纱质量得到提高，减少了由断纱而产生的故障时间，减少了系统运行成本，提高了纺机产量。优化的网络控制性能，所有变频器和电动机参数均可以通过串行通信接口来访问，减少了工程成本和维护费用。

项目小结

变频器（Variable-Frequency Drive，VFD）是利用电力电子器件的通断作用将工频交流电变换为另一频率的交流电的装置。使用的变频器主要采用交 – 直 – 交方式，即先把工频交流电通过整流转换成直流电，然后再把直流电转换成频率、电压均可调的交流电以供给电动机使用。变频器的电路一般由整流电路、中间环节、逆变电路和控制电路 4 个部分组成。

IGBT 是 20 世纪 80 年代中期发展起来的一种新型复合器件。它综合了 MOSFET 和 GTR 的优点，具有输入阻抗高、工作速度快、通态电压低、阻断电压高等优点，成为逆变器、中频电源及要求快速而又低耗电的电力电子装置的理想功率器件，目前已得到迅速发展和广泛应用。

自我检测

一、填空题

1. 变频电路按变频过程可分为＿＿＿＿变频和＿＿＿＿变频两大类。
2. 脉宽调制变频电路的基本原理是：控制逆变器开关元件的＿＿＿＿和＿＿＿＿时

间比，即调节_____来控制逆变电压的大小和频率。

3. PWM 逆变电路的控制方法有_____、_____、_____三种，其中调制法又可分为_____、_____两种。

二、判断题

（　　） 1. 绝缘栅双极晶体管具有电力场效应晶体管和电力晶体管的优点。

（　　） 2. 变频器总是把直流电能变换成 50 Hz 交流电能。

（　　） 3. 变频调速实际上是改变电动机内旋转磁场的速度达到改变输出转速的目的。

（　　） 4. 变频调速装置属于无源逆变的范畴。

（　　） 5. PWM 脉宽调制型逆变电路中，采用不可控整流电源供电，也能正常工作。

思考与练习

6 – 1　单相变频电路的结构形式有哪些？其工作原理有哪些？

6 – 2　什么是电压型逆变电路和电流型逆变电路？各有何特点？

6 – 3　三相桥式电压型变频电路采用导电方式，当其是直流侧电压时，求输出相电压和线电压基波幅值和有效值。

6 – 4　三相交 – 交变频电路有哪两种接线方式？它们有何区别？

6 – 5　交 – 交变频器如何改变其输出电压和频率？最高输出频率受哪些限制？

6 – 6　如何实现 PWM 的控制？

6 – 7　试说明 SPWM 变频电路的优点。

6 – 8　绝缘门极晶体管的特点有哪些？

参 考 文 献

[1] 王兆安，黄俊. 电力电子技术 [M]. 4 版. 北京：机械工业出版社，2004.

[2] 徐立娟，张莹. 电力电子技术 [M]. 北京：高等教育出版社，2006.

[3] 李雅轩，杨秀敏，李艳萍. 电力电子技术 [M]. 北京：中国电力出版社，2004.

[4] 宋爽. 电力电子技术 [M]. 北京：中国电力出版社，2000.

[5] 黄家善，王廷才. 电力电子技术 [M]. 北京：机械工业出版社，2007.

[6] 莫正康. 半导体变流技术 [M]. 2 版. 北京：机械工业出版社，2003.